名古屋圏の都市地理学

林 上 著
Hayashi Noboru

Urban geography of Nagoya region

風媒社

序文

　現代地理学の研究分野や研究方法は，タテ糸とヨコ糸の関係にたとえて考えると，その特徴が理解しやすい。タテ糸とは自然現象や人文現象のことで，気候や地形など人間の手では大きく変えることのできない現象，あるいはそのような自然条件を前提に人間が地表上で行っている経済，社会，文化，政治などの活動である。どこの国や都市へ行っても気候や地形があり，そこで経済や社会が成り立っているように，これらの現象は地域に関係なく普遍的に存在する。それゆえ，たとえば地形に関心をもつ地理学者は地形現象を，また経済に興味を示す地理学者は経済現象を，それぞれ対象として専門的に明らかにしようとする。これに対しヨコ糸とは，地球上の特定の地域のことである。この地域には固有の気候や地形があり，その上に固有の経済や社会が存在する。気候や経済を別々に切り離して研究するのではなく，地域の現象を総合的に明らかにしようとする。その地域が都市であれば都市地理学，農村であれば農村地理学として区別する。気候学や経済地理学を個別専門性の地理学とすれば，都市地理学や農村地理学は地域総合性の地理学といえる。

　都市や農村は，地球表面をそこで行われている主な産業を手掛かりに分けて考えた場合の結果である。これはひとつの分け方にすぎず，着目する指標が異なれば，たとえば熱帯地域，乾燥地域，経済の先進地域，発展途上地域などのように分けることもできる。地域区分は地理学者に課せられた重要な役割のひとつであり，いろいろな考え方や基準が提案されている。地域と時代は似たところがあり，歴史学者は時代区分に，地理学者は地域区分に関心をもっている。都市と農村は単に産業が違うばかりでなく，社会の仕組みや文化の特徴などにも違いがある。都市に特有な産業は農村とは異なる社会構成によって支えられ，また都市に特徴的な文化を生み出しているからである。都市と農村の違いは世界中どこへ行っても同じようにみとめられるため，両者の区分は普遍的区分といえる。もともと人間の暮らしは農林牧畜を中心とする活動をベースに成り立っていた。しかし産業革命をきっかけに機械的な工業生産が行われるようになり，多くの労働者が集まって生活をする都市が

形成されていった。残された農村地域と新しく生まれた都市地域が区別されることになった。

　さて、前置きが長くなったが、「名古屋圏の都市地理学」として上梓した本書は、名古屋を中心とする都市的な地域を地理学の視点から考えようとして編まれた。圏あるいは圏域は地表上のある広がりを意味するが、何に注目するかによって範囲の大きさが違ってくる。名古屋圏という場合は、名古屋という大都市の影響が及んでいる範囲、あるいは名古屋との関係が深い範囲のことである。これは、先に述べた気候や地形など自然的特徴に注目して区分した広がりとは異なる。自然ではなく、主に経済や文化など都市を拠点として行われている人文活動に注目し、しかもその空間的関係に注目している。空間的関係とは、異なる場所が互いに結びついている状態のことである。ここでは名古屋という場所が、周辺の別の場所と結びついている状態をいう。ただし、名古屋の影響がどこまで及んでいるかを厳密に画定することは容易ではない。暗黙の了解として、日常的な活動のレベルで名古屋が関わっている広がりを想定している。具体的には名古屋への通勤圏であるが、通勤圏は交通手段の発展や企業・住宅の立地変化にともなって変化する。本書では現時点における名古屋への通勤範囲とするが、わかりやすく考えるために東海三県をその広がりとして論ずる場合もある。

　名古屋圏は東京圏、大阪圏と並ぶ、日本を代表する大都市圏である。それゆえ名古屋圏の都市地理学は、この圏域を事例に日本の大都市圏の特徴を理解しようという試みでもある。先にも述べたように、都市地理学は地表上の特定の都市に注目し、そこでの自然現象や人文現象をすべて総合的に明らかにする地理学である。おそらく、このように幅広い範囲にわたって特定の都市や都市圏について考えようとする学問は、都市地理学以外には考えにくい。社会科学や人文科学では専門分化が進んでおり、地理学の内部でも、経済地理学や社会地理学など個別の看板を掲げた専門指向性が根強い。都市地理学の研究に本格的に取り組もうとすると、必要とされる知識の多さに驚かざるを得ない。世の中には、特定の都市や地域について多くのことがらを知っている博識家はめずらしくない。しかし歴史も含めて、幅広い視点から大都市圏全体を見渡せる人はそれほどいるとは思われない。大都市圏が今日のよう

4

な姿を示すようになるまで，いかに複雑な道筋を経てきたかは想像に余りあるものがある。

　著者はこれまで，特定の地域に限定することなく，経済地理学や都市地理学の分野において教育，研究を続けてきた。しかし日常的な教育の場面では，学生の出身地域が名古屋圏の広がりと重なっていることが多く，わかりやすさを重視し，地元の事例を引き合いに出しながら都市や経済の地理学講義を行ってきた。地理学という学問の普遍的性格や近年のグローバル化を考えると，名古屋圏のことを学んでいればすべて事足りるとは，もちろん思ってはいない。しかしその一方で，日々の暮らしと直接結びついている地元のことを知らずして何が国際化やグローバル化か，という思いもある。いうまでもなく，名古屋圏のことはすべて名古屋圏で完結していると考えたら，それは大きな誤りである。東京圏，大阪圏など他の圏域や地域との結びつきがなければ，この圏域は存在できないからである。本書で述べていることはたしかに名古屋圏のことであるが，その背後に広がる世界の存在を片時も忘れることはできない。大都市や大都市圏が自然から人文に至る多数の属性の相互関連性の産物であること，また名古屋圏が圏外の諸地域と関係性を維持しながら存在していることを意識しながら，本書をお読みいただければ幸いである。

　最後になったが，本書の企画・出版について深いご理解をいただき，有益なアドバイスを頂いた風媒社の劉永昇編集長に感謝の意を表したい。

　　　　　　　　　2016 年 4 月　愛岐丘陵を見渡す石尾台にて

　　　　　　　　　　　　　　　　　　　　　　　林　　　　上

名古屋圏の都市地理学　目次

序文　3

第1章　名古屋圏の地形環境と地理的条件
第1節　名古屋圏の舞台としての地形環境　8
第2節　地形環境への適応と治山・治水の取り組み　18
第3節　位置の条件と地域相互関係の条件　27

第2章　集落の形成と交通・産業の発展
第1節　古代，中世の集落，街道，地域中心，交通都市　38
第2節　近代の鉄道事業と自動車交通，港湾・運河の建設　49
第3節　陶磁器業，紡績業などの近代化と工作機械の発展　56
第4節　木材工業，電気事業，鉄鋼業，軍需工業の展開　64

第3章　戦後の都市復興と交通・生産基盤の整備
第1節　戦後の都市基盤の復興と生産基盤の整備　74
第2節　鉄道網・高速道路網の拡充と港湾・空港の役割　82
第3節　用水事業，地盤沈下・河口堰問題，電気・ガスの供給　96

第4章　工業化による経済発展と都市構造
第1節　戦後の工業化と臨海部，内陸部の工業用地　108
第2節　石油ショック後の産業高度化と地域経済の変貌　116
第3節　支店経済と製造業集積の両面をそなえた大都市圏　126
第4節　大都市圏周辺地域における産業振興と都市化　134

第5章　商業の歴史的発展と都市構造の変化
第1節　商業の歴史的発展と戦後の小売業・卸売業の変化　145
第2節　小売業の近代化とその影響，地域商業の変貌　157
第3節　商業集積地の地域構造と変化のプロセス　167

第6章　サービスの機能と多様なサービス空間

第1節　製造業のサービス依存の高まりと企業サービス　178

第2節　医療，観光など多様なサービス，ボランティアサービス　184

第3節　都市，農村，歴史の中のサービス空間　193

第7章　住宅地の選択と居住環境，居住スタイル

第1節　住宅地の選択，自然条件と土地に対するイメージ　203

第2節　通勤，通学，買い物目的の空間的移動パターン　211

第3節　恵まれた居住環境，交通アクセス，居住スタイルの変化　219

第8章　コミュニティ，環境問題，まちづくり

第1節　コミュニティの習慣，人的交流，新たなコミュニティづくり　228

第2節　公害問題，マンション問題，環境問題とコミュニティ　236

第3節　ボランティア活動，まちづくり，コミュニティを守る活動　244

第9章　生活文化，地域文化，ものづくり文化

第1節　文化の定義と生活の中の文化，文化活動　253

第2節　地域文化を軸にした食や雑貨のビジネス展開　260

第3節　ものづくり文化の伝統を引き継ぐ製造業　267

第10章　都市計画の歴史，社会経済的背景と将来

第1節　都市計画の社会経済的背景と複眼的視点　276

第2節　都市計画の歴史と都市発展，土地区画整理事業　282

第3節　交通インフラ，工業構造の高度化，企業文化の力　290

引用文献　302

図表一覧　313

事項索引　317

地名索引　326

第1章　名古屋圏の地形環境と地理的条件

第1節　名古屋圏の舞台としての地形環境

1．名古屋圏の広がりをどのように考えるか

　都市地理学は，都市を舞台にその上で繰り広げられている人間活動を主として空間的視点から明らかにする学問である。人間活動の範囲は幅広く，社会，経済，文化，政治，宗教など多岐にわたっている。一般には現代の都市を対象にしているように思われているが，過ぎ去ってしまった過去の都市を取り上げて研究することもある。時間の長さに長短の違いはあるが，現代の都市は歴史的発展の積み重ねの上に存在している。それゆえ過去の都市に注目することは，現代の都市をより深く理解するためにも重要といえる。このことは，一人の人間を理解するのに，その生い立ちにまで遡って理解するのと似ている。同じ人間なら，いくら時間が経過しても根本的な部分は変わらないのが普通である。都市の場合も，たとえそこで行われている人間活動は時代とともに移り変わっても，都市が立地している場所そのものは変わらない。もちろん場所の相対的位置が変わることはあるが，その場所に固有の絶対的位置が変化することはない。相対的位置の変化とは，交通手段の発展にともない，都市が他の都市から近づきやすくなった場合，つまり時間距離が短縮されたり，移動コストが低下したりする場合のことである。

　序文でも述べたように，名古屋圏の地理学とは，名古屋という日本を代表する大都市の影響が及んでいる広がりにおいて，そこでの自然，人文現象全般を研究対象とする地理学である。大都市の影響が周囲に及んでいる場合は大都市圏という用語を使うが，一般には都市圏という用語で都市の影響圏や勢力圏は表現される（林，2012a）。その都市圏あるいは大都市圏は，都市や大都市を中心に一定の広がりをもって分布している。広がりの範囲を画定するために注目するのは，人やモノあるいは情報などの移動現象である。都市から供給される物資や製品の到達範囲，都市への通勤・通学範囲，あるいは

8

名古屋圏の都市地理学

情報を介した都市との交流範囲をもって都市の圏域とする。こうした圏域は時代とともに変化するのが常であり，交通・通信手段の発展にともなって拡大してゆく。また大都市圏の場合は，圏域が重層的，階層的に組み合わさっているのが一般的である。すなわち，名古屋大都市圏は名古屋を中心とする圏域であるが，その内部には大小の都市圏が部分的に重なり合いながら広がっている（林，1974）。

　名古屋圏あるいは名古屋大都市圏の空間的広がりを明確に画定するのは，それほど簡単ではない。先にも述べたように，圏域は人，モノ，情報などの移動の結果として決まるが，どの指標を採用するかで結果は異なる（石黒・林・吉津，1973）。圏域はまた時間的に変化するため，固定的にとらえるのは適切ではない。圏域を空間的に画定することそれ自体が研究の目的でなければ，名古屋圏あるいは名古屋大都市圏の広がりを，ある程度幅をもった範囲としてとらえることは許されよう。一例を挙げれば，たとえば愛知，岐阜，三重の三県の県域をもって名古屋圏の範囲とする便宜的なとらえ方である。実際，国は政策的目的で名古屋を中心とする行政域を画定するさい，この三県からなる範囲を名古屋圏としている。範囲が固定的なテリトリーとしての県域は，それ自体，行政的，政治的，あるいは社会サービス的には実質的に意味のある空間である。納税や選挙などはすべて行政域を単位として行われており，県境をまたいだりすることはないからである。しかしこうしたテリトリーが，人，モノ，情報の移動圏に一致することはあまりない。これらは県境には関係なく，自由に移動するからである。絶えず動いているものを固定的に考えることは基本的に矛盾している。しかし対象の範囲を決めないと研究が前へ進まないのも事実であり，このため，影響の及ぶ広がりすなわち圏域を目的に応じて画定するのが一般的である。

　図1-1は，愛知，岐阜，三重，静岡の4県下にある57の電話局区域を対象に，東京と大阪に対する電話発信率を図示したものである。各電話局区域から発信された電話通話量のうち何パーセントが東京向けであったか，また大阪向けであったかを示している。図から明らかなように，愛知県，岐阜県では東京，大阪に対する発信率が3％を上回る区域はほとんどない。これらの区域では名古屋に対する発信率が大きく，名古屋との結びつきが強い。これに対

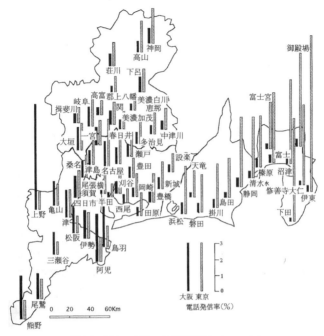

図1-1　東京, 大阪への電話発信率（1991年）
出典：近藤・林編, 1994, p.83による。

し静岡県の中部, 東部では東京に対する発信率が3%を大きく上回っており, 東京との結びつきが強いことがわかる。同様に, 三重県南部や北西部では大阪に対する発信率が大きい。こうしたことから, かりにこれら4県を名古屋圏とする場合でも, その東側と西側では東京, 大阪の影響が強いということに注意する必要がある。県域を単位とした場合, 東京圏と大阪圏の間に位置する名古屋圏は, 名古屋を中心に独立的な圏域を確保しているとは必ずしもいえない。

　県の範囲は明治維新期の廃藩置県によって定められて以降, 現在に至るまで基本的に変わっていない。近年, これまで続いてきた中央集権体制を改めるために, 道州制の論議が盛んに行われるようになった。しかし, さまざまな意見や考え方が錯綜し, すぐに道州制が採用されるとは思えない。道州制の考え方が浮上してきた背景には, 県域を越えて行われている社会活動や経

済活動の実態がある（市町村合併・自治体自立研究会編，2009）。名古屋圏の場合，名古屋という大都市を中心に東海地方の三県と静岡県西部を加えたひとつの圏域を考えることができる。こうした圏域は昨日今日，生まれたものではなく，長い時間をかけて徐々に形成されてきたものである。以前は中小の都市を核に行われてきた各種の社会，経済活動が互いに重なり合い，やがて大都市・名古屋を中心とする大きな動きへと収斂していった過去がある。行政的には以前のままの市町村民で何ら変わりはないが，社会，経済的にはより広い圏域，すなわちこの場合は名古屋圏に属しているという意識が芽生えてきた。日常生活のレベルにおいても，県域を越えたより広い圏域の一員として行動しているという気持ちを，多くの人々が抱くようになった。

2．沈降盆地に形成された平地が大都市圏の舞台

　都市地理学は人文地理学の一分野であるが，理系の自然地理学とは無関係というわけではない。人間活動の多くは，大なり小なり自然的要因の影響を受けながら行われているからである。人間活動は，人間の力ではいかんともしがたいファーストネイチャーである自然条件を前提として繰り広げられている。とくに技術水準が初歩的段階にとどまっていた時代においては，自然条件は絶対的であった。条件の許す範囲でしか活動することができず，都市での活動は大きな制約を受けた。歴史が進み，生産や移動に関わる技術水準の高まりに応じて自然に適応できる範囲が広がっていった。自然条件からの影響を弱めたり自然の力を利用したりすることで，人間活動の量的増大や質的向上を図ることができるようになった。しかし技術水準が高いレベルに達した現在においても，自然条件の制約から完全に逃れられているわけではない。少雨が続いたあとの渇水状態や，慣れない大雪による交通マヒなど，自然に左右される現象は日常的に生じている。毎日，生活している都市がなぜここにこのような姿をしているかを考えた場合も，過去のある時期から先人たちがここで暮らし始めたさい，自然条件の影響を受けざるを得なかったことが想像できる。自然条件は時代を超えて，都市での人間活動に対して直接的あるいは間接的に影響を及ぼしているのである。

　名古屋を中心とする現在の名古屋圏は，濃尾平野，岡崎平野，豊橋平野，

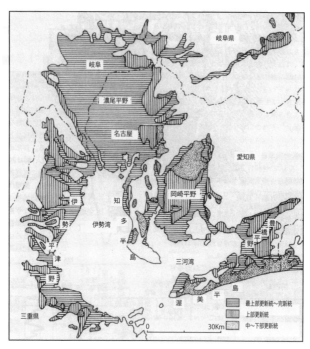

図1-2　平野とその周辺の地形（第四紀層）
出典：牧野内，1988による。

伊勢平野など伊勢湾や三河湾に面する臨海低地によって南側が縁取られている（図1-2）。主要な都市はこの平野の上に乗るように位置しており，そのうちのいくつかは直接，海洋に面している。臨海低地に都市が発達しているのは列島国家・日本の大きな特徴であり，とくに濃尾平野と並んで面積の大きな関東平野，大阪平野には規模の大きな都市が多い（中野，1956）。関東平野には東京大都市圏（東京圏），大阪平野には大阪大都市圏（大阪圏）が形成されている。都市の立地や都市圏の形成過程について考える場合，日本では平野や盆地など平地の存在があたかも所与の条件のようにみなされている。平地であるがゆえに人間活動がしやすく，また産業も興りやすかったという論理である。しかしながら，そもそもなぜ列島の縁に当たる部分に臨海平野が存在していたのか，都市や産業が生まれる以前の時点にまで遡って論じられることは少ない。地理学は幸い自然現象をも射程に入れて人間活動につ

いて考える学問である。であるなら，社会，経済活動が集積している都市の成り立ちを，その自然的基盤にまで立ち入って検討するのは，ごく自然な研究アプローチである。

自然地理学あるいはその隣接科学である地質学の研究成果によれば，濃尾平野を中心とする名古屋圏一帯には，かつて

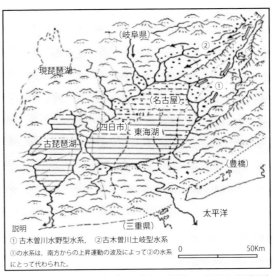

図1-3　矢田川累層堆積期（鮮新統中～後期）の古地理（想像図）
出典：桑原，1975による。

東海湖という巨大な湖があった（図1-3）。時代は400～500万年前の第三紀末，鮮新世中頃のことで，濃尾平野から尾張，三河一帯にかけて広大な地域が沈降盆地化した。そこへ周辺から流れ込んだ河川が土砂を運び入れ，幾層にもわたって堆積物が積み重ねられた。やがてこの湖の中心は北に向かって移動したが，さらに地盤が隆起したため消えてしまった。湖は消滅したが地質学的に東海層群と呼ばれる厚い地層が残され，これが濃尾平野の基盤となった（吉田，1990）。興味深いことに，沈降運動の勢いは岐阜県西部の養老山脈を境に濃尾平野の西側ほど著しく，逆に名古屋の東側では地盤が隆起する動きが現在もなお続いている（図1-4）。西側が沈み東側が高まる濃尾傾動地塊という巨大な地質構造体があり，名古屋圏の主要部分はこの上に存在する（成瀬，1984）。

東海湖について考えるとき，いまひとつ興味深いのは，この湖が現在の瀬戸内海から中部地方にかけて生じた帯状の沈降盆地列の中にあったという事実である。この沈降盆地列の中には，現在の大阪湾になる以前の古大阪湖や琵琶湖の前身ともいうべき古琵琶湖も含まれていた。つまり，東海湖とよく

13
第1章　名古屋圏の地形環境と地理的条件

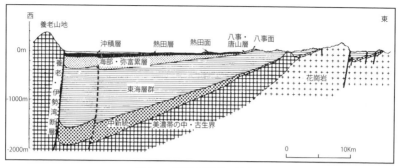

図1-4 尾張傾動地塊の模式図
出典:桑原,1988による。

似た自然環境が現在の大阪や滋賀あたりにも存在していたのである。大阪では湖は海となり，古琵琶湖は北に移動していった。東海湖が消えた名古屋では，河川がかつて東海湖のあった付近を通り越して海洋へと流れ込んだ。さらにその後は気温の上昇にともなって海進があり，河口付近では河川による土砂堆積が続いた。東海層群は湖の中に堆積し，しかも名古屋の東部では隆起運動があったため地表堆積物として残された。これが瀬戸，多治見，土岐，瑞浪一帯で出土する窯業原料であり，この地域で陶磁器産業が興る背景になった。濃尾平野と同じように沈降盆地運動で形成された大阪平野と一体的な地質構造を共有していたという事実は，現在，これらの平野の上に大都市圏が形成されているという現実の伏線であったような気がしないでもない。

3．人間活動の舞台としての平野・台地・扇状地

　濃尾平野は関東平野ほどの広大さはないが，海抜零メートル地域の広さでは日本随一である。これは防災的観点からいえば，あまり自慢できることではないが，濃尾傾動地塊の存在と，沈降運動が現在も続いているという事実により，そのメカニズムは説明できる。いまから1万年前，地球の平均気温が現在より高かった時期，縄文海進と呼ばれる海進現象があった（高橋，2003）。名古屋圏では現在の大垣あたりまで海岸線が内側に入り込んでいた。図1-5は濃尾平野の地形を表したものであるが，図から明らかなように，名古屋の西側では津島，平田を経て，大垣付近まで三角州が広がっていること

がわかる。三角州部分は，かつての海が河川による土砂の堆積で平らな地形になったものである。現在の気候では冬の厳しい寒さで生活にあまり適さない岐阜県の山間部でも，当時はそれほど寒くなく，自然界からの恵みも豊富で食べるものにもそれほど不自由しなかったと想像される。この頃すでに日本列島では人間が生活していたが，地形や地質の条件とともに植生に対して大きな影響を与える気候条件に適応する必要があった。

図1-5　濃尾平野の地形
出典：成瀬，1985による。

　その後，平均気温の低下にともなって海水準も低下し，海岸線は海側へと移動していった。河川もそれを追いかけるように長くなり，河口付近では上流から運ばれた土砂が堆積した。こうしたことが繰り返し行われ，徐々に現在の地表面に近い地盤が形成されていった。こうして生まれた低地は沖積平野と呼ばれるが，これは現在の河川が堆積作用を続けてきた沖積世あるいは完新世（最終氷期が終了した1万年前から現在までの期間）の産物である。これより古い洪積世あるいは更新世の時代（258万年前～1万年前）に土砂が堆積した地盤がその後，隆起して生まれた洪積台地は，沖積平野より一段上に位置している。名古屋の市街地が乗っている台地（名古屋台地あるいは熱田台地という）は，熱田層と呼ばれる地質からなる洪積台地である（図1-6）。こ

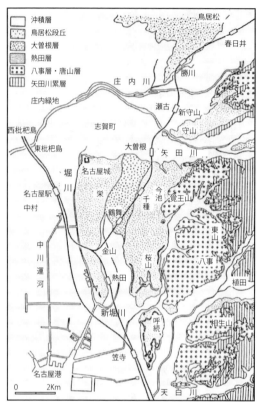

図1-6 名古屋周辺の地形
出典：嘉藤・桑原, 1967による。

の台地は北へ伸びて市北部の守山台地，春日井の市街地を乗せている鳥居松段丘，同じく小牧の市街地のある小牧台地へと続く。木曽川を越えて岐阜県側に広がる各務原台地も洪積台地である。洪積台地が矢田川，庄内川，木曽川によって分断されているのは，台地が形成されたのちに，これらの河川が台地を侵食したからである。

名古屋から春日井へ向けて連なっている台地が庄内川や矢田川の浸食によって削られ分断された様子は，図1-6からもわかる。中央本線で千種から勝川方面へ移動するとき，大曽根あたりから地形の様子が変わり，矢田川と庄内川に挟まれた低地上にある新守山を経て，電車は台地上に位置する勝川に至る。この間，市街地と河川が交互に目に入ってきて，複雑な印象をもつ人も少なくないであろう。また中央本線の駅舎に注目した場合，千種駅のホームが半地下式で東側が崖になっているにもかかわらず，西側にビルが見えているのは，ホームが地形の境界に位置しているからである。図1-6に示されている大曽根層が熱田層より低いのは，熱田層が北から南へ流れた川（かつての矢田川）によって浸食を受けたからである。つまり，今池と栄は同じ熱田層上にあるが，その途中の新栄は河川浸食を受けて削られて大曽根層上になった。こうしたわ

ずかな地形の高低差が都市の交通,住宅,事業所などのあり方に影響を与えているのは,とても興味深い。

　小牧台地と各務原台地の間には台地ではなく,犬山扇状地が広がっている。これは,東側にあたる岐阜県方面から木曽川が山間を縫うようにして西へ流れ,山峡から出るさいに土砂を排出したからである。現在でこそ木曽川は強固な堤防によって流路がコントロールされているが,かつては多くの支流をもち低地に向けて土砂を排出し続けていた。

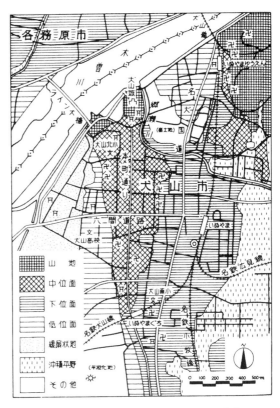

図1-7　犬山市中心部における市街地の地形条件
出典：山本編,1986,p.3による。

この結果,現在の犬山市街地あたりを頂上とし,半径12kmほどの扇形の地形すなわち扇状地が形成された。扇の西の端は江南市と一宮市の境界付近にあり,そこから先は沖積低地（一宮氾濫平野）が続いている。この氾濫平野は縦（短径）20km,横（長径）40kmほどの楕円形をしており,横方向は南東－北西,つまり名古屋から岐阜羽島へ向かう東海道新幹線の方向である。平野の端は岐阜県の海津から愛知県の津島を経て名古屋・熱田に至る線であり,ここから南側すなわち伊勢湾に向けて三角州が形成されている。その中心が蟹江にあることから,この三角州は蟹江三角州と呼ばれている。

　図1-7は,犬山市中心部における地形的条件を示したものである。この図

17
第1章　名古屋圏の地形環境と地理的条件

から明らかなように，犬山扇状地の扇頂に相当する犬山では，山地の上に犬山城があり，その下に城下町が乗る中位面がある。中位面の東側に下位面があり，鉄道が南北方向に走っている。それに沿って市街地が南北に広がっている。中位面の西側は低位面で，ここからさらに南西側に向けて地形の標高は低下していく。下位面の東側は沖積平野になっており，ここでの市街化の歴史は新しい。犬山では，山地と沖積平野を結びつけるように広がる扇状地状の微妙な地形の違いを生かした都市づくりが行われてきたことがわかる。犬山が国際的な観光都市として知られているのは，木曽川の渡河地点に近い山地上に城を築いてつくられた城下町と，河川，山地，台地が組み合わさった独特な景観が人々の心を魅了してきたからである（落合，2007）。

　蟹江三角州の南端は東西方向に走る国道1号線付近であり，これが近世になって新田開拓が始まる以前の，いわば自然の海岸線に相当している。東海道五十三次の中で最大の宿場であった宮宿すなわち熱田からは，船を使って西隣の宿場町であり城下町でもあった桑名へ向かった。いわゆる「七里の渡し」による移動であるが，渡船による移動は木曽，長良，揖斐の木曽三川に橋が架けられていなかったため，やむを得なかった。近世の尾張地方では伊勢湾の湾岸部で干拓事業が盛んに行われ，これによって海岸線の位置が南へ南へと移動していった。干拓は愛知県側の飛島，弥富，三重県側の長島，木曽岬でとくに著しかった。新田開拓は名古屋南部でも進められたが，ここでは近代になって行われた名古屋港の築港事業にともなう埋立地が海岸線を海側へと前進させた。

第2節　地形環境への適応と治山・治水の取り組み

1．遠い過去に形成された地形と人間活動に好都合な平坦地

　現代の都市の歴史について考えるとき，どの時代から始めればよいか迷うことがある。最新のことならせいぜい5～10年くらい前からでよいが，短期間では説明できないことも多い。日本の都市なら第二次世界大戦の終了直後から始めればよいようにも思われる。しかし，たとえ間に戦争を挟んでも都市それ自体は連続した存在なので，戦前のことについても考えなくてはな

らない。こうして時間を遡っていくと，昭和前期，大正，明治の近代から江戸期の近世へ，さらに中世へと，限りなく過去の時代に戻らなければならない。しかしながら，江戸時代に起こった出来事が直接，現代の都市を左右しているとは考えられない。進化や発展は基本的に連続的であり，ある時代を大きく飛び越えて別の時代に影響を与えることは稀である。それゆえ，現代都市を時間的に説明しようと考えるなら，その前の時代すなわち近代あたりから考えるのが現実的であろう。都市地理学は歴史地理学も含んでいるため，過去のある時期に都市がどのようであったかを考えることも研究の一部である。過去には，現代につながる比較的新しい過去と，現代から切り離された遠い昔の歴史的時代としての過去の二種類がある。歴史地理学の専門家は，後者の古い歴史的過去を研究対象にするのが一般的である。

　前節で述べた名古屋圏に関する地形史は，この地域の歴史をどこまでも遡っていった先にある極限的過去の歴史である。人間の歴史的時間と地球の地質年代的時間は，いずれも同じ時間であるが異質的である。この地域で現在見られる地形が形成されたのは，この地域で人間が活動を始めるよりずっと昔のことである。そのように遠い過去の時代に形成された地形ではあるが，人間活動に対し長期にわたって影響を及ぼし続け，現在に至っている。これは人間社会の歴史的発展を考えるときの時間とは異なるスケールの時間であり，人間に対してはほとんど所与の条件といってもよい。ただし，自然が長い時間をかけて生み出してきた地形の形成速度に比べると，人間が地形を改変する速度は速い。しかも，改変に要する経済力の増大や土木技術水準の発展により，その速度は速まっている。しかしそれでも，人間は地形的条件を全面的に変えるような力はもっておらず，地形の条件に左右されながら，適応や調整というかたちで地形を利用している。地形環境をいかに人間側に有利なように利用するか，まさにこの点に人間社会を発展させるカギがある。

　地形が平坦であることは，何をするにも好都合である。初期の時代の農業においてはとくに都合がよく，逆に丘陵地や山地は農業に適さなかった。製造業においても同じことがいえ，原料や製品を運搬したり工場で生産したりするのに，平地であることは都合がよい。傾斜や起伏は移動や運搬を難しくするため，人間活動の場としては敬遠されやすい。農業や製造業に携わる

19

第1章　名古屋圏の地形環境と地理的条件

人々が生活をする居住空間についても，平坦であることは望ましい条件である。このように考えると，沖積平野や洪積台地は傾斜条件から見る限り人間にとって好都合な活動空間といえる。

2．水がもたらす恩恵と乏水条件を克服するための試み

　濃尾平野，岡崎平野，豊橋平野，伊勢平野など平地に恵まれている名古屋圏は，地形的条件では申し分ない。しかし傾斜条件のみで活動空間の良さを判断するのは早計であり，他の要因にも目を向ける必要がある。とりわけ重要なのが河川，海洋，湖沼など水環境の状態である。水は飲料としての水だけでなく，農業をはじめとする産業活動のための水，それに水上交通にとっての水というように，人間活動にとっては欠かせない存在である。水はまた災害をもたらす存在でもあり，豪雨，洪水，津波など人間生活を脅かす危険性もあわせもっている。「恵み」と「災い」の二面性をそなえている水をいかに制御しながら産業や生活に生かすか，この課題の克服が名古屋圏の長きにわたる歴史でもあったといえる。

　まず「水の恵み」に注目した場合，水の得やすい沖積平野は農業生産に好都合である。濃尾平野をはじめこの地域の沖積平野では稲作が行われ，したがって農業集落が各地に形成された。ひとくちに沖積平野といっても，すべてが一様に平らであるわけではない。出水や洪水から身を守るためには微高地すなわち自然堤防上に生活の拠点を構えるのが望ましい。初期の頃はこうした微高地を利用した集落形態が多く，それゆえ住宅が隣り合うように集まって存在する集村が卓越した。集落には規模に違いがあり，比較的大きな集落はその周辺の農村に対して商業的，サービス的な役割を果たした。これが市場集落であり，市場は収穫された農産物を集めて並べただけの場所ではなく，日常的な雑貨やサービスが取引される場所でもあった。とくに現在の一宮，稲沢，江南付近には数多くの市場集落があったことが知られている。当初は市の開催日は限られていたが，生産や需要の増加にともない，しだいに市が開催される回数が増えていった（図1-8）。

　水は地表面を流れる河川だけが利用の対象ではない。地中を流れる伏流水や地下水も利用の対象であり，たとえ河川の水に恵まれていなくても農産

物の栽培やものづくりを行うことはできる。たとえば木曽川や揖斐川が形成した扇状地の末端，すなわち扇端には地下水が地中から湧き出る湧水地帯があり，ここでは繊維産業を興す条件にもなった。大垣や一宮の繊維産業は，こうした自然条件をうまく生かしながら発展を続けていった例である。扇状地の中央部分（扇央）は地表面では流水に乏しく，稲作など大量の水を必要とする農業には適していない。しかし地下水は豊富であり，揚水技術が発達した近代以降は，工業用水を求めて企業が進出するようになった。犬山扇状地に設けられた企業団地で清涼飲料を生産している工場は，水の得やすさがその立地条件になっている。

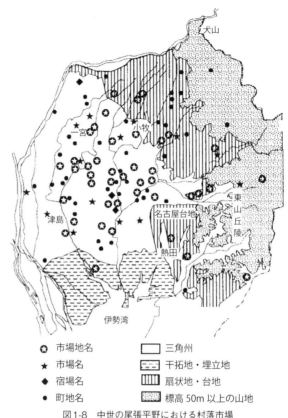

図1-8　中世の尾張平野における村落市場
出典：小林，1965a，p.189の図をもとに作成。

「水の恵み」に恵まれないところでは，さまざまな工夫を凝らして悪条件を克服する試みが行われた。溜め池を設けて農業用水や生活用水を確保したり，河川の上流から水を用水路に引き込んで乏水地域に運んだりする事業などである。名古屋圏の主として東側は台地や丘陵地が卓越している。ここには無数ともいえる溜め池が分布しており，農業生産や人々の暮らしを支えた。知多半島や渥美半島にも溜め池は多い。丘陵性の半島では河川が未発達

であり、雨が降ってもすぐに海に流れ出てしまう。これら2つの半島では愛知用水，豊川用水という大規模な用水路網を建設することで，乏水地域というハンディキャップが克服された。とくに愛知用水では，当初の農業用水から生活用水，工業用水へと利用目的が広がり，名古屋南部臨海工業地帯や東部の台地・丘陵地における住宅地域の形成に寄与した（高崎，2010a）。豊川用水は渥美半島を一大農業地域に変貌させる最大の要因ともなった。

図1-9 西三河西部地域の地形面区分
出典：町田ほか，1962による。

　愛知用水や豊川用水は第二次世界大戦後の事業であるが，名古屋圏では近世，近代を通して用水事業が連綿として続けられた。なかでも木曽川を源流とする幾筋かの用水や矢作川の水を下流部の台地に導く用水が代表的である。木曽川の場合は，もともと自然流路の支川がいくつかあったが，尾張藩が防災目的で御囲い堤を築いたため支川に水が流れなくなった（松原，1995）。このため，支川に代わる用水路を新たに設けて農業用水として活用した。小牧，春日井の台地で新田開発が行われたのは，こうした用水があったからである。矢作川流域では河岸段丘の上が水に恵まれないため農業不振に苦しんできた。ここでは明治

用水と枝下用水が明治10年代に完成し，碧海台地一帯が農業用池に一変した。平地ではあるが水に恵まれなかった安城ヶ原が「日本のデンマーク」と呼ばれるほどの農業先進地域に変貌したのは，こうした事業のおかげである。

　図1-9は，矢作川と境川に挟まれた南北に長い地形面を示したものである。図から明らかなように，北側では幾筋かの河川によって樹枝状に浸食されて残った複雑な地形（挙母面）が広がっている。中央から南側にかけては，比較的平坦な地形（碧海面）が特徴的であるが，南端部付近では沖積平野との境界線が入り組んでいる。碧海面は平坦ながら河川に恵まれず，乏水地域であったことが地形図からも理解できる。刈谷，岡崎，挙母（現在の豊田），西尾は河川に近く城下町をつくることができたが，安城はそのような条件に恵まれていなかった。刈谷に本社のあった豊田自動織機が土地を求めて挙母で自動車生産を始め，その後，この地域一帯では自動車関連の企業が続々と生まれていった。北の豊田から始まり南の西尾に至るまで，日本を代表する自動車生産地域が形成された。ここは，地形を利用した集落の発生・形成とその後の農業展開，さらにその後に進んだ工業集積による地域変貌がよくわかる地域といえる。

3．豊かな川の流れを制御してきた知恵と技術の歴史

　「水の恵み」とは反対の「水の災い」は，現代の都市においても大きな課題のひとつである。そもそも災害は相対的な現象であり，人間が住んでいない無住地であれば，どのように雨が降り水が流れても災害は起こらない。そこで人間が活動しているがゆえに，人命が失われたり，財産を失くしたりする。それゆえ災害は，人間活動の拡大にともなって増えてきたといえる。以前であれば住まなかったような低湿地や丘陵地が住宅地になり，出水や崖崩れなどの被害が起こるようになった。「水の災い」を遠ざけるには，自然界の水の流れをよく知り，可能な範囲でその流れをコントロールすることに尽きる。治山・治水とは，山間部や丘陵地・平地において水が人間活動に悪い作用を及ぼさないように管理することである。山地・丘陵地・台地・平地によって構成される名古屋圏には，地形的条件に合わせて治山・治水事業が進められてきた歴史がある。

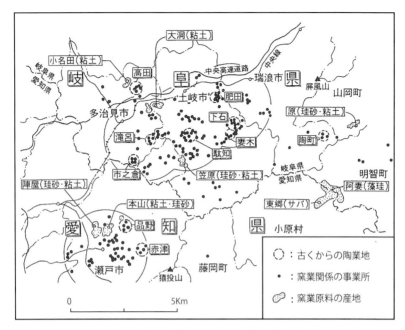

図1-10 東濃西部・瀬戸地域における窯業産地
出典：須藤・内藤，2000, p.33をもとに作成。

　治山と治水は本来，一体的に考えるべきである。なぜなら，治水の基本は河川に流れ込む水や河川それ自体を制御することであるが，それは上流の山地・丘陵地からの出水をできるだけ抑えることで容易になるからである。つまり上流からあまり水が流れてこなければ，中流，下流の河川に対する流量負担は軽減される。歴史を遡れば，近世，近代になって都市が発達し人口が増えるのにともなって木材に対する需要も増加した。これに応えるために，河川上流の山間部では木材の伐採が増え，結果的に山地の保水能力が低下した。近世・尾張藩の持ち山であった木曽谷からは多くの良質な木材が切り出された（五代，1977）。森林再生には時間を要するために，山地の保水能力を維持するのは簡単ではない。同様に，尾張藩の御用窯として栄えた瀬戸一帯では，陶土の採掘と燃料として利用された松材の伐採が盛んに行われた。この地域一帯は風化しやすい花崗岩を基盤としている。これらが原因となって矢田川は天井川になり，合流する庄内川は大量の土砂を伊勢湾に排出した。

庄内川上流の美濃でも陶磁器生産は盛んに行われてきた（図1-10）。

　治水面に目を向けると，やはり平野部における水との闘いに触れないわけにはいかない。犬山扇状地の南西方向に広がる一宮氾濫平野，さらにその南側の蟹江三角州は基本的に低湿地であり，微高地を選んで集落が形成された。しかし自然の法則にしたがう河川は豪雨のたびに流路を変え，こうした微高地に危害を与えることも少なくなかった。とりわけ問題だったのは，木曽，長良，揖斐の三河川が下流部で合流し勢いを増すことであった。このため三川分流工事が江戸時代から試みられたが，完全な成果が得られるまでには至らなかった。明治に入り，オランダから招聘したJ.デ・レーケの力を借りながら分流工事は継続され，今日見るような姿になっていった。この間，堤防や輪中の構築，河道の付け替え，旧河川の廃川化など，さまざまな土地利用変化があった（伊藤，2010）。これによって命を救われた人々も多かったが，そのために苦労を強いられた人々もいた。たとえば，木曽川と長良川を完全に分離する事業では，木曽川の支流であった佐屋川を廃川にする一方，木曽川の川幅拡大のために土地を必要とした。拡幅のために土地を奪われた人々は，希望する移住先が見つからず苦難を押しつけられた。

　名古屋圏では，古い河川を整備して幅の広い大きな河川にしたり，以前の川とは別に新たな川を設けて水の流れをよくしたりする事業が各地で行われた。たとえば岐阜市内を流れる長良川では，複数の川筋を整理して一本化する一方，古い河川を埋め立てる事業が行われた。現在，旧河道は公共施設や学校の用地として利用されており，周囲の市街地とは異なる雰囲気を醸し出している（図1-11）。似たような事例は名古屋市にもある。同市の北部を流れる矢田川は，以前は庄内川と合流する手前で大きな中州をつくりながら流れていた。しかし水害の危険性や交通障害の観点から流路の変更が行われ，かつて流れていた南側の流路は埋め立てられ市街化した。以前の堤防は現在は市街地内の道路として利用されており，その方向から旧河川の面影を知ることができる。流路変更で生まれた廃川跡地の市街地化は，旧佐屋川の稲沢，愛西や，佐屋川の支流であった天王川の津島などでも見ることができる。津島では歴史的中心地と津島神社の間を天王川が流れていたが，土砂堆積が進み洪水が頻発するようになったため，18世紀中頃に河川の締め切りが行わ

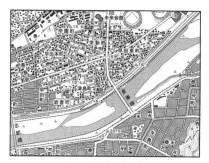

1910（明治43）年　　　　　　　　　2011（平成23）年

図1-11　岐阜市長良川周辺の新旧比較
出典：国土地理院　5万分の1地形図

れた。天王川公園の池はかつての川の名残であり、東西両側にはいまも堤が残る。

　河川の分流化は川の勢いを弱めるのに有効である。三河湾に注ぎ込む矢作川の河口付近に位置する西尾では、17世紀初頭に行われた分流事業で新川が生まれ、これが現在の矢作川となった。城下町・西尾は西側の新川と東側の古川に挟まれるようにして発展した。矢作川と並んで三河を代表する豊川でも、河川の流路変更が行われた。豊川はその流路が比較的短いうえに、降水量の季節変動が大きい、すなわち河況係数（年間の最大流量の最小流量に対する比）が8.1と大きな河川である。このため洪水で苦しめられてきた歴史があり、中流域では堤防を締め切らずに水の勢いを弱める霞堤を築いて対応してきた（藤田，1995）。しかしそれでは抜本的な解決にはならないため、以前から計画されてきた放水路の建設が戦後になって本格化し、1965年にようやく完成した。これにともない5つの霞堤はすべて締め切られ連続堤になった。

　図1-12は、豊川に設けられた霞堤とそのうちの5つが締め切られた様子を示したものである。霞堤とは、勢いのある川の流れを連続的な堤防で防ぐのではなく、堤をあえて不連続にして水勢を弱め、時間をかけて下流へ流すために設けられた堤である。上流にダムなどを設けて水量がコントロール

できるようになれば，霞堤である必要はなくなる。川幅を広げて水が流れやすくしたり，本流とは別に放水路を設けたりすれば，堤を締め切ることができる。蛇行して流れる本流とは異なり，豊川の放水路が直線状に流れていることが図からわかる。

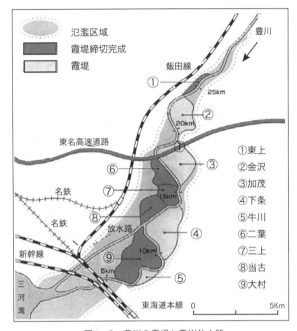

図1-12　豊川の霞堤と豊川放水路
出典：国土交通省　中部地方整備局のウェブ掲載資料（http://www.cbr.mlit.go.jp/toyohashi/journalist/h27/20150416/shi03.pdf）による。

第3節　位置の条件と地域相互関係の条件

1．位置の初期的条件とその後の産業発展

　地形や地質などの自然条件は，都市がその上に乗って機能を果たすいわば基盤的条件である。たとえば名古屋の都心は名古屋台地という洪積台地の上にあり，そこには多くのビルが建ち並んでいる。名古屋駅はこの台地より一段低い沖積平野の上にある。台地に比べると地質が軟弱であるため，高層ビルを建設するさいには土台をより深く掘り下げる必要がある。こうした条件は場所が変われば変化するため，場所ごとに異なる固有の条件に応じて都市を建設しなければならない。都市地理学では，こうした場所ごとに固有な条件を位置の条件（site）と呼んでいる（林，2014）。気候も四季ごとに違いはあるが，一年を通して考えれば特定のパターンとしてとらえることができる。

つまり，その場所に固有の気候というものがある。名古屋圏の大部分は太平洋側に面しており，夏季は高温多湿，冬季は山間部を除けば降雪は少ないという特徴がある。その代わり西側や北側の山脈方面から吹き下ろされる風は冷たく，寒気は厳しい。

　地形や気候などの自然条件がその地域の環境をつくり，その地域に固有の風土が形成される。冬の寒さを防ぐために住宅に工夫を凝らしたり，夏の暑さを和らげるために生活様式に知恵を働かせたりする。こうした工夫や知恵は同じ環境であれば多くの人々によって共有されるため，地域的風土の一部となる。食もまた地域的風土と密接な関係があり，同じ環境であれば似たような食習慣が育まれやすい。名古屋圏では近年，「名古屋めし」という言葉でこの地域に固有の名物料理がマスコミなどによって紹介されるようになった（大竹，2015）。名物料理は食材が地元産であったり，料理の仕方が地元に伝わる伝統的方法であったりする。いずれにしても，モノやサービスが豊富な社会において特徴を出すのに差異化は重要な武器や手段になるため，個性はなくならないように守っていかなければならない。

　料理の食材は，かつては地元産であることが多かった。濃尾平野では多くの農産物が栽培され，地元の人々はそれを調理して口にした。近世・尾張藩の時代，名古屋城西方の庄内川の岸辺に枇杷島市場があった。この市場では，濃尾平野一円からさまざまな種類の農産物が毎日のように集められ取引が行われた（小出，1951）。興味深いことに，市場からの距離に応じて農作物の種類が違っていた。近いところから順に青もの，白もの，土もの，赤ものと呼ばれる農産物が，同心円的パターンを描くようなかたちで栽培されていた。青ものは鮮度が重視される野菜，白ものは大根，土ものは牛蒡，にんじん，そして赤ものは柿，いちじくなどである（図1-13）。枇杷島市場は現存せず，西春日井郡豊山町にある名古屋中央卸市場北部市場がその歴史を引き継いでいる。

　濃尾平野で栽培されている農産物は立派な国産の食料資源である。しかし，食料自給率が40％を下回っている現在の日本では，生きていくのに不可欠な農産物の多くを海外に依存している。名古屋圏で暮らしている人々の食料を考えた場合でも，そのすべてを地元で賄うことは到底不可能である。

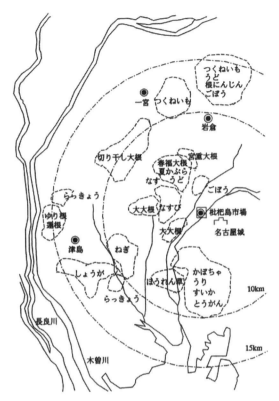

図1-13 江戸時代における枇杷島市場への青物出荷圏
出典：西枇杷島町史編纂委員会編，1964，p.346をもとに作成。

枇杷島市場が名古屋の人々の胃袋を満たしていた頃，瀬戸では陶器が焼かれ，尾西では木綿の布が織られていた。これらは瀬戸周辺で採れる陶土，木曽川の水や地元で栽培した綿花を利用して興された産業である。土地の固有な条件がこうした産業の成立を可能にした。しかし今日，農産物の場合と同様，歴史的伝統は残されているが，産業としての有り様は昔とは大きく異なっている。愛知県は工業県であるが，先進的な農業県でもある。陶磁器からはニューセラミックス産業が生まれ，繊維産業もデザイン重視のテキスタイル産業へと変貌した。初期の位置的条件は，その後の社会，経済の発展とともに進化して今日に至っている。

2．地域相互間の関係条件で移動や都市の立地を考える

　位置の条件は都市が発展していく初期においては重要な意味をもっている。地形や気候などの自然条件が都市立地の場所や産業を大きく規定するからである。ところが交通手段が発達し他の地域との交流が深まっていくと，交易によって生産や生活がその影響を受けるようになり，対外的関係の重要

性が増していく。農産物や特産品を取引する市場圏が広がり，地元の市場よりむしろ遠方の市場との取引を多くした方が経済的により多くの富が得られることに気づくからである。名古屋圏の例でいえば，すでに江戸時代の中期，尾張藩の御用窯であった瀬戸の陶磁器や尾西・知多・三河の木綿・織物，同じく知多の醸造品などが，江戸をはじめとする国内市場へ出荷されていた（井上，1991）。明治末期以降になると，名古屋港から陶磁器・木製品・時計などが海外へ輸出されるようになる。名古屋港の開港を機に，それまで別の存在であった名古屋と熱田が一緒になり，名古屋は国内外との間で交易をする拠点としての機能を強めた。

　都市地理学では位置の条件（site）と区別する意味から，場所と場所との関係を地域相互関係の条件（situation）と呼んでいる。ともにイニシャルがsの site と situation は，都市の成立と発展を説明するさいに有効な概念である。これら2つのsを手掛かりとして，都市がどのような条件のもとで存在しているかを考えることができる。site は，その場所固有の条件である。対する situation は場所相互間の関係であり，地理的には取引が行われる広がりとして考えることができる（林，2010a）。取引というと経済的取引を思い浮かべやすいが，社会や文化の面でも取引は行われている。その場合は取引よりもむしろ交流という言葉の方が適切かもしれないが，要は人間と人間との間で精神的な触れ合いが行われる空間である。ときには何らかのサービスを介して交流が行われる場合もあり，そのときはサービス取引があったといえる。取引は一般に人，モノ，サービスの移動をともなうため，距離という空間的障害を乗り越えなければ実現しない。

　この距離こそが，地域相互関係の条件を左右する最大の要因である。距離が近ければ移動は簡単であり，経済的取引や社会，文化的交流も盛んに行われる。ところが距離が遠くなると移動のために要するコストが大きくなるため，取引は減少する。どれほどの距離であったら取引してもよいと考えるか，それは取引されるモノやサービスの内容による（Hanink, 1997）。人が移動する場合を考えても，移動するだけの意味があるか否か，あるいは値打ちがあるか否かは，ケース・バイ・ケースである。一般に価格の安い日常的なモノやサービスは，移動距離が短くなければ割が合わない。逆に高価なモノや

サービスは，価格に比べて移動に要するコストは小さい。このため，多少距離が遠くても取引しようという気になる。コストは経済的費用として考えることが多いが，これを広く考えて努力，犠牲，安全性，快適性なども含めれば，移動が無理なく円滑になればなるほど，取引される空間的範囲は広がっていく（林，2007）。

　ここで，都市で取り扱われる財やサービスの市場，あるいはその広がりである商圏といったものを想定してみよう。商圏の中心からその一番端までの距離を財の到達範囲の上限と呼ぶことにする。このように命名して商圏の空間的構造を理論的に説明しようとしたのが，ドイツの経済地理学者，W. クリスタラーである。クリスタラーは，都市を場所の条件や景観，形態の面から記述するだけでなく，そこで果たされている機能に注目してその立地を説明しようとした（Christaller, 1933）。一般に日常的な機能しか果たさない規模の小さな都市は取引の範囲が狭く，財の到達範囲の上限も短い。逆に高価な財やサービスも取り扱う規模の大きな都市では，財の到達範囲の上限は長くなり商圏も広い。こうした理屈はドイツに限らず，どこにおいても一般的にあてはまる。ただし移動の仕方には地域差があり，社会や経済の発展段階に応じて交通手段は変わっていく。高度情報化した現代社会では実際の買い物や交流ではなく，インターネットを利用した仮想空間でのネット購入やコミュニケーションというスタイルが生まれている。とはいえ，モノや人が空間的に移動する限り，距離的要因の制約から逃れることはできない。

　クリスタラーのいう財の到達範囲の上限は，消費者が商品を求めて店舗へ出掛けてもよいと考える最長距離である。この距離は商品の種類によって違うため，消費者の買い物行動は，たとえば最寄り品，準買い回り品，買い回り品というように商品のクラス別に階層的になる。小売業側も商圏の広がりに応じて商売の仕方を変える。つまり買い手と売り手の行動がともに階層的であるため，結果的に多数の最寄り品店と数少ない買い回り品店が都市の中に現れる（Berry and Parr, 1988）。このメカニズムを空間的，幾何学的に説明するクリスタラーの中心地理論が都市地理学に与えた影響は大きく，1970年代頃までこの理論を手掛かりに都市の小売業システムを検証したり，この理論を応用して小売業の配置プランを考えたりする試みが世界各地で行われ

31
第1章　名古屋圏の地形環境と地理的条件

図1-14　一宮都市圏における集落の階層的分布（1970年）
出典：林・伊藤，1977，p.18をもとに作成。

た（林，1986）。濃尾平野は平坦地が広く中心地理論の考え方で集落立地を説明するのに適したフィールドである。とくに近代工業が普及する以前は商業取引が農業以外では集落の主要機能であったため，この理論の適合性は高かった。

　図1-14は，一宮を中心とする都市圏を対象に，集落の分布を示したものである。各集落には小売業やサービス業の事業所が立地しているが，それらの数に注目して集落を分類すると，多いものから順に5つのクラスに分けることができる。集積数がもっとも多い一宮には，ほかの集落にはないレベルの高い専門的な小売業やサービス業が立地している。稲沢，古知野，起には，一宮にしかないレベルの高い専門的な小売業やサービス業はない。しかし，これらより小さな集落にはない中レベルの小売業，サービス業がある。この

ように，集落の階層的なレベルは小売業，サービス業の立地数ばかりでなく，その専門的なレベルにも対応している。レベルの高い集落は少なく，逆にレベルの低い集落は数が多いという傾向も見られる。こうしたことから，一宮都市圏の集落分布はクリスタラーの中心地理論の特徴をよく示しているといえる（林・伊藤，1976）。ただし，集落の分布パターンそれ自体は均等ではなく，一宮の北西部では分布密度がやや高い。これは工業活動の影響であり，繊維関係の事業所が多く，人口も多いところでは小売業，サービス業も発展しやすいことを示している。

3．位置の条件と地域相互関係の条件によって名古屋圏を考える

　位置の条件が都市の立地に好都合でも，都市が順調に発展できるとは限らない。そもそも都市の発展とは産業の発展にともなって人口も増えていくことである。問題はその産業の種類や中身であり，製造業，商業，サービス業などいろいろ考えられる。名古屋圏でいえば，地元で産する窯業資源を生かした陶磁器業，米を原料として加工する醸造業，綿花や生糸をもとにした繊維業などが，農業以外では初期の産業である。近代以降は一般機械，輸送機械，金属，化学など多様な産業が生まれ，それらの製造業の集積が人口増を促していった姿を思い浮かべることができる。製造業で生産される製品の販売先は遠方であることが多く，とくに第二次世界大戦後の高度経済成長期においては海外市場へ売り込むことが重視された。地元の資源をもとに生まれたものづくりが，国内以外に海外という市場を得てさらに発展していくことができた。つまり位置の条件から海外を含めた地域相互関係の条件へと，重要性が移り変わっていった。

　都市の発展は製造業だけが原動力ではない。製造業で働く人はそこで生活するために財やサービスを必要とする。そのために小売業やサービス業が近くになければならず，実際，これらの産業は都市の中でなかば自然に現れてくる。製造業に加えて小売業，サービス業が都市に集積し，そこで働く人も増えるため，ますます都市の人口は増加していく。都市の経済地理学では，取引先が都市の外側にあり，財やサービスの取引の結果，収入が都市にもたらされる産業をベーシック産業と呼んでいる。これに対し，もっぱら都市の

中で生活している人を対象に，財やサービスを提供する産業をノンベーシック産業と呼んでいる（林，1991a）。都市が発展するにはこれら2種類の産業がともに必要であるが，第一義的に都市発展の原動力となるのはベーシック産業である。

　製造業の主な取引先が国内の他地域や海外にあるのに対し，小売業やサービス業の取引先は都市の内部か，比較的都市に近いその周辺部である。クリスタラーが名づけた財の到達範囲の上限は，その周辺部の一番遠い地点である。この地点に住んでいる人は，欲しいと思っている財やサービスを手に入れるために都市まで出かける。都市の小売業やサービス業の側から見れば，この地点までなら財やサービスを配達してもよいと考える。これより遠くなると，消費者も経営者も移動する気がなくなる。代わりにこの都市とは別の隣の都市へ買い物にでかけたり，隣の都市の小売業やサービス業から配達されたりするようになる。要するに，財の到達範囲の上限は隣り合う都市の小売業やサービス業の商圏の境界に相当している。

　近代的な製造業が始まるまえ，都市の産業といえば日常的な雑貨品やサービスを取り扱う業者が集まって商いをする商業・サービス業くらいであった。地元で資源が手に入るところでは，陶磁器業，織物業，木工業，酒造業などもあった。今日の行政サービスに当たる役所のようなものも，各地に配されていた。名古屋圏でも，当時は地域の大半は農業社会であり，都市はそのような農業地域の中に浮かぶ島のような存在であった。そうした都市が近代工業化の影響を受け入れ発展を始め，これまで存在していた地域の秩序体系が崩れていった。それまで優劣がつけにくかった多くの都市の中から経済的競争を勝ち抜いて他よりも大きくなるものが現れるようになった。これが今日，地域の中核的拠点としての地位をもつようになった都市である（林，2000a）。その中でも最高の地位にたどりついたのが名古屋であり，この都市に対抗できる都市は名古屋圏には見当たらない。

　中世の尾張平野における村落市場の分布を示した図1-8をあらためて見ると，主な集落は平野の中央にあり，名古屋台地付近には集落はほとんど存在していない。律令制のもとで国府が置かれ，尾張では現在の稲沢付近にその場所が決められた。一宮，二宮，三宮は国の中に置かれた神社のランクを意

34
名古屋圏の都市地理学

味しており，尾張一宮こそがもっとも重要な神社とされた。二宮は現在の犬山，小牧の境に近い大県神社であり，三宮は熱田神宮であった。このことからもわかるように，当時の尾張国は一宮つまり尾張平野の中央付近にあった（小林，1965b）。その後，政治中心は南へ下り，清洲へ移動。さらに徳川家康が現在の名古屋に政治中心を移動させた。名古屋は尾張平野の末端で台地につながる部分に位置しており，伊勢湾からも遠かった。伊勢湾では干拓が進んで新田が広がり，近代になって港湾が建設された。現在の名古屋は，過去の政治的決定，交通路や港湾の整備などを基盤に発展していった。歴史に「もしも…」はないが，中世の政治構造がそのまま続いていたら，この地域の空間構造も現在とはまったく違うものになっていたであろう。

　名古屋に匹敵できるのは東京や大阪であり，岐阜，豊橋，四日市では無理である。それは名古屋から供給されるレベルの高い財やサービスの到達範囲の上限の内側に岐阜，豊橋，四日市などの都市が入っているからである。名古屋圏という大きな傘のような勢力圏が空間的に広がっており，愛知，岐阜，三重三県の主要都市はこの中に含まれる。これら三県と隣接する他地域は山地や丘陵地によって境されており，結果的に地形的障壁が勢力圏を画する役割を果たしている。つまり地形的条件が名古屋圏にひとつのまとまりをもたせている。ただし静岡県との境には明瞭な地形的障壁はない。このため浜松を中心とする西遠地方は，名古屋圏の一部として考えることが多い。また，三重県の南西部は名古屋から距離が遠く，逆に大阪からは近い。伊賀上野地方も大阪への時間距離が短く，大阪からの影響が大きい。

コラム1
自然環境の影響から逃れられない地理学 －地理学生態論－

　かつて地理学では「環境決定論」と「環境可能論」の間で論争が行われたことがあった。人間を取り巻く自然環境の影響が大きいという前者の立場に立てば，人間の行動はかなり制約を受けてしか行うことができない。気候や地形などによって行動の可能性は狭められ，可能性の範囲内でしか活動することができない。一方，後者の環境可能論は，人間は自然環境に適応しながらいくつかの方法で生きていくことができると考える。同じような気候的，地形的条件のもとであっても，

多様な生活のパターンがありうる。人間の能力は無限とはいわないが，意思や希望をもって自然環境に立ち向かうことができる。おそらく現在では，環境可能論を支持する人が多いのではないだろうか。とりわけ近代以降，人間がつぎつぎと成し遂げてきた多くの活動成果を振り返ってみると，そのような思いを強くする。われわれの日々の暮らしは，文明の勝利の上に成り立っているように思われる。

　しかし今日，巨大地震やそれにともなう津波の襲来，毎年のように襲ってくる大型台風や集中豪雨を経験すると，はたして人間は自然環境に十分適応できているのか，疑問に思ってしまう。たしかに日常的な経済活動や生活の場面では，何不自由なく毎日，毎日が過ぎていっている。しかし一旦，自然災害などによる非日常的状況の中に放り込まれると，日常生活がいかに脆いか思い知らされる。人智の及ばない自然的営力が存在しないかのような気持ちで，日々の暮らしを送っている。時折，その素顔をのぞかせる自然の力を目の当たりにしたときわれわれは狼狽し，自然の恐ろしさに慄く。それは，環境決定論の考えが一瞬，頭の隅をよぎるときでもある。論争の決着はまだついていないのかもしれない。

　地理学は自然環境から離れては存在できない。たとえ人文地理学でも，地理学には自然環境や生態学が付きまとっており，都市地理学を研究する場合も例外ではない。都市について考えるとき，気候，地形，植生，土壌などの自然的要素を無意識に思い浮かべている。もともと生態学は自然現象を対象とする場合が多いが，個人やその集合である社会を相手にする場合もある。人間生態学や社会生態学がそれであり，人間の活動を動植物の生存現象になぞらえるようにして明らかにする。動植物の種に相当するのが，人間の場合は民族，言語，文化，社会経済的地位などである。動植物が群落をつくるように，人間もまた社会的な集団をつくる。生存競争や進化など，自然界と人間社会の間には類似の概念が少なくない。それらの多くは都市の中で繰り広げられている。都市地理学は，都市の中で人間が行っている生態的行動を空間的に研究しているともいえる。

　名古屋圏は海洋，平野，台地，丘陵，山地がワンセット揃った空間であり，生態系的にいえば，かなり多様性に富んだ地域によって成り立っているといえる。そのような地域において，よりよく生きるために自然条件に挑戦し，住みやすい都市空間に変えてきたのが，この圏域の歴史である。その過程で，古くは濃尾地震，敗戦後も伊勢湾台風，東海豪雨，御嶽山噴火をはじめとする数々の災害を経験した。将来，南海トラフを震源とする巨大な地震が発生することは間違いないといわれている。環境を大きく左右する条件が依然として自然の側にあることを考えると，人間の能力に限界があることを思い知らされる。高度経済成長が限界に達し，ようやく「環境」の重要性を考えるようになった。経済力を信じて都市や地域を

つくり変えてきたが，経済もその一部として含まれる環境や生態系にまで立ち戻って世界を再構築しなければならない。ものづくりの歴史を通して培ってきた力が将来どのように生かされるか，新たな時代に向けて取り組むべき課題は尽きない。

第2章　集落の形成と交通・産業の発展

第1節　古代，中世の集落，街道，地域中心，交通都市

1．古代，中世における集落，政治領域

　日本の古墳時代（3世紀後半～7世紀中頃），名古屋圏に相当する愛知，岐阜，三重三県のどのあたりで人々が生活していたかは，古墳の分布状況からある程度推測することができる（伊藤，2014）。一般的にいえるのは，古墳は河川流域の中の丘陵地の末端付近に分布していたということである。分布は概して集中的であり，何世代にもわたり当時その地域で有力であった人々の墓が築かれていったことがわかる。興味深いことに，広大な面積をもつ一宮氾濫平野と蟹江三角州にはほとんど古墳はなく，尾張地方では標高5mより高い台地（熱田台地，御器所台地，鳥居松台地など）や，丘陵地（守山丘陵地など），扇状地（犬山扇状地など）に限られていた。これに対し三河地方では，矢作川，豊川の流域で平地と丘陵地が接するあたり，また西三河と東三河を区切る丘陵地の末端付近に古墳が多い。同様な傾向は岐阜県でもみとめられ，西から順に揖斐川，長良川，木曽川，飛驒川，庄内川の各流域の中流部に古墳が多い。愛知，岐阜に比べると河川の長さが相対的に短い三重県でも，やはり中流域に古墳が集まって分布している。こうしたことから考えると，この時代の生活の中心は伊勢湾に面した臨海低地ではなく，そこからやや離れた平地と丘陵地が接する付近にあったことがわかる。

　尾張，三河，美濃，飛驒，伊勢と呼ばれた古代の国が成立したのは7世紀中頃のことである。国の下には郡が置かれ，その下に郷があった。郷のさらに下には里があったが，里は自然発生的な村落で50戸ほどの家から成り立っていた。郷は平均して3つ程度の里を含んでいたため，一郷当たり150戸ほどの集落が各地に点在していた。郷と里の組み合わせから成る集落制度を郷里制と呼ぶ。尾張の国には，中島，海部，葉栗，丹羽，春部，山田，愛智，智多の全部で8つの郡があった。このうち郷の数が12でもっとも多かった

のは海部郡であり，最少は葉栗，智多各郡の5郷であった。これら8郡の地域的境界線は地形の境ではなく，各地の氏族集団が互いに統合していった結果，それぞれの圏域が決まった。鎌倉幕府から始まる中世以降，海部郡と春部郡はともに東西に二分され，山田郡は消滅した。興味深いのは，木曽川の流路の変化によって尾張と美濃の境界が変わったことであり，これにより一時期，美濃側にも葉栗郡と中島郡が存在していた。

　三河国は7世紀中頃に，三（参）河国造（西三河地域）と穂国造（東三河地域）が一緒になって誕生した。それまでは岡崎平野を中心とする地域が三河国であり，豊橋平野を中心とする地域はこれとは別に穂国と呼ばれていた。合併後，政治の中心は現在の豊川市内，音羽川と丘陵地が接するあたりに置かれた。これが三河国の国府である。三河国は2つの平野のほかに北東部に広大な山地を擁するため，面積的には尾張国を凌いだ。碧海，額田，加茂，幡豆の4郡が西三河に，また宝飯，八名，渥美，設楽の4郡が東三河にそれぞれ属しており，郷の数は西三河が40，東三河が30であった。郷数が16でもっとも多い碧海郡は岡崎平野の高い生産力に依存しており，尾張のどの郡よりも規模が大きかった。

　8世紀中頃，律令制度による土地公有の原則が崩れ始め，中央の貴族や有力な寺社の私有地である荘園が各地に成立した。尾張では皇室や摂関家の荘園，それに東大寺，醍醐寺の荘園が生まれ，国司が支配する国衙領とともに土地所有の構造が定まっていった。鎌倉時代を経て南北朝時代になると，地方の武士などから寺社への土地の寄進が進んだため，寺社所有の土地が広がった。尾張には全部で100か所程度の荘園があった。こうして成立した荘園も，守護や地頭の台頭にともない，その支配権が奪われていく。鎌倉時代に全国に配置された守護・地頭のうち，尾張では斯波氏が室町時代以降，守護として固定され，そのもとで守護代になった織田氏がこの地方一円を支配するようになったからである。一方，三河では足利氏が守護に任じられ，以後，この地方の守護を務めた。足利一族のもとで一色氏，吉良氏，今川氏など地名に由来する支族が現れ，それぞれ領地を保有した。このうち今川氏は戦国期に駿河，遠江を支配する大大名になったが，桶狭間の戦いで織田信長に滅ぼされた。

39

第2章　集落の形成と交通・産業の発展

2．地形に適応しながら整備されていった地域を結ぶ街道

　都市の規模や機能にレベルの違いがあるように，交通にもその役割に応じてレベルの違いがある。歴史時代，畿内と東国の中間に位置するこの地方では，これら2つの地域を結ぶ道路が主要街道として利用されてきた。古代の東海道と東山道がその始まりで，東海道は伊賀国から鈴鹿山脈と布引山地の鞍部に当たる加太峠を越えて伊勢国へ入り，尾張国，三河国へと続いていた。この東海道は近世以降の東海道とは異なり，諸国の国府を結ぶ目的をもっており，のちの東海道より直線的に設定されていた。ただし木曽三川下流部を通行するのは簡単ではなかったため，伊勢湾を船で渡るか，東国から来る場合は，尾張国府から北に向かい東山道の不破の関を抜けるルートも利用された。その東山道は不破の関を越えて美濃国府（現在の岐阜の西）を経由して信濃国府（当初は上田，のちに松本）に向かう道で，のちの中山道に近いルートであった。鎌倉時代になると幕府は鎌倉と全国を結ぶ街路網の整

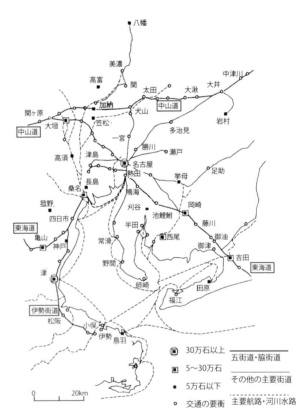

図2-1　近世の主要な交通路と都市
出典：名古屋大都市圏研究会編，1993，p.37をもとに作成．

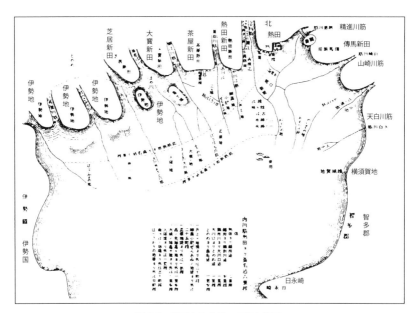

図2-2　熱田から桑名への海上絵図
出典：名古屋港史編集委員会編，1990, p.4 をもとに作成。

備を行った。尾張の熱田付近から三河にかけては，のちの東海道とほぼ同じルート，熱田から美濃西部へはのちの美濃街道のルートに近かった。

　江戸期に入り幕府が公道として整備したのが東海道であり，また中山道である（図2-1）。東海道は三河の主要な城下町である吉田，岡崎を結び，熱田の宮宿を経て伊勢の城下町・桑名，さらに四日市，亀山へと向かう街道である。三河，尾張，伊勢の三国で宿場が16もあり，五十三次の3分の1近くも占めた。宮宿と桑名の間は木曽三川を越えていくのが困難であったため，海路7里を船で移動した（図2-2）。いわゆる七里の渡しであるが，伊勢湾の干満の状況で渡航ルートは変化した。また船による移動を嫌う旅人がとくに女性に多かったため，別に熱田から北東に佐屋街道を行き，佐屋川，木曽川，揖斐川を渡って桑名へ至るルートもあった（志田，2012）。伊勢国では加太峠を越える古代の東海道とは異なり，鈴鹿の峠を越えて近江国へ向かうルートが選ばれた。

　中山道は古代の東山道と似たルートを通っており，関ヶ原から城下町・大

図2-3 現在の名古屋市域内における旧街道
出典：名古屋市住宅局まちづくり企画部，2011などをもとに作成．

垣に入り，同じく城下町の加納を経て東に向かう．美濃国の太田あたりまでは木曽川沿いの平地の上を行くことができたが，ここからさらに先は木曽川の峡谷が険しい．このため木曽川左岸側の山道を選び，大湫（大久手）を経由して大井，中津川へと至る．ここから東側の先は標高がさらに高くなり，木曽谷の狭い平地を縫うようにして信濃国を通過した．この地方では中山道は東海道とともに畿内と東国を結ぶ重要な街道としての役割を果たした．ただし主たる役割は太平洋側の東海道が担ったため，いわば脇役的存在であった．バイパス的な性格は現在の高速道路や鉄道においても引き継がれており，交通ルートの歴史的慣性には根強いものがある．

　三河，尾張の南部，伊勢の北部を貫くように走る東海道と，美濃の南部を東西に貫く中山道だけでは，この地方の移動にとって十分とはいえない（加藤，1987）．とくに大きな城下町であった名古屋はこれらの街道から外れて

おり，別のルートを介してこれらの主要街道に結びつく必要があった。また
三河や伊勢の山間部も幹線街道から遠かった。これらの地域では河川や谷な
どの地形を利用しながら道路が整備され，日常的な暮らしや産業のために利
用された。名古屋には俗に「名古屋五口」という言葉がある。これは，名古
屋の城下へ出入りする主な街道が5つあったことを意味する（図2-3）。まず
北西方向への出入り口として枇杷島口があり，これは美濃路を経て大垣方面
とつながっていた。北口の志水口は小牧，犬山を経て木曽川を越え，木曽や
飛騨につながっていた。さらに北東側には大曽根口があり，これは勝川から
多治見へ向かう下街道と，瀬戸へ向かう瀬戸街道の分岐点でもあった。南東
方面では駿河口がその名の通り駿河方面への出入り口であったが，この街道
は途中の平針で岡崎方面へ向かう岡崎街道と分岐し，さらにその先の赤池で
挙母街道と伊那街道に分かれた。名古屋五口の最後は，東海道の宿場・宮宿
と結ぶ熱田街道への出入り口にあたる熱田口である。当時，名古屋と熱田は
別の町であり，名古屋の最南端，現在の金山あたりが熱田口に相当した。

　尾張や三河の平野部は平地が多く，木曽三川の水郷地帯を除き道路網は大
きな障害もなく整備された。しかし三河や美濃，伊勢の山間部では地形的条
件が厳しく，平地のように直線的な道路を設けることはできなかった。河川
沿いや谷間は比較的移動がしやすく，こうしたところを走る道路をつなぎな
がら街道が形成されていった。このうち三河山間部から美濃，信濃にかけて
の地域では，中馬街道と呼ばれる道路網が人や荷物の移動のために利用され
た（郷土文化研究委員会編，1981）。たとえば三河の足助は平地と山地の境界
に位置しており，塩や海産物などを山地に向けて輸送する一方，山地からは
農産物，林産物が送られてくる結節点の役割を果たした。こうした荷物はこ
の地方の農民による駄賃稼ぎにより馬の背のかたちで運搬された。

　名古屋と美濃東部を結ぶ街道は下街道と呼ばれた。これは，幕府の公道で
あった中山道が北側の高い標高地点を結ぶように走っているのに対し，南側
の庄内川沿いをこの道が通っていたためである。徒歩が基本の当時の移動に
おいて，山道を歩くのは現在われわれが想像するほど困難ではなかった。し
かしそれでも山地を越えていくより，川沿いを歩く方が楽であった。このた
め，名古屋から美濃東部や木曽地方へ行くには，距離的にも短い下街道がよ

43

第2章　集落の形成と交通・産業の発展

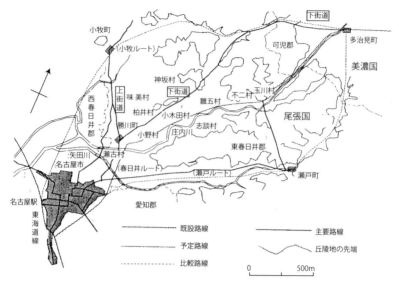

図2-4　名古屋〜多治見間の下街道と中央本線建設計画ルート（1894年頃）
出典：名古屋鉄道編，1994，p.22をもとに作成。

く利用された（川本，1997）。明治になって鉄道建設が計画されたさい，旧中山道に沿って建設する案が当初，考えられたが実現に至らず，最終的には下街道に沿うルートで実現した（図2-4）。これが名古屋から中津川方面へ向かう中央本線である。

3．市場取引，政治中心都市と交通・中継機能を果たす都市

　都市地理学では，都市の立地パターンを中心地タイプ，交通立地タイプ，資源立地（工業立地）タイプに分けて考えるのが一般的である（Yeates, 1998）。中心地タイプとは，主に農村地域を背景としてその中心に位置し取引機能を果たす都市である。背後の農村地域から農産物が運び込まれ，これが他の農産物や日用雑貨品と交換される。日常的なサービスが提供されることもある。市場をイメージしたらわかりやすいと思われるが，世界中どこの農村社会でもいわば自然発生的に生まれるタイプの都市である。中心地には規模に違いがあり，大きな中心地には多くの小売やサービスの機能が集まっている（Christaller, 1933）。それだけでなく政治や行政の機能もあり，為政

者が居を構えていることもある。つまりその地域一帯を支配する領主や貴族などの拠点にもなっている。中心地としての小売・サービスあるいは行政機能は今も昔も変わらない。しかし，政治体制は歴史的に変化してきたため，支配や統治の仕組みは昔と今とでは大きく異なる。

　中心地タイプの都市は名古屋圏でも多く見られる。とくに濃尾平野，岡崎平野，豊橋平野，伊勢平野など農業が盛んに行われてきた平地部では，この種の都市が多い。わかりやすいのは，地名が市場に由来する都市や集落である。四日市はその典型であり，これは1か月のうち4,14,24の日に市場が開かれたことによる。現在の一宮市内には丹陽町五日市場と九日市場という場所があり，ほかに瀬部四日市場もある。隣の江南市へいくと島宮町四日市場と今市場が，また春日井市には下市場がある。市場が開かれる日にちを市日というが，その市日を表す地名として岐阜市と瑞浪市に一日市場という地名が残っている。稲沢市の北市場，清須市の西市場は，市場が複数あったため，それらを区別してこのように呼んだのであろう。三河では蒲郡市に神ノ郷町殿市場，幸田町に深溝市場，豊橋市には牟呂市場がある。さらに伊勢では，鈴鹿市三日市，亀山市加太市場，いなべ市藤原町市場，度会町市場，松阪市市場庄町など，市や市場のつく地名が残されている。

　市場機能に政治，行政機能が加わると城下町のような都市になる。近世の地域構造は，城下町を拠点としてその支配が及ぶ領域の連合体としてとらえることができる。濃尾平野は河川を除けば地形的障害がほとんどなく，広い面積をもった尾張藩支配下の領域としてまとまっていた（岸野，2002）。対照的に三河では，地形的条件のほかに雄藩を生ませないという政治的配慮が働き，規模の小さな藩の寄せ集めとして構成された。江戸幕府による分断政策は美濃でも行われ，小藩の間に旗本知行や直轄地が挟まれた。美濃の北の飛騨は金森氏の失政や金資源の確保もあり，幕府の直轄地として治められた。さらに伊勢では南部は紀州藩の勢力が迫り，その北に比較的大きな津藩があったが，全般的には小藩の集まりであった（図2-5）。藩が小規模なら藩主のいる城下町から領域全体を監視することができる。しかし尾張藩のように規模が大きいと，城下からだけでは目が届かない。そこで尾張藩は東西南北各方向に代官所を配し，藩主の代理人として代官が周辺一帯の行政を司る任

図2-5 江戸時代の三重県北勢・中勢・南勢地方の領域
出典：三重県のウェブサイト掲載資料（http://www.pref.mie.lg.jp/KEIMACHI/HP/keik/keikaku/syo/h2_1_p2-P55.pdf）をもとに作成。

に当たった。

　都市立地の2番目は交通立地タイプである。近代以前の交通は，街道を行き交う人の宿泊・休息や物資の集散，あるいは海や河川の港（湊）の舟運と結びついていた。街道沿いに旅籠，問屋，飛脚が生まれ，宿屋や飯屋，土蔵，倉庫が軒を連ねる集落が形成されていた。これらは東海道や中山道をはじめとする陸上の街道沿いだけでなく，伊勢湾に面した海側にもあった。とくに知多半島の西海岸側と，その東海岸側を含む衣浦湾沿いでは海運が盛んであり，地元の酒造業や窯業で生産された物資を輸送する上で重要な役割を果たした。半田，常滑の今日に至る都市基盤はこうした機能の集積によって築かれていった。交通立地が関門（ゲートウェイ）立地とも呼ばれるのは，この種の集落が長距離交易による卸売機能を果たしているからである（Bird，

1977）。三河の足助に典型的に見られるように，農産・林産物（信州地方から）と塩干物（三河海岸地方から）を中継する機能を担った。こうしたタイプの集落は，日本以外に世界各地に一般的に存在する（Chorley and Haggett, 1967）。山村と平地村の境界，乾燥地域と湿潤地域の境界，陸域と水域の境目すなわち港や湊など，異なる経済圏・生態圏が互いに接するあたりに形成されることが多い。

4．地元の資源を拠り所に興った産業と都市形成

　都市の立地タイプの最後は資源立地あるいは工業立地といわれるものである。資源は幅広い概念であり，一般には石油，石炭，鉄鉱石などの天然資源を指すことが多いが，人材，知識，技術など人的資源を含める場合もある。ここでは主に天然資源を念頭におき，各地で産する資源をもとにその場所で生産が始まり，やがて都市へと発展していった事例を考える。世界全体から見ると，日本は天然資源に恵まれた国とはいえない。当然，名古屋圏も同じであり，天然資源を利用した産業は多くない。しかしそのような中にあって，農業，林業，窯業では資源を活用した生産が歴史的に行われてきた。米から日本酒，綿花・養蚕から繊維・織物，木材から製材・木工，陶土から陶磁器などが生まれた。ヨーロッパで産業革命が起こる以前，そしてそれが日本に伝えられる以前の世界においてである。

　米づくりは名古屋圏の平野部であればどこでも可能であった。灌漑事業，治水事業，新田開発事業の広がりとともに水田は拡大していった。中世・室町時代の頃から蔵元で酒造りが行われるようになり，江戸期に入ると有力な酒造産地が各地に生まれた。名古屋，知多，衣浦，岡崎，伊勢，美濃など，枚挙にいとまがないほどである。綿作も盛んに行われ，尾張西部，知多，三河，伊勢などで木綿業，織物業が発展した（岩崎，1984）。明治中期の1890年代以降，綿花が輸入されるようになるまで，地元で栽培された綿花を資源として木綿業・織物業が続けられた。養蚕は台地から山地にかけて農家が副業として行い，集荷された繭玉は製糸工場に運ばれて絹糸になった。産業としての本格的生産は明治中期以降であり，名古屋圏では豊橋を中心に多くの製糸工場が誕生した。

林業で特筆すべきは尾張藩の御料林と，それを用いた木材産業の発展である。尾張藩は尾張地方や美濃地方南部のほかに，木曽川上流の木曽谷一帯を領地として保有していた（大崎，2012）。ここで産する木材は，日本有数の森林資源として多くの分野で活用され，多様な産業を生み出していった。しかし今日のように便利な輸送手段に恵まれなかった時代ゆえ，輸送には苦労がともなった。木曽川の支流へ切り落とされた原木は木曽川本流に集められ，ここから筏流しで伊勢湾まで運ばれ，さらに堀川河口付近まで送られた。堀川口にあった尾張藩の木材市場で木材商人に払い下げられ，さらに小分けされて市中へと流れていった。堀川沿いには製材所が軒を並べ，木材加工を経て住宅用や船舶用の建材，家具・仏壇用の建具，種々の日用木工品へとかたちを変えていった。プラスチックやアルミニウムのなかった時代，多くのものが木材によってつくられた。近代になり木材需要が増えて地元の木材だけでは不足するようになると，北海道からエゾマツ・トドマツが移入されるようになった。さらに大正期以降は海外からの木材輸入が始まり，名古屋は日本を代表する木材工業の中心地として発展していった。とくに名古屋で発明された合板製造技術が合板工業の基礎となり，フィリピンなどから大量のラワン材が輸入されるようになった（日本林業経済新聞社編，1963）。

　陶器はその原料の質を問わなければ，どこでも生産できる。このことは縄文式土器や弥生式土器が各地で発見されていることからもわかる。各地で生産されていた陶器は，やがて製造技術の進歩や生産体制の優位性のために特定の産地に絞られるようになり，主産地形成が進んだ。名古屋圏の場合は，尾張藩の政策が産地形成に深く関わっており，国内有数の陶器産地が生まれた。瀬戸がそれであり，江戸中期以降，各地で米以外の特産品を生産して経済力を高めようとする動きの中で，瀬戸の陶器づくりに目がつけられた。もともと瀬戸一帯の粘土は質が良く，他の産地に比べて資源条件として恵まれていた。尾張藩は御用窯として瀬戸の陶器生産を庇護し，藩を通して市場へ出荷することで利益を藩の財源の中に組み入れた（日下，1987）。九州地方からより進んだ磁器製法の技術を導入して以降は，さらに質の高い製品を江戸を中心とする市場へ送り出せるようになった。

　名古屋圏の陶磁器業は瀬戸に限らない。愛知県ではほかに常滑があり，岐

48
名古屋圏の都市地理学

阜県には美濃（多治見・土岐・瑞浪）がある。三重に目を向けると伊賀があり，江戸中期には四日市で万古焼が始められた。常滑焼は瀬戸と並んで日本の六古窯のひとつに数え挙げられるほど歴史が古く，産地として重要性を占めてきた（赤羽，1983）。産地が海岸に近いため，壺や甕など大きな生活用陶器を船で運びさせる優位性をもっていた。美濃は山地を挟んで瀬戸と隣り合う位置関係にあり，このため江戸時代は尾張藩の経済的影響圏のもとにあった。瀬戸が庄内川の支流の矢田川（上流は瀬戸川）沿いに集落を生み出したのに対し，同じ庄内川の上流に当たる土岐川に沿って多治見・土岐などの集落が形成された（土岐市美濃陶磁歴史館編，1985）。

第2節　近代の鉄道事業と自動車交通，港湾・運河の建設

1．国家的幹線鉄道の建設ルートの変更と名古屋駅の位置

　日本で近代といえば明治維新から第二次世界大戦（太平洋戦争）による敗戦までの時期を指す。この間，およそ80年，日本の社会も経済も大いに発展したが，それは中央集権的な国家体制のもとで実現されていった。しかも，国際的な戦争をつねに意識し，その遂行を優先させる軍事国家体制に誘導されながら国づくりが進められた。名古屋圏の諸都市もそうした国家体制に組み込まれ，とくに太平洋戦争では名古屋を中心に軍需産業地域として大きな役割を担った。その結果ともいうべきか，戦争末期には空からの激しい攻撃を受け，壊滅的打撃を被る都市もあった。こうした悲劇を迎えてしまったが，近代初期から中期にかけて近代的な都市をつくるべく様々な基盤整備が試みられたことは記憶されてよい。わけても鉄道と港湾を中心とする交通基盤の整備は，都市の経済発展にとって不可欠な役割を担ったという点で，とくに重要である。鉄道は国家統一の手段として欠くことのできない交通基盤とよくいわれるが，それは近代の日本においてもいえる。名古屋圏の主要都市は，国家中枢である帝都・東京とアジアの植民地との結びつきが強かった大阪を結ぶ主要鉄道につながることで，結果的に全国の諸地域と互いに結びついていった。

　東海道本線は，その名前からすると近世までの旧東海道のルートに沿って

49

第2章　集落の形成と交通・産業の発展

建設されたかのようにみえる。たしかに，名古屋以東はおおむね旧東海道の
ルートを踏襲しているといえるが，名古屋の西側はそのようにはなっていな
い。この違いは，この鉄道が誕生した経緯を調べることで明らかになる。明
治政府は東京と京都・大阪を連絡する国家的幹線鉄道を建設するにあたり，
旧中山道ルートを選択した。主な理由は国際政治的要因であり，欧米列強に
よる海側からの攻撃の可能性を回避するためであった。この案に沿って関西
方面から建設が進められ大垣付近までのルートは完成した。さらに鉄道を東
に向けて伸ばすためには，その建設資材を品川方面から船で運び入れる必要
があった。当時，名古屋港は存在せず，東京方面からの定期船が出入りして
いた武豊港を荷揚げ港として利用することになった。武豊港を始発とする武
豊線が大垣方面へ向けて建設されたのである（石川・石川，2003）。名古屋駅
は 1886（明治 19）年 5 月，武豊線の途中駅として開業した。

　ところが明治政府はその後，当初の予定を変更し，中山道沿いから東海道
沿いへと建設ルートを変える決断をした。鉄道建設に要する費用や所要時間
を再考した上での決断であった。しかもこの建設ルート変更は，名古屋駅が
開業した時期とほぼ同じ頃であった。この結果，武豊線のルートの一部を生
かしながら，東京と大阪を結ぶ東海道本線として，名古屋以東の建設が始め
られた。ここで重要と思われるのは，武豊線改め東海道本線の駅になった名
古屋駅の位置である。城下町時代の中心から見ると，名古屋は市街地の西
の外れの郊外，しかも田んぼの真ん中に設けられた。当時の人から見れば中
心から外れた辺地に思われたであろうが，その後，名古屋駅はのちに関西本
線になる私鉄の関西鉄道の始発駅（愛知駅）を近くに引き寄せたり，中央本
線の起点になったりした。京都の伏見線についで日本で 2 番目に古い市内電
車も名古屋駅前を起点に走るようになった。近世までの市街地中心であった
本町通や広小路通とはまったく異なる場所に，近代から現代にかけて重要な
働きをする中心地が生まれたのである（大野・林，1986）。

2．電車事業の開始・発展と自動車交通の萌芽

　今日のような自動車交通が存在しなかった近代初期，機械的手段による人
や貨物の移動は鉄道によって行われた。長距離を走る鉄道は蒸気機関で動い

50
名古屋圏の都市地理学

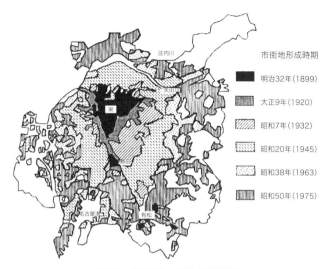

図2-6　名古屋市市街地の発展過程
出典：名古屋市計画局編，1987，p.32，図3-19をもとに作成。

たが，距離が比較的短いところでは電気で動く電車が利用された。名古屋圏では初代の名古屋駅前から当時の官庁街までの間を走る路面電車が1891（明治31）年に開業した。この電車を走らせた民間鉄道会社は，その後，市内の各方面に向けて路線を拡張していった。この会社以外にも主に郊外で電車を走らせる鉄道会社があいついで現れ，次第に名古屋を中心とする電車路線網が形成されていった。国は1904（明治37）年の日露戦争以降，それまで民間企業が経営してきた鉄道事業を国営化する方針を打ち出した。主に国営化の対象になったのは長距離を走る鉄道であり，地方のローカル鉄道は民間による経営が一般的であった。

都市における電車網の広がりは，市街地の拡大を促す。実際，名古屋においても，中心部から周辺部にかけて電車の路線が延伸していくのにともない，市街地は広がっていった（図2-6）。それを待っていたかのように，周辺地域は合併によって名古屋の市域に組み込まれていった。市街地人口も増大し，移動を路面電車に依存する割合も高まった。やがて，多くの市民が利用する公共交通を民間鉄道会社に委ねることに対して懸念が示されるようになり，「電車公営論」が沸き起こってきた。先行する東西の大都市で始まった

電車公営化にならうように，名古屋でも1922（大正8）年から，路面電車の市内路線分は名古屋市によって経営されることになった（名古屋市交通局50年史編集委員会編，1972）。残りの市外部分や他地域との連絡部分は，新たに設立された民間鉄道会社が経営した。この会社こそ現在の名古屋鉄道のルーツにほかならない（名古屋鉄道編，1994）。こうした経緯を経て，大都市内部の人の移動は公営による公共交通，それ以外は民営鉄道，それに国が経営する長距離鉄道によって担われることになった。鉄道や電車の交通分担が明確になったため，異なる交通手段の接続地点すなわち名古屋駅や大曽根，千種，神宮前の各駅は，利用客が集まる結節点になった。

　近代も中期を迎え大正時代になると，自動車が街中を走るようになった。大きくは自動車営業と乗合自動車（バス交通）に分けることができる。営業目的の自動車利用はタクシーやハイヤーの利用から始まり，のちになって貨物を運ぶ輸送トラックの利用が普及していった。国産の自動車がなかった当時，輸入自動車を使った人の輸送は，人力車によるそれまでの輸送に代わるものであった。またトラック輸送は大八車や荷馬車からの移行である。大正末期，名古屋市内には600台ほどの自動車があり，うち8割近くが乗用車であった（名古屋市編，1954a）。その後，自動車台数は増え続け1936（昭和11）年には1,800台を超えるまでになった。とくに貨物自動車の増加が多く，市内の近距離輸送のほか，名古屋と周辺地域との間を結ぶ貨物輸送をトラックが担うようになった。名古屋周辺には瀬戸の陶磁器業，尾西の織物業，知多の醸造業など地場産業地域があり，これらと名古屋との間を輸送される貨物が多かった。

　タクシーやハイヤーが特定の社会階層向けの移動手段であるのに対し，乗合自動車は一般大衆が利用する身近な交通手段であった。名古屋では大正初期に乗合自動車が市内を走り始め，やがて乗合自動車を走らせる会社は増えていった。乗合自動車専業の会社以外に，鉄道会社の中にも参入を試みるものが現れてきた。サービスエリアが限られている鉄道や電車ではカバーできない地域の交通需要をすくいとる戦略である。1932（昭和7）年の時点で名古屋市内には乗合自動車事業を営む会社が22もあった。予想されるように，利用客を奪い合う企業間競争が激しく，社会問題にもなった。このため名古

屋市は民営バス会社を段階的に買収し，市内でのバス事業を公営化すること
にした。買収は4回に分けて行われ，140.4kmの路線が名古屋市によって経
営されることになった。大正期の電車公営化と同様，バス事業においても自
治体自らが交通事業を行うようになった。これが現在の名古屋市交通局であ
る。

3．港湾，運河の建設による産業基盤の整備と地域産業の発展

　日本の大都市の多くは海に面している。これは島国で平地が海側に偏って
おり，しかも海へ流れ込む河川が形成した沖積平野とそれに連なる洪積台地
が都市の立地に適していたからである。しかし忘れてならないのは，海洋交
通と河川交通，運河交通が臨海部に都市が形成されるのを促したという歴史
的事実である。近世にあっては，米や酒をはじめとする物資が水上交通によっ
て都市間を移動した。生活に欠かせない物資が船で運ばれ，これを積み下ろ
しする場所としての港や湊が都市の一部をなしていた。こうした機能は近代
以降も引き継がれていくが，交易の範囲はより広く遠くまで拡大し，したがっ
てこれまでなかったような近代的な港湾が必要とされるようになった。とく
に関東では東京の外港として横浜港が，関西では大阪の外港として神戸港が
交易・貿易機能を専門に果たすようになった。

　江戸や大坂と比べると，尾張藩の中心・名古屋は海からの距離が長かった。
古代・尾張氏が勢力をもっていた頃は伊勢湾最奥部の熱田に拠点があり，海
に面していた。中世は海岸から遠く離れた尾張北部に中心があり，その後，
清洲，名古屋（那古野）へと拠点は南下した。徳川家康は対西国勢への防衛
的理由から名古屋台地の北西端に城を築き，その南側に城下を開いた。ここ
への水上交通による便は人工河川である堀川が担い，伊勢湾に面した熱田と
名古屋城下の間を連絡した（林，2000a）。近代になって東の横浜，西の神戸
が交易・貿易の拠点として重要な役割を果たすようになったのに対し，名古
屋ではこれに対抗できる港が用意されていなかった。熱田湊は遠浅で大きな
船が入港できず，やむを得ず，近隣の四日市港や武豊港の手を借りながら交
易が行われていた。この地方で最初に建設された鉄道が武豊線であったこ
とはすでに述べたが，武豊港は近代初期の名古屋にとって欠かせない存在で

53

第2章　集落の形成と交通・産業の発展

あった。

名古屋の産業発展にとって熱田湊を近代的につくりかえることは絶対的条件であった（林，1997b）。名古屋から見て一番近い港は熱田湊であり，ここから物資を陸揚げし，また生産物を輸出することは富国強兵策を掲げる明治政府の方針にもかなっていた。しかし，最大の問題である遠浅という地形的条件が立ちふさがり，熱田湊の改修事業は簡単には実現しなかった。1907（明治40）年に名古屋港は開港するが，その場所は熱田湊から南に5kmも離れたところ

図2-7　名古屋港第1期工事計画図
出典：林，1997b，p.105，第1図をもとに作成。

であった（図2-7）。熱田湊の改修とは名ばかりで，まったく別の場所に新しい港が建設された。規模も構造もそれまでとは大きく異なり，防砂堤で囲まれた底の浅いプールのようなかたちをしていた。防波堤ならぬ防砂堤が築かれたのは，木曽三川をはじめ多くの河川が排出する土砂が海流によって港内へ運ばれてくる恐れがあったため，それを防ぐためである。遠浅の海底で航路を確保するため，つねに浚渫をして深さを維持しなければならなかった（名古屋港史編集委員会編，1990）。

　現在のような自動車交通のなかった近代，港湾と内陸部との連絡は水上交

通と鉄道によって行われた。水上交通では運河の活躍が大きく、近世の名古屋を支えた堀川に加え、新堀川、中川運河が物資運搬に利用された。新堀川は精進川という都市河川を改修したもので、改修後、両岸には工場があいついで立地した。とくに木材関係の工場や事業所が多かったが、その中には鉄道車両を製造する企業もあった。名古屋は東海道本線の中間付近に位置していること、当時の鉄道車両は木材を多く用いて製造されたが、名古屋には木材業の長い歴史があったこと、などが企業立地の背景にあった。この企業はのちに主力工場を市外に移していくが、新幹線車両の製造のルーツはまさにここにあった。

昭和初期に完成した中川運河も、自然河川を大幅に改修して運河化したものである（図2-8）。中川運河は東海道本線の名古屋駅の付属施設である笹島貨物取扱所と名古屋港との間を連絡した。堀川とは異なり静止水面の運河であるため、閘門を開閉することで名古屋港との間を行き来した（名古屋市編, 1954a）。ここでも両岸に工場が張り付

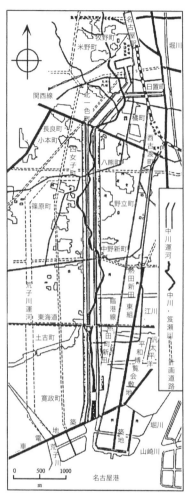

図2-8 中川運河の開削計画
出典：中川区制50周年記念事業実行委員会編, 1987, p.227の図をもとに作成。

き、近代名古屋の産業活動を支えた。運河などの水上交通のほかに臨港線も建設され、名古屋港と内陸部との連絡機能を果たした。開港当初、名古屋港からは陶磁器や木工品など地場産業製品が主に輸出された。その後は機械、金属など近代的な工業製品が加わっていくが、基本的には地場の産業製品が

55
第2章 集落の形成と交通・産業の発展

多くを占めた。

名古屋港が開港する以前，愛知県内には多数の小規模港湾があった。とくに三河湾（渥美湾），衣浦湾（知多湾）に多く，産業や生活と結びつきの深い機能を果たしていた。醸造業や木綿業が盛んに行われてきた歴史をもつ知多半島や岡崎平野一帯では，港湾が対外的な交易機能を果たして都市を支えてきた。漁業が盛んな三河湾沿いの漁港や集落では，漁獲物の取引や入浜式の製塩業が地域社会を成り立たせてきた。これと類似の状況は伊勢湾西側の三重県側についてもいえる。ここでは四日市港が抜きん出た存在であり，1919（大正8）年に貿易量で名古屋港に抜かれるまで，伊勢湾最大の港湾として君臨した。稲葉三右衛門という不世出の事業家の努力によって近代港湾としての基礎が固められ，1899（明治32）年には名古屋港より先に開港場の指定を受けている。とくに綿花や羊毛の輸入港として，背後地の繊維産業を育む役割を果たした（四日市港管理組合編，2000）。

第3節　陶磁器業，紡績業などの近代化と工作機械の発展

1．地場産業の陶磁器業から製品多様化の進展と海外市場の開拓

近代における都市の発展は，現在と同様，産業の発展にともなう人口の集中や事業所の集積によってもたらされた。ただし同じ産業でも当時は近世までの産業を下敷きにしながら，そのうえで改良や改善をはかりながら産業としてのレベルを高めていくというものであった。欧米から新技術や新たな情報がもたらされ，それらを吸収しつつ従来からの産業を革新していく努力がはらわれた。その過程で発明やそれをもとにした新製品の生産も行われるようになり，工業国家・日本のかたちが形成されていった。東西の大都市に比べると，名古屋圏では国による支援は多くなかったように思われる。このことは，名古屋港の建設がほとんど地元の力のみで進められた点にも共通する。東海道本線は東京と大阪・神戸を結ぶ点に大きな意味があり，途中の名古屋はあくまで中間的意味をもつにすぎない。

こうした状況下にあって，名古屋圏では近世以来の地場産業，すなわち陶磁器業，繊維業，木材業をベースに，これらを発展させる方向で工業近代化

が進められた。陶磁器業では尾張藩の御用窯であった歴史を背負う瀬戸が、自ら海外市場を開拓することで、後ろ盾をなくしたハンディキャップを克服していく。江戸期の統制経済から明治期以降の自由経済へと競争状況が大きく変わり、製品の多様化や生産規模の拡大が進められた。海外への輸出には名古屋市北東部の加工完成業が絡んでおり、瀬戸で焼かれた中間

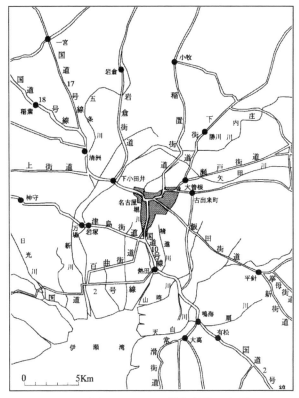

図2-9　名古屋とその周辺の道路（明治10年頃）
出典：名古屋市博物館編，1990，p.36～38などをもとに作成。

製品の陶磁器が名古屋で上絵付け加工されて完成品になった。地元の伝統的な窯元や事業家とは別に外来資本も名古屋に流入するようになり、瀬戸や名古屋の生産技術力を生かした洗練された陶磁器が大量に生産されるようになった。図2-9は、明治初期の名古屋を中心とする道路網を示したものである。当時はまだ近代的な工業は発達しておらず、瀬戸、一宮、常滑などの地場産業地域での伝統的産業が主たるものであった。鉄道も敷設されておらず、原料や製品の輸送はこうした街道を利用して行われていた。

　先に述べた陶磁器生産に関心を抱いた外来資本家の出身地は静岡県であり、横浜の商館貿易で成功したのち、日本産の陶磁器を海外で販売するべく、

名古屋に大規模な工場を建設した（井谷，2009）。その後，この企業からは，碍子，衛生陶器，特殊陶磁器など食器以外のセラミックス製品がつぎつぎに生み出された。一業一社という企業方針にしたがって分社化された各企業は，それぞれ専業体制のもとでセラミックス製品を生産していった。陶磁器の主原料は陶土や陶石であり，資源的条件は以前と変わってはいない。しかし焼成用の燃料は松材から石炭へと変わり，生産技術や焼成方法も大きく変化した（宮地，2008）。西日本の陶磁器産地でもこうした変化はあったが，販路を海外市場に広く求める動きは生まれなかった。この差は，ひとことでいえば企業家精神の違いであり，名古屋圏がこうした精神の持ち主を惹きつけたり，生み出したりしやすい企業風土をもっていたということである。

　瀬戸はのちに「陶磁器のデパート」と呼ばれるほど，多種類の陶磁器製品を生み出す産地になっていった。他の陶磁器産地が食器生産にこだわっていたのに対し，瀬戸では食器以外にタイル，置物，レンガ，衛生陶器なども生産された。地元でノベルティと呼んだ陶磁器製の置物・玩具・人形は，海外の消費者の気持ちを取り込むために，高度な技術を用いて生産された（大森，2015）。まさに芸術品の域にまで達しようかという製品であった。愛知県内には常滑焼の産地もあり，ここでは食器のほかに産業・生活インフラとしての土管や，各種の液体を容れる大きな瓶・甕などが生産された。陶磁器イコール器・食器としない発想の柔軟さが新製品が生み出されていく背景にあった。これには陶磁器産地の近くに多様な異業種が多く，それらから刺激を受けながら新たな試みが繰り返されたことが大きい。

2．近代工業の先駆けとなった繊維産業の展開

　繊維産業は，発展途上の国において近代的な工業化が開始されるさいにまず興される代表的産業である。イギリスの産業革命開始時もそうであったし，日本でもまず国は近代的な繊維産業の振興に取り組んだ。衣食住の最初にくる衣料を国民にどのように供給するかという課題のもと，繊維産業は文字通り近代という新たな衣をまといながら，時代の先頭を歩んでいった。名古屋圏には近世期から続く糸のルーツがあり，尾張，三河，知多をはじめ各地で綿織物が生み出されてきた。近代的な繊維産業の発展は，こうした伝統を背

景としながら，紡績，織布，縫製加工など一連の生産工程を大規模かつ効率的に行うことで成し遂げられていった。国内の綿作で自給された江戸期・明治初期とは異なり，明治中期以降はインド，エジプト，中国などから海外綿が輸入されるようになった。国内市場はもとより，外貨を稼ぐために海外市場に向けて大量の綿製品が生産されるようになった。

　名古屋圏で最初の紡績工場が設けられたのは 1880 年代であり，現在の岡崎市に官営愛知紡績（1880 年）が，名古屋市内には名古屋紡績（1885 年）と尾張紡績（1887 年）がそれぞれ設立された。1895（明治 28）年に一宮紡績，1896（明治 29）年に知多紡績が誕生したことからもわかるように，綿織物業が盛んに行われてきた尾西や知多などの産地で企業の設立が続いた。名古屋紡績と尾張紡績はその後，1893（明治 26）年に設立された津島紡績とともに四日市にあった三重紡績に吸収されることになる。日露戦争翌年の 1905（明治 38）年のことである。三重紡績は 1914（大正 3）年に関西を本拠とする大阪紡績と合併し，東洋紡績として発展していく。一方，一宮紡績は 1907（明治 40）年に関西資本の日本紡績と合併した。日本紡績は 1916（大正 5）年に尼崎紡績の傘下に入り，2 年後の 1918（大正 7）年に尼崎紡績は摂津紡績と合併し，大日本紡績と名を改めた。目まぐるしく移り変わる企業合併から窺えるのは，尾張発祥の紡績業が関西資本の紡績業の影響下に組み入れられていったという点である。

　図 2-10 は，近代の名古屋において，工業立地がどのように推移していったかを示したものである。当初は繊維や陶磁器が中心をなしていたが，このうち繊維は名古屋だけでなく尾張北部や三河，伊勢でも立地が進んでいった。原料に制約されやすい陶磁器に比べると繊維は制約が緩く，各地で生産が行われた。とくに紡績業では機械生産による大規模化が進み，繊維が大量に生産されるようになった。生産された繊維（糸）を素材とする機織りでも機械化が進んでいき，この地方一帯は国内でも有数の産地に育っていった。明治末から大正期にかけて繊維産業が発展した要因として，第一次世界大戦によって貿易や世界市場で変化があったことが追い風となったという点が指摘できる（林，1991b）。戦争で毛織物服地の輸入が途絶したため国産化を迫られたり，メリヤス製品の主要供給地であったドイツの競争力が低下したりし

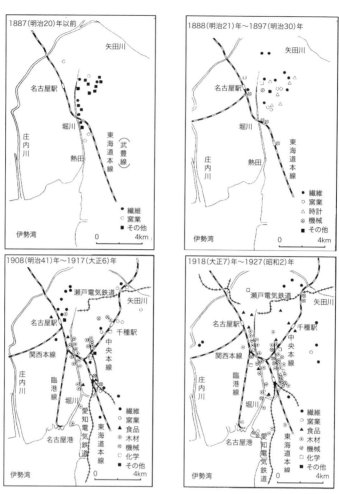

図2-10　近代名古屋における工業の新規立地過程
出典：松原，1966をもとに作成．

たからである．さらに，1923（大正12）年の関東大震災で東京のメリヤス業が打撃を受けたことは，結果的に名古屋が伸びるチャンスにもなった．

　三河にルーツをもつ繊維産業の中で特筆されるのは，ガラ紡と豊田紡織が歩んでいった歴史である．ガラ紡とは，長野県出身の臥雲辰致が発明した紡績法のことである．一度に何本もの糸が引けるように工夫を凝らした点に特

徴があり，洋式紡績に比べると工程数が少なく，繊維が短い国産綿に適していた（宮下，1993）。1873（明治6）年に完成したガラ紡績機はその後，改良が重ねられ，1877（明治10）年の第一回内国勧業博覧会では最高賞を受賞した。ガラ紡は三河地方の水力を動力源とし，岡崎，額田，現・豊田一帯で広く普及していった。通常の水車利用以外に川の中に船を浮かべて水流を動力源とするガラ紡船もあり，ガラ紡船は矢作川全体で100隻以上もあった。ガラ紡による生産のピークは明治20年代であり，西洋式の紡績が主流を占めるようになるなか，中国綿や洋式紡績工場の落綿などを原料とする太糸生産に活路を求めていった。

3．紡績機械工業の発展から自動車生産へ

　豊田紡織は，のちに自動車生産を始めた豊田喜一郎の父である豊田佐吉が名古屋市（当時は愛知郡中村）で1918（大正7）年に設立した紡織会社である。佐吉は静岡県湖西市（当時は敷知郡山口村）の出身で，すでに24歳のとき自ら改良した手織り機の特許を取得するという発明家であった。故郷の西遠地方は木綿を原料とする綿織物業が盛んであったが，同時に織機製造業に取り組む起業家を輩出する風土もあった（亀田，2013）。佐吉は遠州ではなく，知人の金物業者のいる名古屋を拠点に動力織機の研究開発と製造・販売を行う豊田商店を1894（明治27）年に朝日町（現・中区錦）に設けた。生産拡大により1902（明治35）年に豊田商会と改称し，さらに5年後の1907（明治40）年には豊田式織機株式会社とした。会社組織を株式会社にしたのは，国内で過剰になった綿糸を削減し高付加価値化して輸出を促進するため，動力織機のレベルアップが求められたからである。

　新会社で佐吉は研究開発に没頭したが会社本体の業績ははかばかしくなく，結果的に佐吉は経営陣から距離をおき，別に1912（大正元）年に豊田自動紡織工場を建設した。第一次世界大戦の好況を背景に業績に恵まれたため，先に述べたように，1918（大正7）年に豊田紡織株式会社を設立した。豊田紡織は事業拡大を念頭に，名古屋ではなく当時の刈谷町に新工場を設けた。新工場に導入する自動織機を以前の会社である豊田式織機に依頼したが断られたため，独自に新型の自動織機を開発しなければならなくなった。この過

程で新たな発明・考案が積み重ねられ，最終的に G 型自動織機として完成を見るに至った。高性能の G 型自動織機に対する受注は多く，これに対応するため刈谷町に 1926（昭和元）年，豊田自動織機製作所が設立された。

　豊田佐吉から事業を引き継いだ長男の喜一郎は，豊田自動織機製作所の設立当初から自動車事業への進出を想定し，機械加工設備や鋳造設備の計画を立案していた。1929（昭和 4）年，30（昭和 5）年は世界的な経済不況が深刻で自動織機の売り上げは激減し，賃金引き下げや人員整理による労働争議が頻発した。喜一郎は会社の苦境を救うために，自動織機の特許権をイギリスのプアット社に譲渡して得た資金をつぎ込んだ。苦境から脱するために多角化や合理化も推し進めた。高能率のハイドラフト精紡機を開発して販売する一方，小型エンジンの開発にも着手した。当時の日本は，輸入車からアメリカ企業による国内での組み立て生産へと移行する過程にあった。一部には国内資本による独自生産への挑戦もあったが，実現するまでには至らなかった。

　日本で最初の自動車の量産化をめざして努力を続けていた喜一郎は，1929（昭和 4）年に自動車先進国のアメリカへ視察に出かけ，デトロイトのフォード社の工場を見学するなどして構想を固めていった（四宮，2010）。先進的な大量生産工場に刺激を受けた喜一郎は，1933（昭和 8）年に刈谷の北に位置する当時の挙母町に工場用地の斡旋を依頼し，2 年後の 1935（昭和 10）年に 58 万坪（約 200 万㎡）の土地を取得した。場所は矢作川の河岸段丘上に位置する論地ヶ原と呼ばれた荒地で，ここは現在，トヨタ自動車の本社があるところである。世界的な経済不況で生糸の海外輸出が振るわず，三河地方の農村部は疲弊していた。自動車生産のための工場用地斡旋の依頼は，産業振興を願う挙母町にとって願ってもない申し入れであった。

4．紡績，製麺，製畳機械から進化した工作機械と時計工業

　発明王・豊田佐吉らの手によって 1907（明治 40）年に設立された豊田式織機は，紡績機械の製造から鋳鋼の製造へと製品内容を変化させ，昭和期に入ると兵器，工作機械を製造するようになった。敗戦の年の 1945（昭和 20）年には豊和工業と社名を改め，しだいに工作機械のメーカーとして頭角を現していく。工作機械は英語名の mother machine にその意味がよく表れ

ており，機械を製造するのに欠かせない母なる機械である。製造業の発展に不可欠な土台であり，ものづくりが盛んな名古屋圏では有力な工作機メーカーがいくつか存在する。それらは豊和工機と同じように，当初は繊維など特定の製品を製造する機械を生産していた。しかし，しだいに汎用機すなわちあらゆる機械の製造に向けた旋盤機械のメーカーへと進展していった（沢井，2013）。製麺機メーカーから発展した大隈鉄工（現・オークマ），製畳機から発展した山崎鉄工所（現・ヤマザキマザック）は，そのような事例である。社名が大きく変わったのは，製品の種類が変わったせいもあるが，国際的企業へと飛躍するのに旧社名では支障があったからである。

　このうち大隈鉄工は，佐賀県出身の創業者が製麺機の販売拠点を設けるため名古屋に出てきたことが起業のきっかけになった。麺どころの名古屋で高品質の製麺機をめざして改良を重ねているうちにレベルの高い旋盤の製造に成功し，以後，工作機械を製造するメーカーとしての道を歩むようになった。会社設立は1898（明治31）年である。同様に，創業者が石川県出身の山崎鉄工所の場合は，1919（大正8）年から名古屋市中区で製畳機の製造を開始し，昭和期に入ってからは旋盤，フライス盤などの工作機械を生産するようになった。オークマやヤマザキマザックは現在，国際的な工作機械メーカーとして知られる。

　尾張藩に伝わるからくり時計をルーツとする時計工業を近代名古屋の工業の代表例として挙げることができる。明治20年代に林時計製造所（明治24，松山町），愛知時計製造（明治26，東橘町），名古屋時計製造（明治26，塩町），河合機械製作所（明治26年，清水町），明治時計製造（明治28年，前津小林町），尾張時計製造（明治29，下笹島町）が，いずれも名古屋市内で設立された。こうした状況は，明治20年代に名古屋に時計工業が立地していったことを示す図2-10からも確認できる。日本における近代時計製造の草分けは，1875（明治8）年に東京麻布に設立された金元社とされる。しかし実質的中心は名古屋にあった。当時，ボンボン時計と呼ばれた柱時計を生産した時盛社（林時計製造所）が，当地における草分け的存在である。木曽材の集散地，豊富な木工職人や小物鍛冶職人の存在が時計製造を支える条件となった（名古屋市編，1954b）。

現在の社名に時計の名が残る愛知時計電機は江戸時代から続く木材業がそのルーツであり，明治期には愛知時計製造という社名で時計を生産していた。日露戦争を機に兵器部品を受注するようになり，1912（大正元）年に社名を愛知時計電機に変えて量器（メーター）製作の免許も得た。第一次世界大戦後の1920（大正9）年に瑞穂分工場を設けて航空機の生産にも乗り出した。さらに，1922（大正11）年には航空機と兵器の生産拡張のために新工場を設けて航空機用発動機を生産するとともに，本業から派生した木製品の接着剤の生産を開始した。これは現・アイカ工業のルーツに相当する。このように，木材から出発し，からくり技術を応用した時計，黎明期には木材を使用した航空機，さらにそこから派生した接着剤というように，時代に適応しながら企業が生き延びていく様子を垣間見ることができる。

第4節　木材工業，電気事業，鉄鋼業，軍需工業の展開

1．木材工業の発展と名古屋港における木材輸入の増大

　木材加工業は森林資源に恵まれた地域に生まれそうに思われる。実際，森林の多い中部山岳地帯を背後に控える名古屋圏も，木材加工業を発展させてきた歴史をもつ。たとえば，1896（明治29）年に創業された日本車輌は，木造車輌を製造するのに東海道本線の中間付近で木材も入手しやすい名古屋を立地場所として選んだ（林，2000a）。木材はただそれ自体が加工されるだけでなく，他のものと組み合わせることでまったく別の製品になる。柱時計についてはすでに述べたが，マッチ工業もそのひとつである。明治20年代の名古屋では，マッチ製造の燧匠社や，マッチの軸に当たる擂付木を製造した新栄社などが，堀川沿いで生産を始めている。現在では想像しにくいが，火打鎌や硫黄の付いた付け木で火を起こしていた江戸時代と比べると，マッチの出現によって火をつけることが簡単になった。

　木材加工の中でもユニークなのが合板である。木の皮を薄く剥いで一枚一枚貼り合わせれば，どんな大きさの板も生産できる。名古屋で木製のビール樽を生産していた浅野吉次郎が1907（明治40）年に合板製造の技術開発に成功したことが，当地で合板生産が盛んになった大きな要因である（中

村，1983）。1933（昭和8）年創業の名古屋合板，1939（昭和14）年創業の中村合板をはじめ，数多くの合板会社が名古屋の堀川，中川運河沿いに生まれた（図2-11）。江戸時代に熱田の堀川岸で取引が行われてきた木材市場は明治以降も存続し，名古屋は家具や仏壇など数多くの木工品の生産地として発展を続けた。仏壇は特殊な工業製品であり，地域によって異なる宗教事情を考慮して製造される。名古屋圏では伝統的に名古屋仏壇と三河仏壇の名が知られており，それぞれ特徴を異にするスタイルの仏壇が製造されてきた。

　江戸時代に堀川沿いの木挽町や材木町で行われていた製材は，敷地を求めてしだいに堀川下流部に移動し，商と工が分離するようになった。明治期になって熱田の南側の海が陸地化していくのにともな

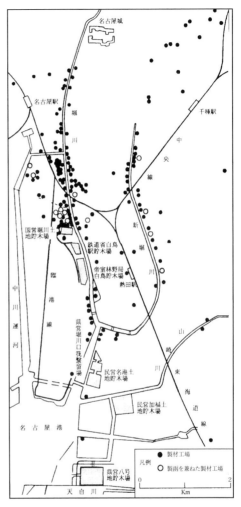

図2-11　名古屋市内の製材・製函工場と貯木場（1933年）
出典：名古屋市編，1955，p.106をもとに作成。

い，堀川の河口は先へ先へと伸びていった。これまで利用してきた木曽材から紀州材へと搬入される木材の産地が変わり，日露戦争後は北海道からも入ってきた。さらに1907（明治40）年の名古屋港の完成後は樺太や北米からの移入が多くなり，昭和初期には6割近くを占めるようになった。1926（昭

和元）年の木材移輸入量は 110 万 8,000t に達したが，これは名古屋港の総入荷量の 28.4％に相当した。名古屋港は全国でもっとも多くの木材を輸入する港湾になった（名古屋港史編集委員会，1990）。

港内の至るところで木材船の荷役作業が行われ，貯木場はつねに満杯の状態が続いた。運河や河川一帯に係留された筏が船の通路をふさぐこともめずらしくなかった。1921（大正 10）年の台風による筏材の散乱が混雑に拍車をかけた結果，愛知県は名古屋港拡張の第 3 期工事計画を変更し，第 8 号地に貯木場を，その西方に木材整理場を建設することにした。1927（昭和 2）年に完成した 8 号地貯木場は全国一の規模を誇るものであった。このように名古屋港の貯木場は拡大の一途をたどったが，戦時体制が強まっていくのにともない，木材を取り扱う企業の整理統合が進められた。港湾運送業等統制令のもとで，まず名古屋貯木組と秋田組が合併して名港組となり，さらに太平洋戦争の開始とともに名古屋筏統制会が組織され，最終的に名古屋筏へとまとめられた。名古屋筏には全部で 18 の組によって結成された（名古屋港管理組合編，1985）。

2．電燈照明から始まった電気事業の展開と企業再編

近世までの河川は農業や生活のための水のほか，人や物資を運搬する舟運のためにも利用された。農山村では水車用として利用することもあり，これは近代以降もしばらく続けられた。水車利用の規模を大きくし，もっぱら電力を得るために河川を利用しようとしたのが水力発電である。しかし電気を電力として生産活動のために本格的に利用するようになるのは大正期以降のことであり，電気の初期の利用はもっぱら電灯用であった。1889（明治 22）年に創業した名古屋電燈は，名古屋の繁華街である広小路界隈の夜間照明を目的として設立された（名古屋市編，1954a）。1894（明治 27）年には大須界隈で明かりを灯すために愛知電燈が設立されたが，この会社は 2 年後に名古屋電燈に吸収された。以後，名古屋電燈が名古屋周辺に誕生した小規模な電灯会社を吸収するかたちで規模を広げていく。図 2-12 は，名古屋で電灯事業が始められた頃の集落を示したものである。この図は現在の市域範囲を示したものであり，1889（明治 22）年に市制を敷いたばかりの当時の名古屋の

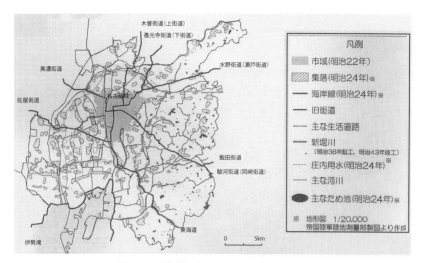

図2-12　明治期・名古屋における集落の分布
出典：名古屋市住宅都市局まちづくり企画部編，2011をもとに作成．

市域は非常に狭かった。電灯という文明の灯りの恩恵に浴すことができたのは、ほんの一部の地域にすぎなかった。

　名古屋電燈の最初の発電は、水力ではなく石炭火力によるものであった。その後は長良川で水力発電に取り組むようになり、実績を積み上げていった。矢作川の支流で水力発電を行っていた東海電気と1906（明治39）年に合併したことは、電力供給先を千種や瀬戸など名古屋の東側にまで広げることにつながった。名古屋電燈のこうした勢いに対抗するために、名古屋では別の電力会社が興された。新柳町に設立された名古屋電力がそれで、この会社は木曽川での水力発電事業に取り組んだ。ところが、新興の名古屋電力には名古屋実業界の有力者が経営に参画したものの、日露戦争後の不況のあおりを受けて電力事業は思うようには伸びなかった。見かねた愛知県と名古屋市が2つの電力会社の合併斡旋に乗り出したので、これを受けて名古屋電燈と名古屋電力は1910（明治43）年に合併することになり、名古屋電燈が存続会社として残った。当面のライバルがいなくなった名古屋電燈は、瀬戸電気鉄道や名古屋電気鉄道などの電鉄会社や繊維・織物会社に向けて電力の供給を本格化させていった。

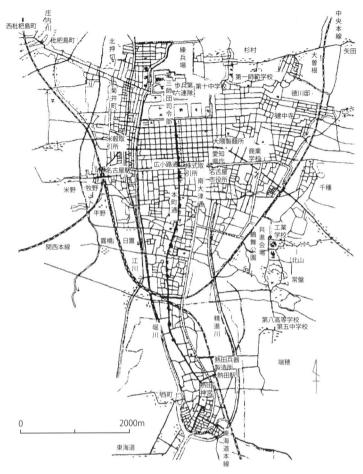

図2-13 明治期・名古屋の市街地（1909年頃）
出典：「名古屋市中央部営業案内地図」をもとに作成。

　名古屋電燈と名古屋電力が合併した1910（明治43）年は，第十回関西府県連合共進会が名古屋の現・鶴舞公園で開催された年である。共進会の会場は，この頃作成された「名古屋市中央部営業案内地図」（図2-13）の中にも記載されている。精進川が改修されて新堀川になるさい，浚渫土砂を埋め立てて生まれたのが，のちに鶴舞公園になる共進会の会場である。名古屋に城下町が生まれて三百年が経過したのを記念して開かれたこのイベントでは，

2.6 万ものイルミネーションが会場全体を照らし，入場者の目を奪った。照明用に使われた電気は長良川の水力発電所から送られてきた。この年は福沢諭吉の女婿である福沢桃介が名古屋電燈の株を買い占めて筆頭株主となり，常務取締役として同社の経営に乗り出した年でもある。桃介は関西方面への進出を図るために関西水力電気の経営に関わる一方，名古屋電燈から派生した木曽電気興業にも力を入れた（愛知東邦大学地域創造研究所編，2012）。1921（大正 10）年には名古屋電燈と関西水力電気が合併して関西電気となり，さらにこの新会社は翌年，桃介が経営に関わっていた九州電燈鉄道とも合併して東邦電力という広域的な電力会社になる。こうして大きくなった東邦電力であるが，この会社は 1942（昭和 17）年の国家総動員法によって解散することになり，その一部は中部配電，すなわち現在の中部電力へとつながる道を歩んでいった。

　1922（大正 11）年に東邦電力が生まれたさい，それまで行っていたガス事業が本体から切り離され東邦ガスが誕生した。東邦ガスは同業の名古屋ガスを買収したあとも中小のガス会社を取り込み，現在の姿へと発展していった。一方，福沢桃介が経営に関わっていた木曽電気興業は 1921（大正 10）年に日本水力と合併して大同電力になった。大同電力は木曽川での発電事業を中心に，関西，中部，関東にかけて電力を供給する卸売電力会社としての地位を築いていく。しかし，戦時体制下の 1939（昭和 14）年に事業再編が行われた結果，後継事業は関西電力，中部電力，北陸電力の 3 社に継承されることになった。以上のように，電灯照明から始まった電力事業は，初めのうちは各地の水力資源を利用して発電を行うなど競争的環境にあったといえる。ところが，1920 年代から 40 年代にかけて電力会社の間で合併や吸収が繰り返された結果，鉄道事業を上回るような地域独占的体制へと変貌していった。

3．電力系，自動車系の鉄鋼業と軍需を担った兵器，航空機工業

　電力は産業の発展に不可欠であり，先に述べた大同電力は自ら発電した電力を用い名古屋で鉄鋼を製造した。この製鉄所は 1921（大正 10）年に本体から分離して大同製鋼となり，さらに電気製鋼所と一緒になって大同電気製鋼所，すなわち現在の大同特殊鋼になっていった（和木，1987）。電力王と呼

ばれた福沢桃介は，矢作川で発電した電力の余剰分を生かして硫酸を製造する矢作工業を 1931（昭和 6）年に設立する事業にも関わった。矢作工業は，1937（昭和 12）年に矢作水力に吸収されたのち，複数の曹達会社と一緒になって 1944（昭和 19）年に東亞合成工業，すなわち現在の東亞合成になった。電力系とは別に，1940（昭和 15）年に豊田自動織機から分離した豊田製鋼は自動車用特殊鋼の生産を始めた。豊田製鋼は愛知郡上野町に本社を置いて生産を行ったが，戦後は社名を愛知製鋼に変えている。豊田系では豊田喜一郎が 1941（昭和 16）年に工作機械メーカーの豊田工機を設立したほか，1943（昭和 18）年には豊田飛行機も生まれている。この会社は現在のアイシン精機のルーツである。

　戦前，名古屋は日本を代表する航空機産業地域の中心であった。そのルーツは東京砲兵工廠熱田兵器製造所が設立された 1904（明治 37）年にまで遡ることができる。1923（大正 12）年には名古屋工廠熱田兵器製造所となり，第一次世界大戦で兵器として登場した飛行機の機体を熱田で生産し，エンジンは陸軍造兵廠千種機器製作所で生産するという分業体制へと移行していった。しかし国営の工場だけでは十分とはいえず，三菱重工名古屋航空機（1934），愛知時計電機から分離した愛知航空機（1943）も軍需生産に加わるようになった。三菱重工名古屋航空機（大江）から 1938（昭和 13）年に分離したのが名古屋発動機（大幸）で，当時，日本で生産される航空機エンジンの半分くらいがここで生産された。1942（昭和 17）年には大隈鉄工から旭兵器が分離し，のちに旭大隈になる。このように，もとはといえば東京，大阪での兵器生産を補うために名古屋に置かれた工廠が，民間の重工業を巻き込みながら軍需都市へと名古屋の都市的性格を大きく変える役割を果たした。既存の民間企業も，多数の部品を必要とする航空機生産を支えるために軍需工場としての機能を担わされていった。

　戦時体制下の工業展開について考えるとき，名古屋以外に設けられた軍需工廠の存在にも目を向けなければならない。名古屋圏では，鈴鹿，春日井，豊川がその代表的事例である（図 2-14）。これら三都市に共通するのは，近くに軍事的施設をもった比較的規模の大きな都市があり，それらとの関係で軍需工廠の立地場所として選ばれたという点である。それまではほとんど工

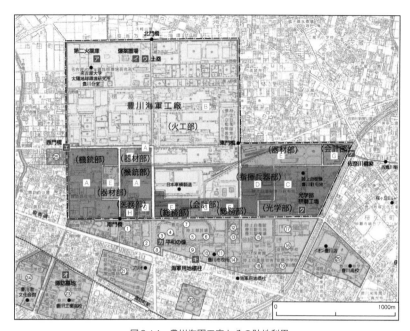

図2-14　豊川海軍工廠とその跡地利用
出典：豊川市平和都市推進協議会のウェブ掲載資料（http://www.city.toyokawa.lg.jp/shisei/heiwatoshisuishin/suishikyogikai/gaidobukku.files/gaidobukku.pdf）をもとに作成。

業らしい工業はなく，いわばこれら母都市の郊外にあって広い空間に恵まれていたことが条件として適していた。鈴鹿の場合は四日市であり，名古屋港より早く開港場に指定されていた四日市港には第二海軍燃料廠があった。春日井は，1873（明治6）年に名古屋城内三の丸に置かれた鎮台がのちに第三師団になり軍需都市としての性格を強めていった名古屋の郊外に当たる。豊川は1905（明治38）年に第十五師団が置かれた豊橋に近い。これらの郊外軍需都市は工廠の設置にともなって労働力人口が急増したため，あいついで市制を敷いたという点でも共通している。軍需工廠では戦争遂行のための武器・弾薬が製造された。結果的に激しい空襲を受け，多くの犠牲者を出した（水谷編，2015）。

71
第2章　集落の形成と交通・産業の発展

コラム2
地図上の「かたち」にこだわる　－地理学形態論－

　地理学には遠い昔から「かたち」すなわち形態の歴史がある。土地の形状や都市の広がりなど，かたちにこだわってきた。地図はそのようなかたちを集めて編集したものであり，そのために多くの図法が考案されてきた。もともと立体的なものを平面的に表現するには無理がある。多少の歪みには目をつぶり，できるだけ実際に近いかたちで地表面を表現しようとしてきた。現代ならインターネットで地図はおろか空中写真も簡単に見ることができる。カメラを装着したドローンが飛ばせるなら，リアルタイムで地表面を観察することも可能である。地表上からでは全体を見通すことが難しい市街地，工業地帯，河川，林野などの全体像も，地図や空中写真によって見ることができる。

　さまざまなかたちの集まりによって構成されている地図を眺めているのは楽しい。地図は画家が描くキャンバスにたとえられることがあるが，なぜそのような形状や色彩をもっているかを考えることは，いくつかある楽しみのひとつである。絵を描く場合は画家が一人で構図を決める。しかし地図は，誰かが決めてそのような形状や色彩になっているわけではない。誰とは特定できない不特定多数の人々がそれぞれ思い思いに行動した結果，そのようになっている。もっとも，世界には計画的につくられた都市もあるため，全部が全部そうであるとは限らない。しかしそのような場合でさえ，すべてを計画通りにつくることはできない。人為ではどうしようもない自然の力の存在を認めないわけにはいかない。それらを含めて，なぜ地表面がこのようにバラエティに富んだ表情をしているのか，その表情の豊かさに驚かざるを得ない。

　都市はある意味では自然と人間がともにつくりあげた共同作品であるといえる。自然には人間がもっているような意思はない。しかし科学的な原理や法則といったものがあり，それらにしたがって動く。河川が複雑に蛇行しているのは，水が地形の高低差に逆らわず重力の法則にしたがって動いた結果である。美しい富士山型火山は，吹き上げられた火山弾や火山灰が風や重力の力によって動いた結果である。河川沿いの微高地である自然堤防を利用して人間は集落を築いた。火山台地の上でさえ人間は住み着くようになった。地図上で表現されている都市や集落の形状のうち，どれくらいが自然によるものなのか，どの部分に人間は関わったのか，いろいろ想像するのは楽しい。

　都市がなぜそのような形状をしているのか，それを解くヒントは地図の上に残されている。ただし，似たような市街地が延々と続いているような場合は，地図

の上からその手掛かりを見つけるのは簡単ではない。有効なのは，市街地が広がっていく以前に描かれた地図，すなわち古地図を見ることである。ただし古地図といっても，科学的な方法で描かれるようになる以前の地図は，あまりあてにならない。近代以降の地図で，高度経済成長が始まる以前の地図が最適である。地形の条件はそれほど大きく変わっていないので，現在の市街地がその影響をどのように受けたか，その初期条件を知ることができる。都市化が始まりモータリゼーションが本格化すると，市街地のスプロール的拡大が目立つようになる。近代以前のコンパクトで輪郭のはっきりしていた都市から，輪郭の曖昧な不明瞭な都市へと変貌していく過程が，これまで続いてきた都市化にほかならない。

　かたちはあるが，明確なイメージとしてはとらえにくい，これが現代都市の特徴であろう。市町村など自治体の境界線は政治的に決められているため，かたちとしては明確である。商圏や通勤圏など変化しやすい形状と比べると，その明確さは一目瞭然である。しかし，昭和や平成の大合併によって境界線が消えていった自治体も少なくない。より大きくなった新市の境界線は引き直されたが，合併された町や村の境界線は消えてしまった。単に地図上から消えたというだけでなく，人々の心の中からも消えていった。自分の生まれた町や村のかたちがどのようであったか，思い出せなくなった人も少なくないであろう。都市の近代化とは地図を塗り替えることであり，境界線を空間的に押し広げることである。逆戻りできないとすれば，せめて都市の歴史的研究によって境界線という「かたち」の変遷を振り返ってみるのも無駄とはいえない。

第3章 戦後の都市復興と交通・生産基盤の整備

第1節 戦後の都市基盤の復興と生産基盤の整備

1. 戦災復興による大胆な都市再建事業とそれを受け入れた風土

　戦争は通常の社会経済とは大きく異なる体制を国内全土に行き渡らせ，あらゆる資源を戦争遂行のために配分する。本来の資本主義とは異なる政治優先の影響力が産業分野や国民生活の隅々にまで入り込み，歪められた社会経済状況を結果として生み出す。第二次世界大戦（太平洋戦争）に加わった日本では，戦時体制下で多くの物質的，人的資源が軍需部門に投入された。し

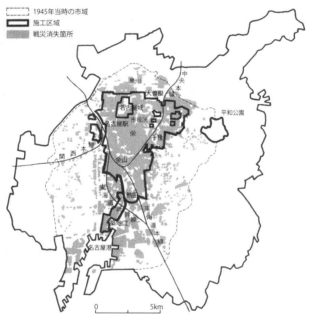

図3-1　名古屋市における戦災消失箇所と復興土地区画整理施工区域
　　　　出典：名古屋市計画局編，1987，p.33をもとに作成．

かし結果は惨めな敗戦という日本の歴史が始まって以来，もっとも大きな犠牲を受け入れざるを得ない状況をもって終わった。そこからいかに復活するか，未曾有の悲劇から立ち直りいかに国づくりを進めていくかが，国民にとって大きな課題となった。米軍の空襲によって被害を受けた都市は全国で180にも上り，一部の古都を除き主要な都市はことごとくダメージを受けた。名古屋圏では名古屋（死者8,630名），岐阜（890名），一宮（727名），豊橋（624名），岡崎（207名），大垣（205名），瀬戸（19名），多治見（不詳），高山（不詳）がその中に含まれる。このうち犠牲の大きかった名古屋や岐阜では市街地の消失面積が広く，焼け野原に近い状態になった都市の中心部をいかに復興するかが，敗戦処理から新たな都市建設へと進む道筋を決める最大のポイント

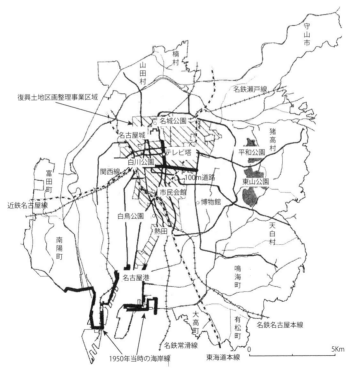

図3-2　名古屋市の戦後復興と合併した周辺市町村
出典：名古屋市住宅都市局まちづくり企画部編，2011をもとに作成。

になった（伊藤，1988）。

　市域の約24％（3,850ha）が焦土と化した名古屋では，当時の東区，中区，栄区，熱田区の被害がとくに大きく，区域の50〜60％が焼失された（図3-1）。名古屋市は敗戦後の混乱が続くなか，国が1945（昭和20）年11月に復興院を設置するよりまえの9月に早くも建築制限を実施し，10月には復興計画の原案を公表した。復興の基本は区画整理事業であり，1946（昭和21）年6月に名古屋市の中心部とその周辺一帯の4,407haを復興土地区画整理事業の対象区域とした（図3-2）。翌7月には都市計画事業に着手するという素早さだった。名古屋市は事業を進めるために復興調査会を設立したが，その責任を担う技監兼都市施設局長として田淵寿郎を招いた。のちに名古屋市の助役になる田淵は，幅100mの広幅員道路を東西，南北に2本設けることを提案し実現させた。この道路は防災用の避難スペースとしての意味があり，市街地を広幅員道路で区分することで火災の延焼を防ぐという役割も込められた（戦災復興史編集委員会編，1984）。

　名古屋の都心部の道路網が東西南北方向に規則的で，しかも道路幅が広いことは有名である。方形状の道路配置は名古屋に城下を開いたときに決められたもので，隣接する道路間隔は1町（約109m）であった。戦災復興時に設けられた広幅員道路の幅は，この1町を利用したものである。つまり，隣接する道路に挟まれていて焼失してしまった家屋の残骸をすべて除去し，そこを100m幅の道路にしたのである。南北方向の久屋大通にはのちにテレビ塔が建てられたり，噴水や姉妹都市記念の公園などが設けられたりした。これと交わる東西方向の若宮大通の幅員もまた100mとされた。若宮大通の内側は公園として利用されたほか，のちには高架式の都市高速道路の支柱空間としても活用された。城下町時代の初期に被った火災被害の教訓から道路を広げ広小路を設けた歴史のある名古屋では，近世，近代を通じて幅の広い道路が積極的に建設されてきた。二代目名古屋駅に直通する桜通，戦後，地下鉄東山線の建設時に拡幅された錦通など，他の大都市には少ない広幅員道路があいついで設けられた。こうした都市計画的な道路づくりが，名古屋都心部のイメージ形成に大きな影響を与えた。

　戦災復興時に実施された土地区画整理事業が名古屋では他の大都市に比べ

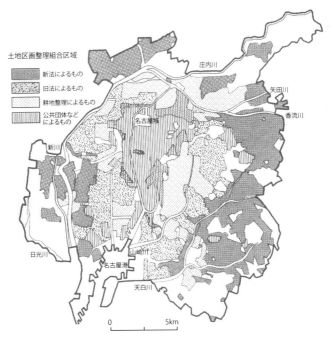

図3-3　名古屋市における各種土地区画整理事業の展開
出典：名古屋市計画局編, 1987, p.35をもとに作成。

て円滑に進んだ点も注目に値する（名古屋市計画局編, 1991）。これにも過去からの背景事情があり、名古屋ではすでに戦前の段階において近代的な市街地を形成するために、耕地整理や区画整理が根気よく続けられてきたという歴史がある（図3-3）。東京の戦後復興事業で活躍して名を上げた石川栄耀は、戦前の名古屋において土地区画整理事業を熱心に指導した（高崎, 2010b）。その指導に対して人々は積極的に応える態度を示した。一般に、この地方の人々は他地域に比べて土地に対する執着心や思い入れが強く、土地評価の向上につながる区画整理事業には協力的であると評される。県や市、あるいは組合などが音頭をとって行う事業に対してあまり異を唱えないという気風もある。その結果、他地域ではあまり進まない地面を掘り返し土地の区画を抜本的に変えてしまう事業でも、ほとんど抵抗なく受け入れられた。

　土地区画整理事業の良好な進捗状況を象徴する事例として、都心部から郊

外へ墓地を大規模に移転させた事業を挙げることができる。神聖な場所である墓地は市街化を進めるさいに「障害」になることが少なくない。戦災復興というある種，非常事態のもとであったとしても，先祖代々の墓地を掘り返して移転するのは，並大抵のことではなかったと想像される。名古屋では中心部に分散していた墓地群をすべて東部郊外の平和公園に移した。これにより，墓地跡地はビルや建物の建つ土地に生まれ変わった。広幅員道路に沿って大きなビルがつぎつぎに建てられていった背景には，土地の合理的利用を受け入れる地域的風土があった。オフィスビルや商業・サービス業の建物だけでなく，公園用地も中心部で確保された。これはあくまで結果論であるが，戦災復興事業という平時では実行しにくい事業のおかげで，名古屋では現代的な都市空間を都心部に生み出すことができた。

2．工業化のための生産基盤拡充と大都市圏の拡大

　戦災復興事業の進展とともに，新しい産業発展に向けて基盤となる条件整備が進められていった。これは名古屋市に限られた話ではなく，愛知県，岐阜県，三重県など周辺部をも含めた取り組みである。主たる水源を木曽三川に依存してきたこの地方には，台風や集中豪雨の被害に悩まされてきた歴史がある。敗戦後間もない時期にあいついで台風の被害にあい，急いで治水対策を講ずる必要があったという事情も働いた。1946（昭和21）年に国が設けた経済安定本部は，水害から国土を守るために全国に10の主要河川地域を指定し，それらを改修する計画を発表した。木曽川もこの計画の対象河川とされ，洪水対策目的で中流に丸山ダムが設けられた。その後，河川は洪水対策としてだけでなく，農業用水や工業用の水力発電を目的として開発されていった。戦後間もない頃の食料確保や工業化にとって，国内の主要河川は非常に重要な資源・エネルギーとして位置づけられた。

　戦後の地域開発を効率的に進めるために，名古屋市とその周辺の小規模自治体の間で合併を進める構想が議論された。しかし合併構想は容易には進まず，まずは県レベルで産業の発展を推し進めることになった。愛知県は1958（昭和33）年に第1次地方計画を発表し，名古屋港臨海部，衣ヶ浦湾臨海部，挙母・東三河地域に企業を誘致して工業化を進めることにした。つづ

く1961（昭和36）年の第2次地方計画では，中京都市圏構想と愛知・岐阜・三重の合併構想が打ち出された。この計画には先に述べた臨海部以外に，春日井・小牧，豊田・刈谷，豊橋・豊川の内陸部にも工業用地を確保することが書き込まれた。愛知県は1961（昭和36）年に県庁内に内陸用地造成事業推進部局を設け，あまり進まない臨海部での埋立事業を補うために内陸工業用地の造成にも力を入れるようになった。すでにこのとき，内陸部に県自らがニュータウン（のちの桃花台ニュータウン）を建設することをうたっていた（図3-4）。

愛知県が1970（昭和45）年に明らかにした第3次地方計画では，中京広域都市圏の発展と名古屋の都市機能拡大が目玉とされた（第3次愛知県地方計画委員会編，1970）。工業化を円滑に進めるには，工業用地が農地や住宅地との間で軋轢を生まないようにする必要がある。このため，進捗が捗々しく

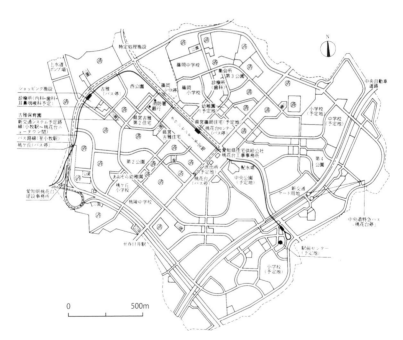

図3-4　愛知県による桃花台ニュータウンの全体計画
出典：愛知県編，1986, p.253をもとに作成。

図3-5 愛知県が開発した工業用地（1982〜88年）
出典：愛知県地方計画委員会編，1989，p.183をもとに作成。

ない臨海部よりもむしろ内陸部に工業用地を計画的に配置し，あわせて工業就業者を収容する住宅地を確保する戦略が重視された。工業化が一段落した名古屋市では工業用地を新たに見いだすのは難しく，春日井・小牧，豊田・刈谷，常滑・阿久比方面などで工業化を推し進める可能性が模索された（図3-5）。興味深いのは，名古屋からの機能拡大にともない西三河が名古屋大都市圏の中に組み込まれたことである。国内におけるモータリゼーションの進展とともに，豊田・刈谷の自動車産業は大いに発展し，その関連産業が大都市圏の内部で幅広く広がっていった。堺・泉北臨海部に工業用地が限定された大阪と比べると，愛知県は拡大用地に恵まれていたといえる。愛知県西部の低地部は農地や住宅地としてすでに開発が終わっていたが，尾張北部や西三河の台地・丘陵地は開発可能性を大いに秘めていた。

3．石油ショック後の工業高度化と経済の膨張・反動

　1973（昭和48）年の石油ショックは，日本を含む先進諸国の産業発展の過

程において大きなターニングポイントであった。名古屋圏もその例にもれず，これまでの産業発展のスタイルが大きく変化した。重化学工業，機械工業主体の工業化から，先端工業をリーディング産業とする工業生産の多角化が重視されるようになった。価格が上昇した資源・エネルギーにあまり依存せず，製品の高付加価値化を進めることで利益を確保する。これまで顧みられることがなかった自然環境や生活環境に対する工業化の悪影響が，公害批判というかたちで社会的課題として強く認識されるようになった点も忘れてはならない。1976（昭和51）年から始まる愛知県の第4次地方計画は，このような社会経済状況を反映したものであった。県西部の低地部で深刻化した地盤沈下の防止，食品・一般機械・電気機械工業の誘致による工業の多角化，開発余力のある東三河の工業化などが，計画に盛り込まれた。

　これまでの工業化推進が功を奏し，愛知県は1977（昭和52）年に製造業出荷額が全国一の地位を獲得した。しかし出荷額の3分の1は輸送機械すなわち自動車の生産で占められており，多様化とは縁遠かった。1982（昭和57）年から始まる第5次地方計画で情報ネットワーク化や技術開発が強調されたのは，工業生産をさらにいっそう高いレベルにまで引き上げなければ他地域から追い上げられる恐れがあったからである（愛知県地方計画委員会編，1982）。すでに脱工業化が始まっていた名古屋は，本社・支社など中枢管理機能や商業・サービス業の集積地としての役割を果たす。高度化していく技術指向的な工業を内陸部の工業用地に誘導する一方，臨海部とくに東三河の臨海部では自動車・鉄鋼の工業開発を進めることが強調された。この時期，日本経済は貿易黒字の増大，円高の進行，そしてバブル経済の形成へと歩み始めていた。都市部における地価の上昇は工場や住宅を周辺部へ追い出す役割を果たし，大都市圏は空間的に膨張傾向を示していた。

　第6次の愛知県地方計画が発表された1989（平成元）年はバブル経済が崩壊する直前であり，東京圏への一極集中化と大阪圏，名古屋圏の相対的な地位低下が進んでいた。愛知県は「産業技術首都」という看板を掲げ，一極集中に対抗する姿勢を示した（愛知県地方計画委員会編，1989）。1980年代の円高をきっかけに企業の海外移転が進むようになり，産業空洞化の勢いが止まらない状況に立ち至った。製造業出荷額全国一位の地位を確保し続けている

とはいえ，あいかわらず自動車産業に偏った産業構造であった。研究開発機能，金融・情報・国際化機能の強化を引き続き強調する過程で，国際的，広域的，多核的な交流の重要性が認識されるようになった。こうした認識は新たな国際空港の建設と国際的規模の博覧会を実現する大規模プロジェクトの推進へと結びついていった。

1998（平成10）年からの第7次地方計画がまさにこれら一大プロジェクトを推進する計画であった（愛知県地方計画委員会編，1998）。プロジェクトを契機に，人，モノ，資本，情報が地球的スケールで交流する時代に対応していく姿勢が示された。しかしその実態はというと，産業構造はあいかわらず自動車頼みであり，その自動車分野でも海外生産が加速したため，先行きを危ぶむ雰囲気に包まれるようになった。常滑沖に建設された国際空港と愛知万博（愛・地球博）の開催により確かに盛り上がりはあったが，2008（平成20）年のリーマン・ショックでその勢いも削がれた。研究開発型産業の発展は当初の見込みほどでなく，計画はあまり進んでいない。西三河は自動車産業に支えられて堅調な発展を示したが，その勢いは東三河地域にまでは届いていない。そのような中にあって，1987（昭和62）年の国鉄民営化以降，力をつけてきたJR東海の動きに牽引されるように名古屋駅を中心とする商業・交通には見るべきものがあり，これがリニア中央新幹線の着工へとつながっていくことになる。

第2節　鉄道網・高速道路網の拡充と港湾・空港の役割

1. 都市高速鉄道と都市間鉄道の拡充による利便性の向上

名古屋の戦災復興事業において広幅員道路（100m道路）の建設を陣頭指揮した田淵寿郎は，都市高速鉄道（地下鉄）の建設計画でも先頭に立って活躍した。敗戦時に70万人ほどであった名古屋市の人口は30年後の1975（昭和50）年には200万人くらいになると予想し，そのために地下鉄を建設する必要があると考えた。1947（昭和22）年に発表された地下鉄建設計画では，都心部（栄）を中心とする東西南北の路線，それに大曽根，名古屋港，八事，新川橋など郊外へ向かう路線55kmを建設することがうたわれた。このうち

名古屋駅と栄の区間はいち早く1954（昭和29）年に完成し、さらに千種まで延長された。都心を中心として西側の名古屋駅と東側の千種駅を連絡する東西ルートは、近代以降の名古屋にとってもっとも重要な軸であり、最初の地下鉄路線もこの軸に沿って建設された。

復興事業の開始から15年ほ

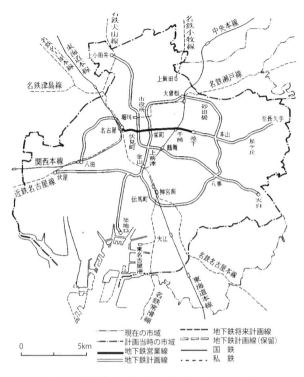

図3-6　都市計画審議会第5号答申路線（1961年）
出典：渡部，1989，p.4をもとに作成。

どが経過し、人口増加とともに市街地も広がり始めた。1947（昭和22）年に構想された地下鉄建設計画を再検討する必要が生じたため、拡大する名古屋にふさわしい建設プランが新たに作成され、1961（昭和36）年に発表された（渡部，1989）。このとき、都市交通審議会第5号答申路線と呼ばれる5つのルートが高速鉄道網の整備路線として示された（図3-6）。これを見ると、その後、半世紀近い時間をかけて建設されていった地下鉄網の全容が、この時点でほぼ決まっていたことがわかる。栄、大曽根、本山、八事、新瑞橋を環状に連絡する現在、名城線と呼ばれている路線も、この計画図の中に描かれている。唯一実現しなかったのは、金山と中川区の伏屋を結ぶ路線である。ただし、路線の向きは異なるが、あおなみ線がこの路線の代わりに建設されたと考え

83
第3章　戦後の都市復興と交通・生産基盤の整備

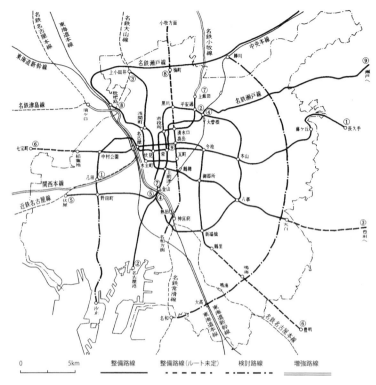

図3-7　都市計画審議会第14号答申路線（1972年）
出典：渡部，1989，p.7をもとに作成。

れば，1961（昭和36）年の建設計画はほとんど実現したといえる。
　名古屋市内の都市高速鉄道すなわち地下鉄は，基本的に市内の地区間を移動するための交通手段である。明治20年代から利用されてきた路面電車が惜しまれながらつぎつぎに廃止になり，それを埋めるようなかたちで地下鉄が建設されていった。地下鉄の距離当たり建設費用は巨額であり，市内全域をくまなく地下鉄路線で覆うことは不可能である。空白区域はバス路線で補完し，地下鉄に連絡するようにする。問題は，名古屋よりもその外側すなわち郊外や周辺都市から名古屋へ通勤や通学あるいは買い物などを目的に移動してくる人々をどのようにさばくかである。名古屋では製造業に代わってオフィスや商業，サービス業の事業所が増え，こうした職場へ郊外や周辺都市

から通う人口が膨れ上がっていった。大学，高校も市内に多く，通学人口も増える一方であった。東西の大都市圏に比べると人口密度が低い名古屋圏は，鉄道事業にとってはあまり恵まれた市場環境ではない。モータリゼーションの進展がこうした状況をさらに悪化させる恐れがあるため，公共交通手段としての鉄道の機能を強化する必要があった。1972（昭和47）年に明らかにされた都市交通審議会第14号答申路線は，まさにこのような考えのもとでレベルアップが図られた路線である（図3-7）。もっとも重要な路線は，岐阜，豊橋，四日市，中津川などから名古屋へ向かう通勤・通学路線であった。多くは国鉄，のちのJR東海の在来線であるが，名鉄や近鉄の都市間鉄道も強化の対象とされた。

　名古屋圏の鉄道網をさらに強化していく計画は，1992（平成4）年に運輸政策審議会の答申というかたちで示された。計画に上がった路線をすべて一度に実現することはできないため，この時点でまず2008（平成20）年までに整備するのが望ましいと考えられる優先順位の高い路線が示された。2001（平成13）年に開業した志段味線はその中に入っており，日本で最初，唯一のガイドウェイバスとして実現した（徳田，2011）。大曽根から途中の小幡口までは高架式の完全自動運転であり，その先は優先レーンを走行するという二重構造のデュアルシステムである。2004（平成16）年から2005（平成17）年にかけて建設された西名古屋港線（あおなみ線），東部丘陵線（愛知高速鉄道東部丘陵線），地下鉄4号線（名城線）もこのときの計画の中に含まれていた。

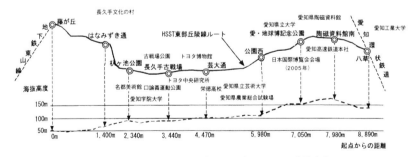

図3-8　リニアモーターカー東部丘陵線のルートと海抜高度
　　　　出典：林，2007，p.238による。

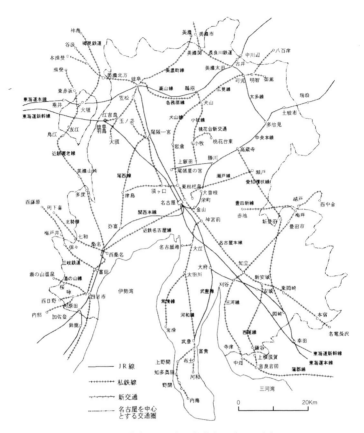

図3-9　名古屋圏の主な鉄道交通（1992年）
出典：運輸経済センター編，1992年，『都市交通年報（平成4年版）』による。

　東部丘陵線は，2005（平成17）年の3月から9月まで開催された愛知万博に間に合うように突貫工事で建設された（図3-8）。国鉄からJRに民営化された既設路線や名鉄，近鉄の路線でも機能強化が図られ，自動車優位の名古屋圏でも鉄道の利便性は高まった。

　図3-9は，1992（平成4）年に運輸政策審議会が名古屋圏のあるべき公共交通を答申した頃の鉄道網を示したものである。図からは名古屋駅を中心とする鉄道が放射状に走り，周辺部ではそれらを横方向に結びつける路線のあることがわかる。名古屋への到達時間をふまえて交通圏の範囲も明示されて

おり，ほぼこの範囲の中で鉄道による移動が行われていたといえる。主要都市を結ぶ JR 線，これと並走する路線に加えて JR 線のない周辺部をカバーする私鉄路線のパターンがよく表れている。しかし東西の大都市圏に比べて自動車に依存する割合が大きい名古屋圏では，周辺部のローカル線を維持するのは容易ではない。案の定，ローカル線の廃止をいわば黙認する国の政策のもとで，名古屋圏から歴史あるローカル線が消えていった。もっとも，愛知県が開発した小牧市の桃花台ニュータウンへのアクセス線として建設された新交通システム（ピーチライナー）の廃止は，ローカル線の廃止が歴史の古さとは関係ないことを示している。愛知万博のために建設された東部丘陵線も苦戦を強いられており，需要の少ないところでは鉄道経営がいかに困難かがよくわかる。

2．都市高速道路の建設問題と環状の高速道路網

　世界の主要都市では都市化の進展にともない，道路網は放射状から環状へとその形態が移り変わっていくのが一般的である。郊外から都心部を通って反対側の郊外に行こうとすると，交通渋滞を引き起こす原因となる。このため，できるだけ中心部に自動車を入れないように，リング状の交通路を設けるのが望ましい。七環，八環もある東京圏ほどではないが，名古屋圏でも二重，三重，四重の環状道路を想定し，郊外や周辺部の自動車交通をさばく構想が早くから検討されてきた。1967（昭和 42）年の名古屋大都市幹線道路網計画がそれであり，名古屋の都心を中心とする半径 5km，10km，20km の円の近くに一環，二環，三環を設ける案が想定されていた（図 3-10）。四環は名古屋の東部では 25 ～ 30km の位置にあるが，北側と西側は 40km あたりで長い。これは，東側は瀬戸，豊田，岡崎の丘陵地まで距離が比較的短いのに対し，北と西は山地・丘陵地まで 40km 以上も離れているためである。

　環状道路は，いずれも既設の道路網とは平面で交差しない自動車専用道路である。内側ほど環状の半径は短く，市街地密度のより高いところを走行する。名古屋市内を走行する幹線道路はとくに都市高速道路と呼ばれ，市街地を走る道路の上に高架式道路を支える支柱が建設される。1970（昭和 45）年9 月に名古屋市の都市高速道路計画は決定され，67.3km にわたって建設さ

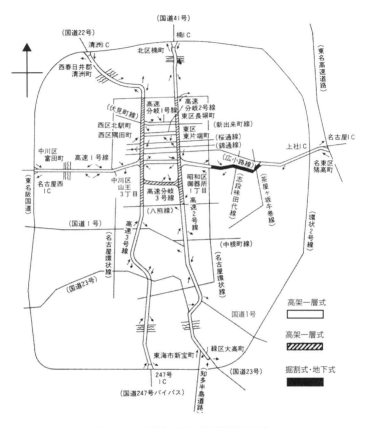

図3-10 名古屋市の都市高速道路計画路線
出典：名古屋高速道路協会編，1991による。

れることになった（名古屋高速道路公社40年史編集委員会編，2012）。工事は翌年の6月から始まったが，市側のこうした動きに対して市民から反対の声が上がった。沿道の環境悪化を恐れる市民は，すでに1968（昭和43）年頃から反対運動を開始していた。名古屋市も市民を敵に回して工事を進めることはできない。その結果，都市高速道路の建設を進めるか否かを争点に，名古屋市長選挙が行われることになった。

現職市長と市民から推薦を受けた元大学教授の一騎打ちとなった選挙結果は，市民側の勝利で決着した。東京圏や阪神圏では都市高速道路の建設は名

図3-11 伊勢湾岸道路，第二東名・名神自動車道計画図
出典：愛知県地方計画委員会編，1989，p.229をもとに作成。

古屋圏より先行して進められたが，建設の是非を選挙で問うような状況は生まれなかった。結局，都市高速道路の建設は凍結されることになり，12年後に推進派市長が誕生したことで，建設は再開されるという経過をたどった。名古屋の都市高速道路は2013（平成25）年にすべて完成し，全線にわたって供用されることになった。大きくは，名古屋市の北側を走る名古屋第二環状線（名二環）を境にその内側と外側で料金圏が分かれている。内側には都心環状線と1〜6号線の全部で7つの路線があり，均一料金制が適用されている。外側には11号，16号の2路線があり，名神高速道路の小牧インターと一宮インターにそれぞれつながっている。通称・名二環は名古屋市緑区と中川区の間を連絡する環状道路であり，緑区では伊勢湾岸自動車道と接続し，中川区では東名阪自動車道とつながる。名二環はこのほかに複数の放射状の都市高速道路とも接続しているため，文字通り高速道路を環状に束ねる役割を果たしているといえる。

このように，名古屋市とその周辺では都市高速道路と環状道路，それに以前からある東名，名神の高速道路網により自動車による移動は格段に向上した。東名，名神については，名古屋の東から北を走るルートとは別に，南側を抜けていくルートが伊勢湾岸自動車道というかたちで計画され完成した（図3-11）。東側は新東名（第二東名）高速道路と接続し，西側では新名神（第二名神）高速道路と接続している。伊勢湾岸自動車道は名古屋港内にもインターチェンジがあり，これによって名古屋港と三河地方，三重県北部との結びつきがよくなった。湾岸道路が果たす役割は，東海環状自動車道の建設によってさらに強まった。構想段階で「ひまわり」にたとえられた東海環状自動車道は，西三河，瀬戸，岐阜県の東濃西部，中濃を結ぶ広域環状道路である。まだ西濃，北勢には達していないが，将来的には名古屋市を半径30 kmで取り巻く自動車専用道路として完成する予定である。なお，東海環状自動車道はMAG ROADという別称をもっているが，これは三重県のM，愛知県のA，岐阜県のGのイニシャルに由来する。

3．貿易額全国一の名古屋港のコンテナ化と自動車輸出

　鉄道や道路に比べると，港湾，空港に関する地理学研究は多くない。鉄道・道路が国内において身近に感じられる存在であるのに対し，港湾・空港は海外と連絡する部分も含まれるため，あまり関心を呼ばないのかもしれない。しかし，貿易立国を国是として発展してきた日本の都市を理解するには，港湾や空港がどのようにして現在の姿に至ったのか，その過程を知ることは重要である。とりわけ港湾に関しては，現在，輸出入の貨物取扱量と貿易黒字額がともに国内最大の名古屋港の存在を無視することはできない。日本企業による海外生産が増大し，また国際的な航空貨物の取扱量が増えている中で，名古屋港は東京，横浜，大阪，神戸の大港湾を抑え国内最大の港湾としての地位を維持している。

　東京圏にある東京港，横浜港と比べると，名古屋港は工業製品の輸出量が多い点に特徴がある。とくに完成自動車と自動車部品が輸出全体に占める割合が大きく，これは名古屋圏で輸出向けの自動車と，海外で生産される自動車用の部品がともに盛んに生産されていることによる（林，2015b）。加工貿

易体制のもとで自動車が輸出されていた頃は，大半は完成品としての輸出であった。しかし，日本企業が海外での生産を本格化するにしたがい，現地で調達できない自動車部品を名古屋圏で生産し輸出するようになった。自動車部品はコンテナに積み込んで輸送されるが，完成自動車は自動車専用船によって運ばれる。世界の貿易の主流はコンテナ輸送であり，実際，コンテナによる取扱量では東京港，横浜港が名古屋港を凌いでいる。東京，横浜両港は東京圏の巨大な市場を背景に，多くの消費財をコンテナで輸入している。名古屋港でも近年はアジアからコンテナ貨物が多く輸入されるようになったが，主流は先に述べた自動車部品をはじめ，名古屋圏で生産された工業製品のコンテナによる輸出である。

　名古屋港では 1960 年代末からコンテナによる輸出入が始まった。コンテナは船舶，鉄道，トラックなど輸送手段の違いに関係なく連続的に運ぶことができる。ドア・ツー・ドアと表現されるように，かつて行われていた人力による積み降ろし作業に依存することなく，生産地から目的地まで連続的に輸送することができる。この革命的ともいえる輸送変化に対応するために世界の港湾は設備を整えていったが，名古屋港もそれに合わせて港湾整備を進めた（名古屋港開港百年史編纂委員会編，2008）。もともと名古屋港は海底の土砂を浚渫し，その土砂を埋め立てて港湾用地を広げてきた歴史がある。港の東側すなわち知多半島の付け根付近には製鉄所が設けられ，隣接して石油・ガス・エネルギー，穀物類などの輸入原料を受け入れる施設もつくられた。これに対し，輸出用コンテナを取り扱う設備は中央に近い金城埠頭に設けられた。しかしコンテナの取扱量が年々，増加していったため，これより西側の飛島埠頭にコンテナ船専用の岩壁が設けられた（図 3-12）。現在，この埠頭の東側と南側に 4 か所のヤードがあり，大型のガントリークレーンがコンテナの積み降ろしを行っている。とくに南側のヤードではトラックが自動搬送する国内ではここにしかない最新式のシステムが稼働している。

　輸出主体の名古屋港でも，日本企業が海外で生産する割合が高まり製品輸入率が高くなるにつれて，海外からコンテナ形態で消費財を輸入する傾向が高まってきた。このため港湾のさらに西側に弥富埠頭，鍋田埠頭を設け，主にアジア方面からコンテナを輸入するようになった。アジアへはコンテナに

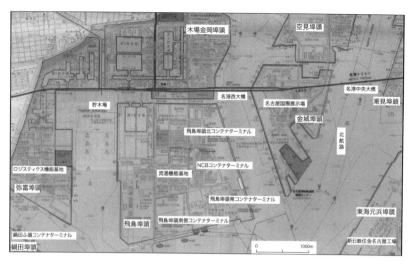

図3-12　名古屋港における埠頭と機能
出典：名古屋港管理組合資料をもとに作成。

よる輸出も多く，主にこれらの埠頭から輸出されている。また，輸出の主力を占める自動車は，東側と中央付近の埠頭から自動車専用船で運ばれていく。とくに東側にはトヨタ自動車の専用埠頭（名古屋モータープール）があり，ここから多数の自動車が送り出されている。このように，名古屋港では港湾東側で原料輸入と自動車輸出，中央から西側にかけてコンテナによる輸出・輸入と港湾物流（ロジスティクス）というように，地区によって取り扱い貨物や業務，それに相手先地域を分ける傾向が明確になってきた（林, 2012b）。

　名古屋港は貿易額が国内で最大であるばかりでなく，その面積も全国でもっとも広い。これは，東京，横浜，大阪，神戸などが都や市など単一の自治体によって管理・運営されているのとは異なり，名古屋市と愛知県が共同で業務に当たっているからである。名古屋港管理組合という組織が戦後，設立され，それまでの県営港湾から広域で運営される港湾へと変わった。港湾の陸域は，名古屋市以外に東海市，知多市，弥富市，飛島村にまで及んでいる。高速道路網によって直近の背後地である名古屋市ばかりでなく，尾張，知多，三河，岐阜県，三重県などとも密接なつながりをもっている。ライバル港は多いが，静岡県西部，滋賀県などへの影響を広げるために港勢圏拡大の努力

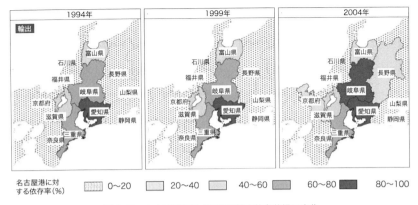

図3-13 名古屋港に対する貨物輸出依存状況の変化
出典:中京都市圏総合都市交通計画協議会のウェブ掲載資料(http://www.cbr.mlit.go.jp/kikaku/chukyo-pt/buturyu/kekka/pdf/butsuryu_jittai.pdf)をもとに作成。

も続けられている(図3-13)。

4.名古屋空港から中部国際空港への移行と競争

　日本列島の中央付近に位置する名古屋圏は,国内航空利用の面で北海道や九州の空港とは異なる性格をもつ。北海道,九州など地理的周辺から首都圏へ移動する場合,主な交通手段は航空機である。しかし名古屋圏の場合,人口の多い関東や関西の都市圏へ航空機を利用して行くことはほとんどない。一般に,交通手段にはライバルに比べて相対的に有利な距離範囲がある。新幹線網が完備された今日,名古屋圏を中心として航空機がライバルを抑えられるのは,北海道や九州くらいである。このため名古屋空港の時代,国内線の利用客数は千歳空港や福岡空港に大きく水をあけられていた。2005(平成17)年に中部国際空港(セントレア)が開港したとき,地方空港からセントレアへ海外への乗り換え客を集め,セントレアから海外へ送り出すハブ港としての機能が期待された。当時は羽田空港の国際線利用が現在ほど多くなく,関西国際空港も24時間空港ではなかった。このためセントレアは乗り換え客を集めることができたが,しだいに東西の空港に利用客を取られるようになった。

　中部国際空港の前身である名古屋空港は,名古屋市外,豊山町・小牧市・

春日井市にまたがる場所に建設された。1941（昭和16）年のことで，陸軍の小牧飛行場として誕生した。戦後，1953（昭和28）年になって戦勝国・アメリカの管理から移管され，以後，名古屋空港として国内外へ向けて貨物や人を送り出し，また受け入れるようになった。この空港は自衛隊と共同で利用しており，民間機と軍用機が代わる代わる市街地の上空を飛行して騒音をまき散らす迷惑な存在であった。空港敷地内での事故もいくつかあり，急増する航空需要を見据えると現在地での機能拡張は不可能と考えられた。そこで新空港を建設することになり，適地探しが行われた（中部空港調査会編，2005）。世界の主要大都市では，限界に近づいた初期の空港の肩代わりをすべく新空港が建設されるのが一般的である。考慮されるのは，大都市からの距離と建設費との関係である。距離を抑えながら，同時に建設費も抑制するのが理想的である。

日本には距離的不便性と空港用地取得で問題を抱えた成田国際空港の例があり，また大都市からの距離の遠さと地盤沈下による造成費用増大で苦労した関西国際空港の例がある。中部国際空港ではこうした先行例の轍を踏まな

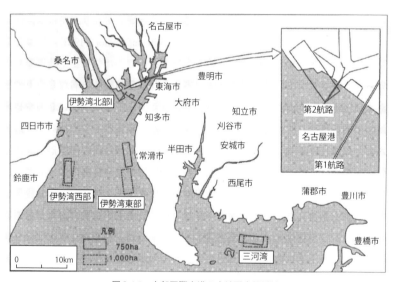

図3-14　中部国際空港の立地選定候補地
出典：中部空港調査会の資料をもとに作成。

いように，慎重な場所探しが行われた。当初は内陸も含めて多くの個所が検討対象とされたが，最終的に知多半島の常滑沖合と，木曽川河口に近い鍋田に候補地が絞り込まれた（図3-14）。名古屋市，愛知県，岐阜県，三重県が主な受益自治体であるため，これらが一致して推す場所に建設するのが望ましい。しかし各自治体が希望する候補地は違っていたため，首長選挙の結果をふまえて最終的な候補地を決めることになった。最終的には，当初から愛知県が推してきた常滑沖に建設するという計画案で決着した。新空港の影響をもっとも受ける常滑市民は沖合5kmを希望したが，地質条件や建設費などを考慮した結果，沖合2kmの地点に空港は建設されることになった。

図3-15　航空機製造工場から中部国際空港への製品輸送ルート
出典：中部国際空港株式会社のウェブ掲載資料（http://www.centrair.jp/corporate/ir/pdf/kessan_setsumei2014_3.pdf）をもとに作成。

　開港が2005（平成17）年春とされたのは，この年の3月から半年間，名古屋郊外の東部丘陵地で開催されることになった愛知万博の見学者を国内外から迎え入れるためである。全国規模のイベントを誘致し，それを実現するためにインフラ整備を進めるという手法は，これまでにもしばしば行われてきた。愛知県が国際的な誘致合戦を制して実現にこぎつけた国際的博覧会の道案内役として，中部国際空港（セントレア）は開港した（中部国際空港株式

会社編，2006）。セントレアは国際的公募で空港のレイアウトを決めて建設したあとも，空港経営に民間活力を導入してサービス向上に努めている。このことは，年間利用客が500〜1500万人クラスの空港の中では最優秀という評価を毎年のように獲得していることからもわかる。空港の民営化は世界の主流になりつつあり，成田国際空港も公団経営から民営化され，関西国際空港も第三セクター方式から民間による経営へと変わった。

　セントレアは国内外から多くの観光客・ビジネス客を集めている。しかし利用は人間ばかりでなく貨物輸送も対象とされる。とくに産業構造が高度化している日本では，高付加価値製品が航空機で輸送される割合が高まっている。製造業の盛んな名古屋圏では名古屋港とともにセントレアが国際的なゲートウェイになっている。近年は，アメリカの航空機メーカーに納める旅客機の胴体部分が名古屋港の近くで生産され，それをセントレアまで船で運び，ここからアメリカへ直接空輸することも行われるようになった（図3-15）。自動車産業によって牽引されてきた名古屋圏では自動車メーカーの存在感が大きい。いまや世界最大の自動車メーカーになった企業の本社は名古屋圏にあるが，とくに名古屋駅前の高層オフィスビルに集結したこの企業とそのグループにとって，海外との連絡でセントレアの果たす役割は大きい。名古屋駅とセントレアは電車で30分たらずの距離にある。空港と鉄道の結びつきの良さは，今後，ますます重視されていくであろう。

第3節　用水事業，地盤沈下・河口堰問題，電気・ガスの供給

1．愛知用水，豊川用水が産業・生活に果たした役割

　第二次世界大戦直後の日本を立て直すには，国内に残されている資源を最大限活用する必要があった。温帯モンスーン気候に属する日本は降水量に恵まれており，水は自給できるものという思いが強い。しかし放っておけば川の水は海へ流れてしまうため，それを堰き止めなければ利用できない。堰き止めて貯めた水も，用水路をつくるなどして導かなければ，目的通りに利用することはできない。戦後の日本では各地にダムが築かれ，発電された電気が都市に送られて産業や生活のために供された。名古屋圏でも戦前から利用

されてきた岐阜県や長野県のダムに加えて愛知県，三重県でもダムが建設され水力発電や洪水調節のために利用されるようになった。当時はまだ現代のように流域の生態系に与える影響に対する関心は大きくなかったため，ダム建設が大きな社会問題になることはなかった。むしろ，都市部での産業発展や生活水準の向上のため，ダム建設は人々の期待と支持を得ながら進められた。

　名古屋圏の中心に位置する愛知県は，水利用の視点から見ると地域差が大きい県といえる。尾張では主要河川である木曽川の中，下流域や庄内川の流域，三河では矢作川流域と豊川流域は水に恵まれている。ただし，たとえ流域の中にあっても台地状の地域では水は得にくく，こうしたところでは近世以前から灌漑水路を設けるなどして新田開発が進められた。木曽川からの用水（木津用水，八田用水など）で農地が広げられた小牧原，春日井原一帯，矢作川の水を引いた明治用水で開田された碧海台地一帯は，そうした事例である。東三河の豊川流域では明治20年代に牟呂用水が灌漑用として設けられ，神野新田が生まれた。これに対し，尾張の知多半島，三河の渥美半島はともに水に恵まれない地域であり，県内では周辺部に位置づけられてきた。一般に半島は主要都市から地理的に遠いというハンディキャップがある。乏水地域であることが加わり，開発に取り残されやすい。

　知多半島，渥美半島の乏水性は地形的条件による。降水量そのものは他の地域と変わらないが，丘陵性の地形のため河川は短く，すぐに海へ流れてしまう。このためわずかな谷間を利用して溜め池を設け，それを農業に利用することが昔から行われてきた。しかし降雨に恵まれない年は農産物が生育せず，水に恵まれた濃尾平野の地域と比べると低い生産性に甘んじざるを得なかった。苦難は農業だけでなく，生活用水でも住民に苦しみを与えてきた。とくに半島の末端部では井戸水に海水が染み込むため，飲料水を得るのにも多大の苦労があった。農業や生活のために川から水を引こうにも近くに水源になる川は流れておらず，長年にわたり水との闘いに多くのエネルギーを費やさざるを得なかった。

　これら二つの半島の水問題は，愛知用水と豊川用水の建設事業によって劇的に解消されることになる。二つの用水事業に共通するのは，事業の計画と

推進に情熱をかけた先見性に満ちた人物がいたことと，巨大な国家プロジェクトともいえる大事業が実現できた時代に恵まれたということである。愛知用水では久野庄太郎・濱島辰雄の存在が大きく，彼らを中心として構想された事業計画が時の総理大臣を動かし，世界銀行からの融資を実現させた（愛知用水公団・愛知県編，1961）。豊川用水の場合は，県会議員・衆議院議員で豊橋市長もつとめた近藤寿市郎が視察したインドネシアの農業利水事業をヒントに，豊川上流から渥美半島の先端まで水を引く事業の実現に向けて奔走した。

　木曽川中流の兼山取水口から150kmもの距離にわたって用水路を建設することは，戦前では無理であったであろう。実際，愛知用水の建設時にはアメリカのコンサルタントの手助けを得ており，TVA事業も参考にされている。国際的スケールで実施された点に特徴があり，高度経済成長を後押しする役割も果たした。愛知用水は農業用の水を知多半島一帯に供給する目的で建設された。しかしその後の経過を見ると，この用水は農業用水としてよりも，むしろ生活用水や工業用水としての意義が大きかった。なぜなら，愛知用水が通っている愛岐丘陵の西側すなわち犬山，小牧，春日井，瀬戸，日進，豊明などでは，高度経済成長期に名古屋市などから溢れた人口を受け入れる住宅地となったからである。

　丘陵地や台地の多いこれらの郊外住宅地は生活用の水を愛知用水に頼っている。さらに，知多半島の臨海部に展開した製造業の中には愛知用水を工業用水として利用するものが少なくない（愛知県編，1993）。たとえば東海製鉄（現・新日鉄住金名古屋工場）では鉄鋼を生産するために大量の水を必要とするが，その水は愛知用水である。東海製鉄で生産された鉄鋼は，西三河で生産される自動車の車体やフレームとしても利用される。ということは，愛知用水は名古屋圏の代表的産業である自動車産業を支えてきたともいえる。渥美半島を縦走する豊川用水も，半島の付け根に立地した製造業にとって立地条件として欠かせなかった。しかし渥美半島は農業用水としての意義が大きく，そ菜や花卉など生産性の高い農業は豊川用水の存在なくしては考えられない（豊川用水研究会編，1975）。全国的視点から見た場合，渥美半島は東京圏，名古屋圏，大阪圏へのアクセスに恵まれている。市場近接性の優位条件に豊

川用水による栽培条件が加わり，高収益を誇る農業地域へと変貌していった。

２．地盤沈下問題，河口堰建設問題，用水路維持の努力

　日本の主要都市の多くは河川の近くに形成された沖積平野，あるいはそれに続く洪積台地の上に位置している。沖積平野の下には地下水が流れており，地盤は一般に軟弱である。地下水を過剰に汲み上げると地盤が沈下して地上の建築物に影響がでる。工業用水や生活用水として水道水が利用されな

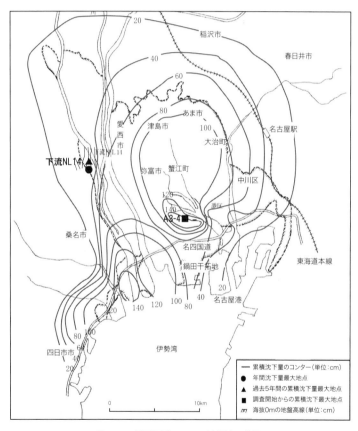

図3-16　濃尾平野における地盤沈下状況
出典：愛知県のウェブ掲載資料（http://www.pref.aichi.jp/cmsfiles/contents/0000085/85517/2014jiban-01.pdf）をもとに作成。

かった時代，もっぱら地下水が井戸水として汲み上げられていた。水道が普及し始めて以降も，基本的に無料の井戸水は魅力的であり，とくに生産費を抑えたい企業にとっては自前の井戸水は貴重な存在であった。近世以前から綿織物などの繊維業が盛んに行われてきた名古屋圏では，大量に水を必要とする事業所が多い。その結果，地下水の過剰な汲み上げが地盤沈下を引き起こす事態を招くようになり，深刻な公害問題として社会的に取り上げられるまでになった（多田・井関，1989）（図3-16）。ところがこうした問題も，高度経済成長が終わり，繊維産業が構造不況化するのにともない次第に忘れ去られて

図3-17　愛知用水第2期事業計画図（略図）
出典：愛知県編，1986, p.109をもとに作成。

いった。もちろん，地下水の汲み上げが厳しく規制されるようになったことも効果があった。沖積平野は堆積土砂と地下水の微妙なバランスの上で存在する。都市の生産基盤や生活基盤を維持するには，広域的視点に立つ外部性重視の思考が必要である。

　濃尾平野の地盤沈下を抑制するには，地下水の汲み上げを規制する必要が

ある。そのためには河川などを水源とする水道水を確保して工場や家庭に供給しなければならない。しかし，都市部に人口が集まり産業が活発になれば必要とされる水需要は増えるが，無限に増えていくわけではない。水を多く利用する産業からそうでない産業へ移行すれば，水需要は減少する。水の利用の仕方を改善し，これまでより少ない水で生産できるようにすれば，やはり需要は減少する。家庭においても，節水型のトイレや風呂などに切り替えれば，やはり需要は以前よりも少なくてすむ。木曽三川のひとつであり，これまでダムのなかった長良川に堰を設けて水を確保しようとする国の事業は，水需要が増えない現実社会からかけ離れたものになってしまった。河口付近の生態系に対する堰の悪影響を危惧する住民から堰建設に反対する声が上がったが，堰は建設された。利用するあてがなくても，国から応分の事業負担を求められた地元自治体はそれに応えなければならない。

　産業や生活のために建設された各種のインフラストラクチャーは，それを維持するためには努力を惜しんではならない。インフラは時間経過とともに老朽化していくため，再投資をして機能の維持を図る必要がある。利用が増えたり逆に減ったりすれば，それらに対応する必要もある。実際，先に述べた愛知用水や豊川用水では，水需要の増加に対応するため，いずれも第二期事業が実施された（図3-17）。愛知用水の場合，1961（昭和36）年に用水が完成して20年が経過し，用水路周辺の都市や産業に大きな変化があった。従来の水路設備では効率的に水を流すことができず，このため水路面を強固にするなどの機能強化が図られた（愛知県編，2005）。また，御嶽山の噴火の影響を受け，水源である長野県の牧尾ダムに大量の土砂が流入したため保水能力が低下した。これに対する事業も行われた。水路などの施設更新のために2,765億円，ダム堆砂対策として293億円が支出された。

3．電気・電力のエネルギー源と発電・送電網の広がり

　電気やガスは都市での生産活動や生活に欠かせない。名古屋圏における発電と電力供給の大半は，中部電力によって行われている。中部電力は第2章で述べたように，当初，名古屋電燈として発足した会社が，その後，さまざまな経過をたどって今日に至ったものである。静岡県の富士川以東は東京電

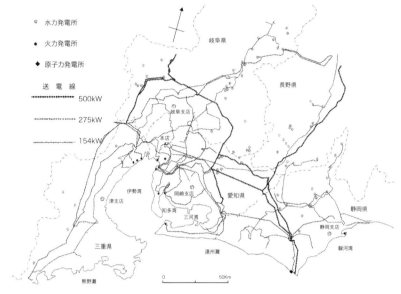

図3-18 中部電力の発電所と送電線の分布（2001年）
出典：中部電力の資料をもとに作成。

力の営業範囲に含まれるため，中部電力によるサービスは及んでいない（図3-18）。また，名古屋圏には含まれない長野県全域は中部電力によってカバーされている。こうした電力供給圏は，水力発電事業の歴史的経緯の中で定まっていった。2010（平成22）年度の中部電力の発電設備出力は3,282万kWであり，これは全国にある10電力会社全体の15.9％に相当する。東京電力（31.5％），関西電力（16.9％）についで第3番目に多い。全国における発電設備出力を種類別に見ると，火力60.2％，原子力22.4％，水力17.1％となっており，火力・原子力で8割以上を占めている。原子力発電所が1か所しかない中部電力では原子力の割合が11.0％と小さく，逆に火力は73.0％でやや多い。火力発電所は11か所あり，水力発電所は183か所を数える。石油・石炭・LNG（液化天然ガス）などを熱源とする火力主体の発電が中部電力の特徴といえる。ただしこれらは東日本大震災の前年の状況である点に注意する必要がある。

　原子力発電所は静岡県浜岡町にあるが，東京電力の原発事故を契機に稼働

が停止させられ，現在（2016年）もその状態が続いている。火力発電所は愛知県内に6か所，三重県に3か所あり，ほかに新潟県に1か所ある。10か所の火力発電のうち6か所はLNGを熱源としており，3か所が原油・重油，残る1か所が石炭である。火力発電所はすべて臨海部に立地しており，海外から輸入したLNG，石油，石炭が使用されている。2012（平成24）年に電力供給地域外の新潟県上越市に最新鋭の火力発電所が設けられたのは，長野県への供給コストが抑えられる点と太平洋側に集中する火力発電所のリスク分散が考慮されたためである。熱源の多くを占めるLNGの大半は中東のカタールから輸入されており，ロシア，インドネシア，オーストラリアがこれについでいる。2011（平成23）年の場合，ほぼ一日置きにLNG専用船が入港した。12万t級の専用船が運んできたLNGは，3.5日で消費される。

中部電力には180か所の水力発電所があるが，これを水系別に見ると，信濃川水系が44か所でもっとも多く，木曽川（39），天竜川（30），矢作川（25）の各水系がこれにつづいている。出力が15万kW以上の主な発電所は，奥美濃，高根第一，馬瀬川第一（以上，木曽川水系）と，奥矢作第一，第二（以上，矢作川水系）の以上5か所である。この規模の発電所は全国に42か所あるが，事業者が電源開発であるものを除けば，東京電力についで関西電力とともに2番目に多い。これらはいずれも揚水式の大発電所であるが，なかでも最大出力が150万kWの奥美濃発電所は，関西電力の奥多々良木発電所（兵庫県）についで全国で2番目に出力規模が大きい。

中部電力による電力の供給は，発電所と消費者の間を結ぶ送電網を介して行われている。途中に変電設備があり，その数は927か所にも及ぶ。主な設備は変電所であり，500kV変電所が9，275kV変電所が36ある。500kVの送電線は，原子力発電所のある静岡県浜岡町から愛知県の山間部を通り，岐阜県西濃地方から三重県の北勢地方に向けて伸びている。愛知県山間部の豊根村と岐阜市からそれぞれ北に向けて伸びる500kV送電線もある。これら以外の地域，とりわけ伊勢湾に面した都市地域では275kVの送電線が張り巡らされており，主には火力発電所から送電する役割を果たしている。送電設備のうち電線路の総延長は12,097kmにも及んでおり，そのうちの10.4％は地中に埋設された電線路である。

4．東邦ガスを中心とする都市ガスの生産・供給

　電気事業が単一企業によって行われているのとは対照的に，東海地方のガス事業は多くの事業体によって実施されている。なかでも広範囲にわたり大規模に事業展開しているのは愛知県の東邦ガスであり，尾張地方を中心に234.0万（2013年）の家庭や事業所に対して都市ガスを供給している（図3-19）。東邦ガスの場合，輸入した液化天然ガス（LNG）は知多LNG共同基地と四日市LNG基地の2か所で液体から気体へと変えられ，熱量調整・付臭されて都市ガスになる。また，LNG体制を補完するために，ナフサから天然ガスと同じ性状の代替天然ガス（SNG）を製造することも行われている。同社の年間ガス生産量は39.3億㎥（2013年）であったが，このうち93.5％はLNGであり，石油系ガスは6.5％にすぎなかった。1997（平成9）年までは

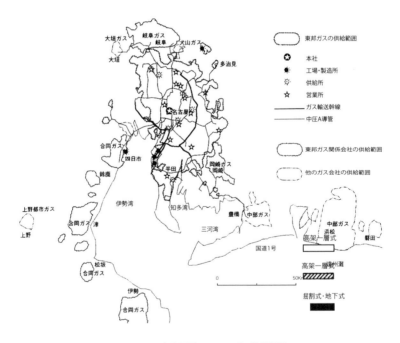

図3-19　名古屋圏におけるガス供給範囲
出典：東邦ガスの資料などをもとに作成。

石炭系ガスの生産も行われていたが，それ以降はほとんどLNGに特化したといってよい。一方，ガス供給先を用途別に見ると工業用が60.2％でもっとも多く，家庭用の18.9％，商業用の13.5％がこれにつづいている。近年は都市ガスを発電にも利用するガス，電気併用のコジェネレーション・システムが普及し始めており，2013（平成25）年の稼働実績は748千kWであった。

　東邦ガスによる都市ガスの供給地域は，大きくは4つのブロックからなる。本社のある名古屋市熱田区を中心に，知多半島・武豊までの南部，瀬戸，豊田方面の東部，春日井，小牧方面の北部，それに稲沢，一宮方面の西部である。これらのブロックは連続しているが，これとは別に岐阜県の多治見，可児，三重県の大安，員弁など飛び地的な供給地もある。ガスを製造する工場は，知多LNG共同基地を中心として付近に3か所，四日市，津にそれぞれ1か所ある。これらの工場で製造されたガスは10か所の供給所へ送られ，さらにそれぞれの供給先へと送られる。供給所は事業所や住宅の多い尾張部に6か所と多く，ほかに半田，四日市，桑名，津に置かれている。

　愛知県内では，東邦ガスのほかに中部ガス，犬山ガス，津島ガスがガス事業を営んでいる。このうち中部ガスは豊橋を中心とする東三河地方に対して天然ガスの供給を行っている。ただし供給先は県外にも及んでおり，浜名湖を越えて浜松，磐田など静岡県西部にも広がっている。供給先の住宅・事業所数は23.1万，ガス販売量は2.9億㎥であり，用途別割合（2013年）は家庭用22.3％，商業用9.6％，工業用60.0％であった。西三河にはかつて岡崎ガスがあったが，2003（平成15）年に東邦ガスと合併し，その供給エリアに組み込まれた。犬山，津島の両ガス会社は，犬山，津島をそれぞれ地盤として活動を行っている。

　岐阜県に目を向けると，以前は岐阜，各務原両市を含む2市9町を供給地域とする岐阜ガスがあったが，これも岡崎ガスと同じく2003（平成15）年に東邦ガスの傘下に入った。大垣には大垣ガスがあり，これは大垣市内の一部が供給先である。東邦ガスによる合併は三重県でも行われ，四日市，津，松阪，伊勢など7市5町1村を供給地域とする合同ガスが2003（平成15）年に東邦ガスに組み込まれた。合併以前の合同ガスの本社と供給センターは津にあり，四日市に製造所が置かれていた。三重県内陸部の名張地方には関

西を拠点とする大阪ガスグループに属する名張近鉄ガスがあり，新興住宅地向けの都市ガス，簡易ガスの製造と供給を行っている。

　先に静岡県西部では，豊橋に本社を置く中部ガスによってガスの供給が行われていると述べた。静岡県の中部から東部は静岡ガスのサービス圏となっており，静岡，富士，富士宮，沼津，三島など7市3町がこの中に含まれる。このほか，同社の関連会社として，掛川には中遠ガス，袋井には袋井ガス，そして下田には下田ガスがある。静岡ガスの供給先数は30.0万（1999年），ガス販売量は13.7億㎥である。用途別供給先の92.5％は家庭向けであり，商業用は6.1％，工業用は1.1％である。同様に販売量を用途別に見ると，工業用が47.2％でもっとも多く，卸供給用41.5％，家庭用6.5％がこれにつづいている。ガスは静岡市池田の静岡工場と富士市蓼原の吉原工場で生産されてきたが，1996（平成8）年に清水市袖師にLNG基地が設けられて以降は天然ガスへの転換が進んでいる。なお伊豆半島東部には，伊東市中心部を供給地域とする伊東ガスと，熱海市をベースとする熱海ガスがある。前者の供給先数は1.6万戸，後者は1.9万戸である。

コラム3
構造とその変化のとらえ方，考え方　－地理学構造論－

　構造やシステムという言葉はよく使われる。なんとなくイメージはつかめるが，はっきりしない場合も少なくない。よくわからないが，雰囲気で使ってしまう言葉は意外に多い。構造もシステムも，何らかのかたちをもっているとして理解されている。かたちを保つには絶えずエネルギーが補給されていなければならない。都市の場合でいえば，電気，ガス，上下水道，道路，情報網などを通ってさまざまなエネルギーが流れている。流れが止まれば都市は維持できなくなり，ゴーストタウンとなる。みるみるうちに都市は崩壊し構造も消え失せる。システムも機能不全に陥り，維持できなくなる。ともかく人，モノ，情報を含むあらゆるエネルギーが正常に動いたり流れたりすることで，構造は維持されシステムは存続する。

　構造改革とは，こうしたエネルギーの流れ方を変えることである。なぜ変えるか，それは現状が環境に合わなくなり，不都合な症状が現れるようになるからである。システム論では環境という言葉で表現するが，システムを取り巻いているより大

きなシステムのことである。太陽系があり，地球があり，大陸があり，国家や都市があるというように，階層的なシステムをイメージしている。都市が構造的に変化するとは，エネルギーの出し入れの仕方が変化することであり，ある程度の時間をおいて起こることが多い。人間に寿命があるように，都市を動かしているさまざまな技術革新にも寿命がある。より新しい技術革新が生まれ，やがてそれが古い技術革新に取って代わる。動かし方が変化し，気がつけば都市は変貌していたということになる。

　ものづくり地域といわれる名古屋圏でも，構造変化は繰り返し起こされてきた。繊維，陶磁器，木材をルーツとする産業の発展過程を見れば，どの時代に産業が構造的に変化したかがわかる。変化は時間的な現象であり，歴史的にとらえることが多い。歴史的に見てある時点や段階に注目し，その構造が空間的にどのように存在できているか，それを主に研究するのが地理学である。絶えずエネルギーを供給するための仕組みがどのように実現できているか，とくに都市を対象として都市地理学は明らかにする。当初は地元の資源を利用していたが，近代以降はより遠くから資源を得る方が経済的となり，供給の仕組みは変わっていった。経済学では市場取引という概念を拠り所にその成り立ちを説明しようとする。地元や遠方という場所や空間に注目しようとするとき，地理学が出番となる。

　純粋な経済を想定して理論を構築していく流れが主流をなした時代が長く続いた。しかし，そのような純粋理論では十分に説明できない現実があり，経済活動を単純な経済だけでなく，社会や政治なども絡めながら説明する立場がしだいに台頭するようになった。社会経済的あるいは構造論的アプローチと呼ばれる動きがそれであり，資本主義の本質的な基底部分にまで遡って説明しようとする。名古屋圏における製造業の発展を考える場合でも，個々の企業の合理的な経済行動を見ているだけでは十分とはいえない。生産基盤の整備ひとつ取り上げても，広い意味での政治的，社会的な意思決定がどのように作用したかを検証する必要がある。県自らが工業用地を積極的に開発して企業立地を促進してきた愛知県が製造業出荷額全国第一位の地位を保っていることを考えると，そのような思いを強く感ずる。

第4章　工業化による経済発展と都市構造

第1節　戦後の工業化と臨海部，内陸部の工業用地

1．戦後の工業発展と臨海部を中心とする工業用地

　1977（昭和52）年以降，愛知県は工業生産額全国第一位の記録を続けている。隣接する岐阜県，三重県を含めて名古屋圏における工業活動は活発であり，先進工業国・日本の中にあって重要な役割を果たしているといえる。愛知県は第二次世界大戦以前においても，東京，大阪，兵庫，神奈川などとともに工業生産で全国的に上位に位置する県であった。それが1970年代中頃からこれらの都府県を抜いて全国一の地位に躍り出たのは，それなりの理由がある。基本的に戦後日本の経済復興は，戦前からの遺産を引き継ぎながら，軽工業主体の工業構造から重化学工業に重きをおいた構造への切り替えを図り，外貨を獲得するために輸出指向をめざすというものであった。そのためには土地，労働力，資本，技術が不可欠であるが，とくに工業用地と，市場の大きさでもある労働人口の集積という面で愛知県は有利な立場にあった。資本と技術では，戦前からの蓄積に加えて外部資本の導入や技術移転への取り組みといった面で努力が積み重ねられた。

　図4-1は，愛知県における製造業の発展の系譜を図式化して示したものである。近世以前から続く地場産業の伝統を継承しながら近代工業化を推し進め，さらに第二次世界大戦後は新たな製造業分野がつぎつぎに切り開かれていったことがわかる。あとから振り返ってみると，製造業はたいした苦労をすることもなく，順調に発展して新分野を広げていったように見える。しかし実際はそうではない。さまざまな紆余曲折，試行錯誤を繰り返しながら，製造活動は続けられていった。次の時代に求められるものを探り当て，技術革新を積み重ねていった結果が戦後の製造業の発展につながった。市場は地元よりもむしろ全国や世界へと広がり，愛知の工業製品はつぎつぎに送り出されていった。関わったのは地元ゆかりの企業だけではない。他地域から流

108

名古屋圏の都市地理学

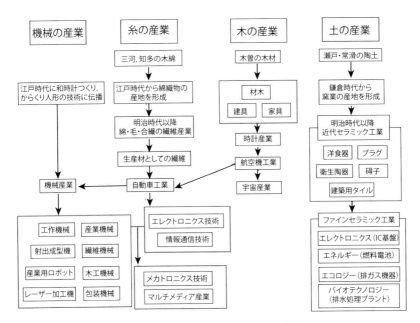

図4-1　愛知県における製造業発展の系譜
出典：名古屋市市民経済局，2001などによる。

入した企業も生産条件の有利性を生かして生産に加わった。有利な生産条件が新たに企業を呼び込み，集積が集積を誘発するという好循環が働いた。

　戦後の工業発展は，戦時中に軍需工業体制に組み込まれていた工業を平時の姿に取り戻すことから始まったという点はひとつのポイントである。戦災を被った生産設備を廃棄・整理し，日常生活に必要な製品を生産することが緊急の課題であった。繊維工業の復活はその取掛かりであり，1950（昭和25）年の愛知県における工業出荷額の43％は繊維工業によって占められた。繊維工業を含む軽工業全体で見ると，70％にも達した。ところがその後は機械工業，金属工業のウエートが増加し，1965（昭和40）年には両者合わせて40％を上回り，逆に繊維工業は50％を下回るようになった。この時期の工業発展には朝鮮戦争にともなう特需的要因がきいていた点にも注目する必要がある。第二次世界大戦が終了したにもかかわらず，再び新たな戦争に巻き込まれた朝鮮半島を尻目に，日本は工業化を押し進めることができた。愛知

県の工場数は 1966（昭和 41）年の時点で東京についで全国第 2 位，従業者数は東京，大阪についで第 3 位，そして生産額は東京，大阪，神奈川についで第 4 位であった。従業者数，生産額になると順位が下がるのは，愛知県の企業は相対的に規模が小さかったからである。

　戦後も間もない時期，戦時中に軍需工場として使われていた工場の跡地や演習場の跡地などが工場用地として利用された。ところが，高度経済成長が始まろうとしていたこの頃，内陸部に分散する空地の多くはせいぜい 1 ～ 2 万坪（3.3 ～ 6.6 万㎡）の広さしかなかった。全体としては 35 万坪の広さにもなるが，大規模な工業化を始めるには十分とはいえなかった。全国的視点から見た場合，戦前からの工業化がすでに進んでいた京浜工業地帯や阪神工業地帯では新たに広い工業用地を見いだすのが容易ではなかった。両工業地帯では臨海部の埋め立ても進んでおり，さらに埋め立てを行う場合，京浜では 370 万坪，阪神では 150 万坪程度が可能といわれていた。これに対し工業化の時期が相対的に遅れた名古屋圏では，愛知県の推計によれば，1,500 万坪も埋め立てが可能であった。内陸部の分散的用地とは異なり，臨海部のまとまった用地であるため大規模な工業化が可能であった。

　このように，遠浅の海岸線に恵まれていたという自然条件，工業化が東西の工業地帯より遅く，それだけ用地面での可能性が残されていたということが幸いした。1,500 万坪の内訳は，名古屋南部臨海が 433 万坪，名古屋南西部臨海が 374 万坪，荒子川が 180 万坪，それに衣ヶ浦臨海が 342 万坪，東三河臨海が 125 万坪，塩津臨海が 43 万坪であった。つまり埋め立て可能な臨海部は尾張だけでなく，西三河，東三河にもあった。このうち名古屋南部臨海では，鉄鋼，石油化学，電力，造船などの重化学工業が，のちに埋立地に立地していった。また名古屋南西部臨海では，名古屋港の埠頭用地として埋立地が活用された。注目すべきは，こうして生まれた埋立地を造成するために必要とされた土砂の大半は名古屋港の浚渫土砂であったという点である。遠浅という不利な自然条件を克服して建設された名古屋港は，つねに浚渫していなければ航路が確保できないという宿命を抱えている。港湾としては不利な自然条件が臨海部に広大な工業用地を生み出すことを可能にした。

2．埋め立て臨海工業地帯での工業用水の確保

　名古屋南部臨海工業地帯と呼ばれるようになる地区は，名古屋港の航路を確保するために浚渫した土砂を用いて造成した埋立地である。ここには東海製鉄，大同製鋼，愛知製鋼など製鉄関係の企業が立地していった。製鉄業は鉄鋼をもとに工業製品を製造する企業にとってなくてはならない工業である。名古屋圏の金属工業，機械工業，自動車工業などの発展に不可欠な企業群が，臨海部の埋立地に工場を設けていった。このうち愛知製鋼は，第2章でも述べたように，戦前は豊田製鋼といい，トヨタ自動車工業のボディをつくるための鉄鋼を生産していた。豊田自動織機が自動車の生産に乗り出したのを受けて1940（昭和15）年に豊田製鋼が刈谷に設けられたが，そのとき，のちに東海市になる上野町に知多工場が建設された。衣浦湾に面する刈谷ではなく，名古屋港に近い知多半島の西側での生産拡大を計画していた。上野町が選ばれたのは，名古屋港に近いこと以外に，埋め立てを想定した用地拡大の可能性が大きかったからである。さらに重要なことは地形的条件であり，知多半島西側の付け根付近は地盤が硬く，地下300mほどから水を汲み上げても地盤沈下が起こる恐れはなかった（大矢，2013）。製鉄業は冷却用に大量の水を必要とするため，水が得やすいことは欠かせない条件である。

　1945（昭和20）年に豊田製鋼から愛知製鋼へと名前を変えたこの企業は，その後，トヨタ自動車工業が自動車生産の規模を拡大するのにともない，自身も生産規模を大きくしていった。それが名古屋南部臨海工業地帯第1区での新工場建設であった。用地面積は193万㎡で1961（昭和36）年6月から埋め立て工事を開始し，翌年，第1期工事を終了して圧延工場での操業を始めた。ところがここでの操業は，地下水を汲み上げて操業していた知多工場時代とは違っていた。1956（昭和31）年5月に制定された工業用水法が地下水の過剰な汲み上げによる地盤沈下の防止を目的としたため，これにしたがわざるを得なかった。規制を受けて，南部臨海工業地帯では愛知県営工業用水道あるいは名古屋市営工業用水道から水の供給を受けることになった（図4-2）。このうち愛知県営工業用水は，1961年（昭和36）12月から始まった愛知用水第1期事業による水の供給も含んでいた。第3章で述べたように，愛知用水は当初，水不足に悩まされてきた知多半島に農業用水，生活用水を供

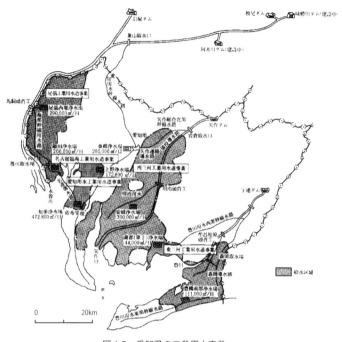

図4-2　愛知県の工業用水事業
出典：愛知県編，1986，p.85をもとに作成。

給するために計画された。しかし給水開始時は農業や生活のためばかりでなく，工業用にも利用されたのである。

　愛知製鋼の鍛造工場は実質的にはトヨタ自動車工業が所有していたといってよい。工場での生産は愛知製鋼の従業員による「場内外注加工」と呼ばれる方式で生産されたからである。トヨタ自動車工業は1967(昭和42)年当時，月産7万台を生産していたが，これを1969(昭和44)年には13万台に増やす計画をもっていた。この増産計画を受けて，さらに鍛造品のコストダウンを図るために1970(昭和45)年には既設工場の北側に第2鍛造工場を建設し，さらに1971(昭和46)年には第3鍛造工場を完成させた。トヨタ自動車工業の増産計画はさらにつづき，1978(昭和53)年には月産30万台体制を実現するために衣浦工場を，さらに1979(昭和54)年には田原工場を建設していく。これらの工場は，いずれも愛知県企業局が臨海部に埋め立てて用意

した工場敷地に建設されたものである。これら2工場でも工業用水は立地条件として不可欠であり，衣浦工場は愛知県の西三河工業用水道が，また田原工場では東三河工業用水道が水を供給した。

3．自動車生産の拡大と自治体合併によるサポート

　海外から鉄鉱石や石炭，石油などを輸入し，これらの資源をもとに鉄鋼を生産し，さらにそれを素材として加工品をつぎつぎに生産していく。自動車の場合，最後は沢山の部品を組み立てて完成車になるが，とくに重要なのはエンジンの製造である。トヨタ自動車工業の場合，エンジンは旧挙母町，すなわち現在の豊田市内にある本社工場，元町工場で生産された。同社は月産5万台達成構想を1961（昭和36）年に計画し，1965（昭和40）年にそれを実現するための用地を探し始めた。当時，豊田市内の台地にはトヨタ自動車工業の工場とその関連工場が多く立地しており，市内に新たな工場適地を見いだすのは難しかった。当時，豊田市内には矢作川を挟んで右岸に挙母地区があり，左岸に高橋地区があった。挙母地区の南側に位置する上郷町は1961（昭和36）年に町制を敷いたが，その前年に工場誘致条例を定めて工場誘致に乗り出していた。当時はどの市町も工場誘致に熱心であり，岡崎市（1953年），刈谷市（1954年），挙母市（現・豊田市）（1954年），高岡町（1958年）などに続いて，安城市（1961年），三好町（1961年）なども工場誘致運動を行っていた。

　こうした中にあって愛知県は，1960（昭和35）年に上郷村の上野地区10.9万坪を県内陸工業用地に指定した。当時，現在のトヨタ自動車は自動車工業と自動車販売の2つに分かれており，トヨタ自動車販売は自動車工業から自動車を購入して販売していた。自動車の生産台数が増加すれば販売のために要する物流スペースも広げなければならない。愛知県が造成した上郷工業団地のうち37.9万㎡の用地を購入したのはトヨタ自販である。自販は工業団地内に1か月で7,000台が取り扱えるモータープールを1965（昭和40）年に建設し，1968（昭和43）年には部品供給体制を強化するため部品倉庫を建設した（大矢，2013）。1970（昭和45）年に岡崎駅と北野桝塚駅の間を結ぶ岡多線が開通したため，自販は北野桝塚駅から上郷モータープールに至る引き込み線を設けた（図4-3）。鉄道で完成車を運ぶというアイデアがこれで実現し

113
第4章　工業化による経済発展と都市構造

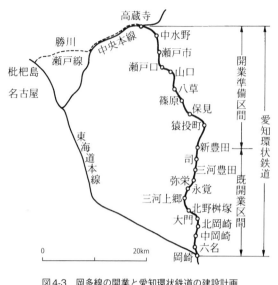

図4-3 岡多線の開業と愛知環状鉄道の建設計画
出典：愛知県編，1986，p.109をもとに作成。

たが，この事業は3年間しか続かなかった。なお，当初，岡崎と多治見を結ぶ構想で建設が始まった岡多線は，その後，計画が大きく変更され，多治見ではなく高蔵寺に向けて環状方向に走る愛知環状鉄道として建設が進められた（愛知環状鉄道20年史編纂委員会編，2008）。

　愛知県が造成した上郷工業団地の北側に上郷町が工業適地として推奨する土地があった。通産省も工業適地として認めるほど給排水，地盤条件にも恵まれていた。この場所はトヨタ自動車工業から見た場合，本社工場，元町工場への距離は5kmほどでしかなく，東名高速道路が開通すれば利用が可能になる豊田インターチェンジへの連絡道路にも近かった。自工はここにエンジンを製造する第3工場を建設するため，上郷町に土地の取得を申し出た。上郷町はこれを受け入れ，当時すでに年間生産額が2,000億円を超える大企業と年間の予算が7,000万円ほどの自治体の間で土地譲渡の契約が交わされた。用水や道路など今後のことを考えると，この契約締結を契機に豊田市と一緒になるのが双方にとって得策であるという認識が共有された。その結果，1964（昭和39）年に上郷町は豊田市に編入されたが，以後，これと同じことが豊田市とその周辺の自治体の間で繰り返し行われた。土地と労働力を求める大企業の生産基盤を政治的，行政的側面から支えるために周辺の自治体を豊田市に組み入れていくという手法が多用された。

　図4-4は，1980年代初めの豊田市内における工場の分布を示したものであ

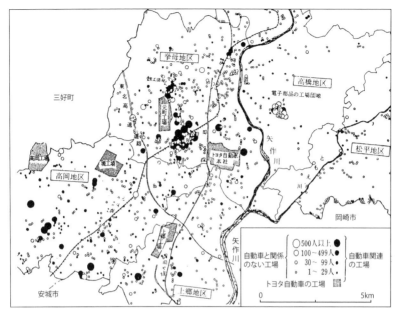

図4-4　豊田市における工場の分布
出典：豊田市総務部編，1982，p.62による。

る。矢作川右岸側のかつて論地ヶ原と呼ばれていた段丘上にトヨタ自動車工業の本社と本社工場がある。トヨタの工場はこの本社工場のほかに，先に述べた上郷工場（1965年生産開始）をはじめ元町工場（1959年生産開始），堤工場（1970年生産開始），高岡工場（1965年生産開始）が本社の西側に展開している。トヨタの主力工場は合併して豊田市内に組み入れられた旧町だけでなく，西隣の三好町（現・みよし市）の下山工場，明知工場などほかにもある。図から明らかなように，主力工場の周辺には大小の自動車関連工場が分布しており，自動車工業が数多くの部品を生産する工場群によって支えられる典型的なアセンブリー工業であることがよくわかる。工場が互いに近接していることは，業務の委託，指導，交渉，打ち合わせ，調整，納品などにとってきわめて重要である。矢作川中流域に広がる段丘状の台地は，日本最大の自動車工業を育む舞台としての役割を果たしてきた。

115
第4章　工業化による経済発展と都市構造

第2節　石油ショック後の産業高度化と地域経済の変貌

1．石油ショックへの対応と名古屋市からの工場流出

　1973（昭和48）年11月に起こった第一次石油ショックは，戦後の世界経済の土台を揺るがすほど大きな出来事であった。それは石油価格の急激な高騰によって安価な石油資源を前提に生産してきた産業に対して方針転換を迫るという重大な役割を結果的に果たした。おそらく当事者は，こうした事態を想定することなく原油供給量を人為的に抑制したのであろう。しかし結果は，高騰した石油をできるだけ使わない，石油に代わるエネルギーの利用を増やそうという方向へ産業界と国民生活を誘導した。この年，名古屋南部臨海工業地帯の南3区では石川島播磨重工業が知多工場を完成させ，操業を開始した。造船は加工貿易を国是として経済発展を続けてきた日本にとって，海上輸送を支える重要な役割を担ってきた。知多工場は，かつてここで造船事業を行ってきた名古屋造船・名古屋重工と東京資本の石川島播磨重工業が1964（昭和39）年に合併したのを受けて設けられたものである。石川島播磨重工業は1966（昭和41）年に20万t級の「出光丸」，1975年（昭和50）には48万tの「日精丸」を建造して世界的に話題になったが，その後は造船以外の分野への事業投資を重視するようになった。知多工場での生産も大型構造物の製造が中心であった。

　石油ショックによる原油価格の高騰は石油の使用量を抑える方向に作用するため，これはタンカー需要の減少にもつながる。しかしより根本的なことは，安価な石油を前提とする産業構造が成り立たなくなったという点である。石油の高騰は他のエネルギー・資源の価格上昇と連動したため，製品価格に対して資源・エネルギーコストの大きな産業は立ち行かなくなった。名古屋圏ではユニチカ名古屋工場の閉鎖（1975年），昭和染工の事業閉鎖（1975年），帝人名古屋工場の操業停止（1978年），住友アルミニウム精錬名古屋工場の精錬部門の設備凍結（1979年）など，資源・エネルギーコストの大きな工業で撤退が続いた。構造不況化したこれらの産業や部門は，地価・労働費・エネルギーコストなどが高い大都市では操業ができなくなった。

大都市・名古屋から消えていった工業は，石油ショックだけが消滅の原因ではない。石油ショック以前は資源・エネルギーを大量に使用するいわゆる重厚長大産業が全盛期を迎えており，1964（昭和39）年の東海製鉄第一号高炉完成，1967（昭和42）年の東海製鉄と富士製鉄の合併などはその象徴であった。これによって鉄鋼生産量は増え，金属，機械，自動車などの工業は発展できた。しかし発展を続けるには工業用地や労働力を増やす必要があるが，名古屋市内でその条件を満たすことはできなくなっていた。大気汚染，地盤沈下，振動，騒音など公害問題は深刻化する一方で，産業の発展と安定的な市民生活の両方を実現することは困難であった。国は大都市地域から工業機能を周辺部へ移転させる目的で「工業再配置促進法」を1972（昭和47）年に制定した。名古屋市も移転促進地域に指定されたため，規模拡大を願う企業は市外に移転先を見つけなければならなくなった。名古屋市内から周辺部へ生産拠点を移す動きは法案制定以前からあり，山崎鉄工所本社工場の丹羽郡大口町への移転（1965年），荒川車体本社工場の豊田市への移転（1968年），東洋プライウッド本社工場の海部郡への移転（1971年）などが続いた。主要工場の流出はその後も続き，中部紡績名古屋工場（1975年に半田市へ），東洋工機（1976年に岐阜県加茂郡へ），曽我ガラス（1980年に小牧市へ）などが名古屋市内から消えていった。

　こうして名古屋市からの工業流出は続いたが，移転先の多くは愛知県内であり，県全体としての工業生産額は増加し続けた。そして石油ショックから4年が経過した1977（昭和52）年，愛知県の工業出荷額は大阪府を抜いて全国第一位になった。それ以降，現在に至るまで全国一の地位は維持されている。1980（昭和55）年には日本の自動車生産台数が世界一になるが，それはトヨタ自動車工業をはじめとする日本の自動車企業が世界にさきがけて燃費のよい省エネカーの量産化に成功したことが大きかった。石油依存度低下の動きは産業全体に及び，省エネ化を実現した自動車をはじめ多くの工業製品が名古屋港から海外へ輸出されていった。

　図4-5は，1983年当時の名古屋市内における主な工場と工業集積地域を示したものである。近代初期の名古屋の工業化は市街地の中でまず始まり，その後，名古屋港の開港に刺激されて南部臨海地域でも工業立地が進んだ。こ

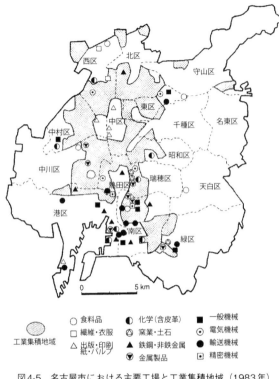

図4-5 名古屋市における主要工場と工業集積地域（1983年）
出典：名古屋市都市計画局編，1987による。

の図は1980年代に，依然として市の南部に主要な工場が集まっている状況と，市街地の中にも規模の小さな工場が分布している様子を示している。北部の矢田川沿いにもかつては規模の大きな工場が立地していたが，この時期には市外へ流出してしまい見られない。市の東側にはまったく工場はなく，この地域は歴史的に見ても製造業とは無縁の場所で

あったことがわかる。名古屋市はこの地域を住宅，商業・サービス，交通・流通のための空間として位置づけており，移転する工場もここを選ぶことはなく，その外側の尾張北東部，西三河の工業適地への移転をめざした。

2．道路網の整備・拡充とコンテナ化による港湾の機能強化

　企業の経済活動は個々の企業の経営判断にもとづいて行われる。石油ショックのように経済や社会に大きな影響を与える出来事が起これば，それにいかに対応するか企業は個別に判断して行動する。これに対し，企業活動を支える種々のインフラはもともと公的性格をもっており，それほど簡単に方向が転換できるものではない。道路，鉄道，港湾，空港などのインフラは

生産ばかりでなく，生活，社会，文化など多方面に影響を与えるし，また完成するまでに長い時間を要する。名古屋圏では鉄道，道路，空港，港湾で着実な進展があり，こうした交通インフラの充実が愛知県の工業出荷額全国一の地位を支える働きをしたといっても過言ではない。日本で最初に建設された名神高速道路（1965年），4年後にこれとつながった東名高速道路，さらにその3年後に小牧～多治見間が開通した中央自動車道は，本格的な自動車交通時代の到来を象徴する交通インフラであった（片平編，1965）。それまで名古屋市内の物流施設で行われてきた貨物の取扱業務が高速道路のインターチェンジ付近に立地した倉庫やトラックターミナルで行われるようになった。名古屋市外に流出した工場への原料輸送や工場から出荷される製品の輸送は高速道路を使って行われるようになった。

　鉄道では1973（昭和48）年に中央本線の全線電化が完成し，名古屋市内の地下鉄も中心部から郊外に向けて伸びていった。1年後の1974（昭和49）年に市電が全廃されたのは象徴的である。地上は自動車交通で埋め尽くされ，公共輸送手段の主役を地下鉄が担うことが決定的になった。地上の道路上で年々，激しくなる渋滞の解消を目的に建設構想が打ち上げられた高架式の都市高速道路は，当初の目論見通りには進まず12年間，凍結された。しかしその後に再開された建設は順調に進んで1980年代中頃から都市高速道路は実質的に機能するようになり，名古屋とその周辺部の間の自動車による移動時間は大幅に短縮された。岐阜，岡崎，知多，四日市，多治見方面へ向かう国道の整備も進み，名古屋圏の交通網はいよいよ便利になった。

　道路交通，鉄道交通と比べると，港湾交通に目が向けられることは多くない。名古屋港は名古屋の都心部から10kmも離れた位置にあり，横浜，神戸などと比べると市民や県民がそれほど頻繁に訪れる場所ではないからである。しかし加工貿易で発展してきた名古屋圏の産業にとって，名古屋港が果たしてきた役割は大きかった。戦後復興期の港湾にあっては，まず戦前並みの機能を回復することが最大の目標であった。これが達成されると，今度は次なる目標に向けて港湾の機能強化を図る必要性が生じてきた（浦田，1980）。1960年代にコンテナリゼーションの波が押し寄せてきたからである。この革命的ともいえる輸送手段の変化に乗り遅れたら，取り返しのつかない

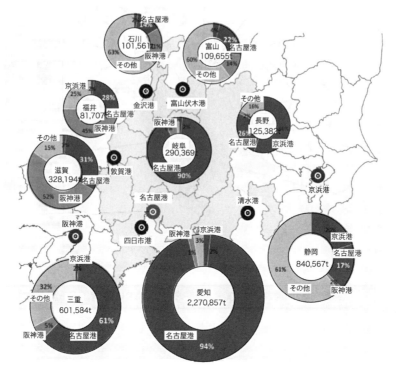

図4-6　輸出入コンテナ貨物の港湾別利用状況（2013年）
出典：全国輸出入コンテナ貨物流動調査，2013などによる。

ことになる。一日も早く国際標準に適合するように港湾施設を革新する必要があった。国は1967（昭和42）年に外貿公団埠頭法を施行し，コンテナ埠頭を整備・運営する公団を京浜と阪神に設立した。名古屋港には公団は設立されなかった。このため名古屋港ではコンテナ埠頭を借り受ける邦船中核6社と名古屋港管理組合が共同出資をして特許会社を設立し，東西のコンテナ埠頭公団と同じ機能が果たせるようにした。特許会社である名古屋コンテナ埠頭は金城埠頭でコンテナターミナルの整備を行い，1970（昭和45）年からガントリークレーンによるコンテナ取り扱いを始めた。

　金城埠頭の外貿重量物岸壁は水深が10mと浅く，船舶の大型化が進む将来を考えると十分とはいえなかった。そこで新たにコンテナ専用の埠頭を建

設することになり，金城埠頭とは別にその西側（西4区）に2バースの埠頭が1972（昭和47）年に完成した。新しいコンテナ専用埠頭は水深が12mで大型船にも対応できた。しかし年々，コンテナ取扱量が多くなっていくため1983（昭和58）年にはさらに1バース増やして3バース体制を確立した。これに合わせてコンテナ埠頭の内側では流通センターの整備が進められ，陸海一体の積み降ろし体制がつくられていった。こうした動きと並行するように，長距離カーフェリー専用埠頭の建設と輸出自動車の積み出し専用埠頭の建設も進んだ。鉄道に代わってトラックで長距離を輸送するスタイルが普及していったこと，省エネカーの開発・商品化を受けて海外市場向け自動車の輸出が急増したことが，これらの背景にある。

図4-6は，中部地方の県別に輸出入コンテナ貨物の港湾利用状況を示したものである。予想されるように，愛知県と岐阜県では名古屋港を利用する割合が90％を超えるほどである。三重県も60％を名古屋港に依存しているが，地元には四日市港があるため30％ほどは四日市港を利用している。滋賀県，福井県は阪神港への依存が半分ほどで，30％は名古屋港の利用である。長野県は京浜港の利用が過半を超えるが，4分の1は名古屋港を利用している。京浜，名古屋，阪神の諸港の間でもっとも違っているのは，東西の港湾が輸入主体であるのに対し，名古屋港は輸出のウエートが大きいという点である。製造業出荷額が全国一の愛知県，それに隣接してやはり製造業が盛んな三重県，岐阜県は，全国一の貿易黒字を稼ぎ出している名古屋港の存在なしでは考えられない（名古屋港管理組合総務部振興課編，1981）。

3．円高の進展，輸出向け産業の苦境とハイテク工業化

日本企業は石油ショックをうまく乗り切って省エネルギー型の工業製品をつぎつぎに開発し，それらを商品化して海外に送り出して多くの外貨を稼ぐようになった。日本製品をもっとも多く輸入したアメリカは財政赤字と貿易赤字のいわゆる双子の赤字を抱え，その打開策を模索していた。1985（昭和60）年のプラザ合意のポイントは，アメリカのドル安，日本の円高を国際的に容認するという点にあった（宮崎，1988）。これを契機に日本では一気に円高が進み，輸出企業はこれまでのようには輸出ができなくなった。円高不況

が日本経済を襲い，このため内需拡大への方向転換が叫ばれるようになった。名古屋圏の輸出向け産業は岐路に立たされ，採算割れする企業は淘汰の道を歩むほかなかった。生き残ろうとすればよりいっそうの合理化につとめ，強い国際競争力を維持して海外市場を死守するしかない。それがこの時期の企業に課せられた命題であった。

名古屋圏では繊維産業とともに陶磁器産業が伝統的産業として近代以降も生産を続けてきた。他の陶磁器産地とは異なり，この地方の陶磁器産業は海外への輸出も手がけて発展してきた歴史をもつ。ところが急激に進む円高によって業績の悪化が避けられなくなり，操業を停止するか内地向けに転換するか，岐路に立たされていった（柿野，1988）。その中心ともいえる瀬戸産地では，輸出向けのディナーセットや玩具・置物のいわゆるノベルティを製造していた企業の操業停止があいついだ（図4-7）。すでに繊維産業では国際競

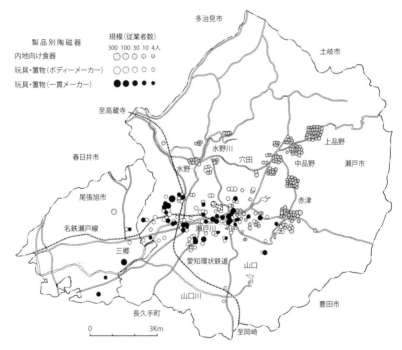

図4-7　瀬戸市・尾張旭市における製品別陶磁器生産事業所の分布
出典：林，1985による。

争力の低下にともない，生産拠点の海外移転や他分野への転進が進められていた。同じことが陶磁器産業でも見られるようになり，海外での生産で状況を乗り切ろうとする企業も現れた。国内に残ろうとする場合は，食器以外にニューセラミックスやファインセラミックスなど，セラミックスの特性を生かした新たな製品開発に取り組まなければならなくなった。しかし，同じセラミックスでもニューとオールドでは生産技術や市場がまったく異なっており，容易には転換できない。国内向け食器市場は内需拡大政策とバブル経済形成に後押しされ活況を呈した。

1985（昭和60）年5月に名古屋市にファインセラミックスセンターが設立されたのは，陶磁器産業の将来性を思い描いてのことであった。11月には名古屋市工業研究所に電子技術総合センターが開設された。これもまた，製造業のハイテク化を電子技術の力を用いて進めていく目的からである。前年の1984（昭和59）年には三重県の多度町に富士通が半導体工場を設けて操業を開始した。1987（昭和62）年の名古屋ファッション協会の設立，1988（昭和63）年の国際超電導産業技術センターの開設など，産業分野のハイテク化，ファッション化がこれからの切り札として各方面に浸透していった。1989（平成元）年6月に笠寺ハイテク企業団地が名古屋市内に生まれたことが，こうした状況を象徴している。この年の7月から11月にかけて名古屋市では世界デザイン博覧会が開催された。市制百周年を記念してのイベント開催であったが，名古屋市が製造業の集積地から非製造業すなわち卸売業，小売業，サービス業の集積地へと変貌していく過程を内外に示すイベントであった（日刊工業新聞名古屋支社編，1989）。

1990（平成2）年に名古屋市は特別工業地区建築条例の一部を改正し，市内での工場立地規制を大幅に緩和した。これは1960年代，70年代の公害問題を受けて製造業の工場を周辺部へ追い出したことに対する反省からとられた措置である。工場を追い出せば雇用と税収でマイナスが生じる。サービス経済化は避けられないが，サービス的なものづくりもありうる。ハイテク化が進めば，広い土地がなくても生産が可能な都市型産業が生まれる可能性がある。この年の4月には名古屋ソフトウエアセンターが設立された。翌年の4月には国際デザインセンターが生まれ，さらに12月には名古屋ビジネス

図4-8　名古屋圏における研究開発型プロジェクト
出典：東海総合研究所編，1998，p.103による。

インキュベーターが金山に誕生した。1993（平成5）年9月には中部航空宇宙産業振興センターの発足，10月の理科学研究所名古屋研究所の設立など，新産業に向けて取り組む動きが明確になった。

図4-8は，1990年代末期における名古屋圏の研究開発型プロジェクトを示したものである。高度経済成長期に臨海部を中心に重厚長大産業が盛んに活動していた面影はほとんどない。当時，製造業をリードしていた名古屋市もこの時点ではその役割を終え，内陸部の守山区にサイエンスパークを設けて次世代型産業の研究開発に力を入れるようになった。このサイエンスパークに代表されるように，製造業の関心は次の時代をリードする分野に向けられ，その可能性を見いだすのに必死であった。国の第四次全国総合開発計画で名古屋圏では4か所の研究学園都市が指定された（松村，2000）。守山区のサイエンスパークはそのひとつであり，愛知県は東部丘陵，岐阜県は東濃西部，三重県は鈴鹿山麓に，それぞれ拠点を構え

た。これら以外に，大垣，岡崎，豊橋，日進，大府などにも，類似目的の大学や国，県の研究施設が置かれた。いずれも研究開発型であり，バイオ，生命，環境，メカトロニクス，新素材，情報，メディアなどをキーワードに，研究体制が整えられていった。海外のモデルを日本流に仕立て直して生産するという高度経済成長期のスタイルがもはや通用しない段階に至っており，独創的な研究開発力で世界と勝負する時代に移行していった。

4．バブル経済崩壊からの立ち直りと元気な名古屋圏経済

1970年代の二度にわたる石油ショックで世界経済は方向転換を余儀なくされた。ソ連，中国などの社会主義国では，これまで得意としてきた量産体制が行き詰まり，その結果，ソ連の崩壊，中国経済の改革・解放へと歴史は動いた。東西冷戦構造の終焉は，資本主義・市場主義経済が世界化していくそのスタートを意味した。労働力の国際分業を生かした地球規模での工業生産が始まり，先進諸国はそのような体制下で次なる産業構造をいかにつくりあげていくかが問われるようになった。ただし日本ではバブル経済の崩壊とその後の長期デフレ経済という課題が重くのしかかり，その処理に向けて産業の再編と都市空間再構築への取り組みが始められた。

全国的に名が知られている大手の都市銀行は，バブル期に大量に貸した資金が回収できないという状況に追い込まれた。不良債権を処理するためには，銀行自身が身を削り企業合併などによって合理化を進め，体質を強化する必要があった（日本経済新聞社編，1990a）。2004（平成16）年に名古屋圏を地盤とする東海銀行と関西が拠点の三和銀行が合併してUFJ銀行が生まれたのは，大手都市銀行が生き残り策を模索した結果である。4年後の2008（平成20）年にUFJ銀行は東京三菱銀行と一緒になり，東京，名古屋，大阪をベースとする大都市圏型の銀行へと生まれ変わる。銀座の土地が一坪当たり1億円にまで上昇した東京に比べると，名古屋圏での値上がりはそれほど大きくはなかった。「名古屋金利」という言葉があるように，名古屋圏では企業は銀行から資金を借りたがらず，その結果，金利は低くなりやすい。本業よりも土地や不動産などの財テクに熱を上げる気風も，ものづくり風土では強くなかった。しかし名古屋圏を代表する有力な都市銀行の本店機能が名古屋か

ら消滅するという事実は，地元企業の金融取引や地元地方銀行の勢力関係に大きな影響を与えた。

　新自由主義を掲げる保守党政権のもとで民営化も一段と進み，民間活力を生かした産業の再生，都市再編が強調されるようになった。1999（平成11）年に竣工したJRセントラルタワーズにつづいて2006（平成18）年にはミッドランドスクエアも完成した。セントラルタワーズは民営化されたJR東海の名古屋駅であり本社ビルでもある。商業・サービス業，オフィススペースも含む複合的な高層ビルが名古屋圏で初めて誕生した意味は大きい。対面して建設されたミッドランドスクエアは，日本一になったトヨタ自動車とそのグループが活動の拠点として構えたビルであり，前年に開業した中部国際空港（セントレア）へのアクセスにも恵まれている。新幹線と国際空港への利便性に恵まれているという点が評価され，名古屋駅前の名古屋圏の玄関口としての地位は大いに高まった（林，2013）。中部国際空港は2005（平成17）年に愛知県長久手町（現・長久手市）を主会場に開催されることになった愛知万博に間に合うように建設が進められた。万博会場への足として建設された東部丘陵線・リニモは，地元で研究開発と試験・実験が繰り返され実用化された最先端の移動手段のリニアモーターカーである（林，2003）。2008（平成20）年のリーマン・ショックで輸出が激減するまで，元気な愛知・名古屋がマスコミなどで盛んに取り上げられた。

第3節　支店経済と製造業集積の両面をそなえた大都市圏

1．支店経済都市だけでない製造業集積も多い大都市圏

　戦後，日本の企業は高度経済成長にともなって拡大していく全国市場を管理するために，地方の主要都市に支社や支店を配置していった。北海道では札幌，東北では仙台，中・四国では広島，九州では福岡，そして中部あるいは東海では名古屋という具合である。これにともない，これらの都市は支店経済都市と呼ばれ，その地方にある他の県庁所在都市より一段高いレベルの都市とみなされるようになった（日野，1996）。これは企業活動だけでなく，行政機関による全国的な管理・統括においても作用した配置原理であった。

都市の頭文字をとって「札仙広福」とも称された広域中心都市（ブロック中心都市）に置かれた支社・支店は東京や大阪にある本社の統括下にあり，自社製品の地方での販売や取引，あるいは地方に展開する自社工場の管理を担った。1964（昭和39）年に東海道新幹線が開業したとき，名古屋が大きな影響を受けるといわれたのは，名古屋に支店を置く東西の大企業が名古屋から支社・支店を引き上げる恐れがあると思われたからである。しかし，名古屋が受けた負の経済的影響は大きかったとはいえない。

　一般に都市間で競争が行われるとき，これまであった都市機能がライバルに吸収される結果，機能を失った都市の地位が相対的に低下することはありうる。しかし東海道新幹線が開業したさい，名古屋の企業にとっては首都圏へのアクセスが向上し，首都圏を含む東日本へ市場を広げていく可能性が高まった。同じように，東京本社の企業は名古屋圏に対してただ市場を求めただけでなく，名古屋圏での生産を模索した。首都圏に比べて土地や労働力などの点で優位な条件をもつ名古屋圏で生産すれば，さらに企業を大きくすることができる。東京から見た場合，東海道新幹線に乗れば関東周辺へ行くのとあまり変わらない時間で名古屋圏へ行ける。新幹線は市場と生産の両面で東京企業に有利に働いた。これにより名古屋圏のものづくりは，ますます拡大していった。

　図4-9は，バブル経済が始まった頃の名古屋市中心部におけるオフィス事業所の分布を示したものである。図から明らかなように，事業所は名古屋駅前と伏見・栄間の2つの集まりとしてとらえることができる（林，1989）。名古屋駅前の集中はいうまでもなく，東海道新幹線，国鉄（1987年からはJR東海）在来線，名鉄線，地下鉄など公共交通による一大結節点の利便性を求めて企業が集中した結果である。伏見・栄間は名古屋駅前に立地できない企業を受け入れる空間であるが，歴史的にいえば名古屋駅前より古い広小路筋の繁華街でもある。これらの地区に拠点を構える事業所の多くは支社，支店，営業所などであり，地元企業の本社は多くない。このことは，名古屋が「札仙広福」と同じように広域中心都市としての性格をもっていることを示す。しかしここには「ものづくり中心」の中核都市として名古屋がもっている別の側面は見えない。名古屋圏の生産現場は分散的に広く分布しており，名古

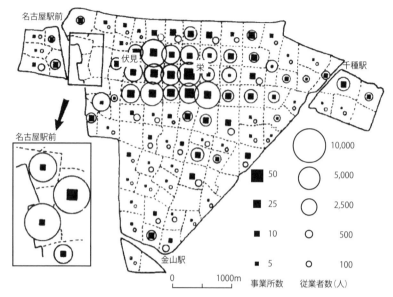

図4-9　名古屋市都心部におけるオフィス事業所の分布（1984年）
出典：林，1989による。

屋の都心部にそれらを象徴するようなランドマークを見いだすのは難しいからである。

　二度の石油ショックを経て，日本の産業構造は高度化へ向けて舵を切っていった。とりわけ首都圏では脱工業化やサービス経済化が進み，製造業の地方への移転も加速した。1980年代に顕在化した東京一極集中は，世界経済がグローバル化していく過程で生じた現象である。東京の中枢管理的機能は経済ばかりでなく，文化，社会，政治などの分野でも強まった。しかしこの機能集中にはバブル経済的要素が組み込まれており，企業の中には本業を軽視し不動産投資による利益追求に走るものが少なくなかった。その後に起こったバブル経済の崩壊で企業は体質のスリム化と再編を余儀なくされ，長期化する不況を乗り切るためにさまざまな試行錯誤が繰り返された。

　東西の大都市圏に比べると，名古屋圏ではバブル経済の崩壊による影響はそれほど大きくはなかった。土地やビルなどの不動産や株式などに対するバブル的投資が相対的に少なかったことが幸いしたからである。バブル全盛期，

本業である製造業による利益より副業の不動産投資による利益の方が大きくなった企業が全国的に話題になった。しかし名古屋圏ではこのような企業は少なく，あくまで本業のものづくりに力を入れる堅実経営が貫かれた。国内はバブル経済崩壊後の不況で市場が低迷したが，海外市場には期待が持てた。輸出指向的な製造業の多い名古屋圏では，円高を乗り越えて世界市場で勝負する企業が力をつけてきた（水谷，2005）。

2．製造業本社の立地が少ない名古屋都心部の空間構造

どの製造業も，最初は工場の規模は小さく，工場と隣り合わせで管理機能を果たす事務所（オフィス）をもっている。生産規模の拡大とともに工場も大きくなり，場合によっては複数の工場を構えるようになる。製品の開発を行う施設も必要となり，やがて研究所などが独立していく。さらに販売業務を専門に行う部署も現れ，製造業の企業組織は複雑さを増す。企業全体を統括する本部機能が生産現場から離れるタイミングとして，企業活動の展開が全国化する時期が考えられる。たとえば東京発祥の製造業が工場を関東以外にも展開するようになり，本社は全国へのアクセスに恵まれた東京の都心部に構えるというケースである。東京駅や中央官庁にも近い都心部は，人的接触や情報の受発信にとって都合がよい。電話の発明で管理部門は現業部門から離れることができたといわれるが，オフィスビルの高層化も通信手段としての電話の利用が前提になっている（Graham and Marvin, 1997）。

こうして東京の都心部に日本を代表する製造業の本社が集積してきたのとは対照的に，名古屋圏の製造業は名古屋の都心部に本社ビルを構えていない。これは，本社工場の規模が大きく，別の工場も比較的近くにあるため，本社をそれらから切り離すことにメリットがないからである。工場を増やす場合でも，その位置は名古屋圏の中にあり，東京本社のように都心部に本社を独立して置く必要性は低かった。このため，地元製造業の本社は本社工場のある名古屋圏の周辺部，あるいは名古屋市内にある場合でも瑞穂区や熱田区など都心からやや離れた区内にある。名古屋都心部のオフィスビルで業務を行っているのは，東西大都市圏に本社のある企業の支社・支店，あるいは地元の中小企業である。比較的規模の大きな企業の本社があるとしても，それ

129

第4章　工業化による経済発展と都市構造

は電力,鉄道,百貨店,テレビ局,新聞社などの本社である。かつては地元有力銀行の本店や百貨店の本社が都心部にあったが,全国的な企業合併の結果,本社機能は失われた。

　図4-10は,バブル期の名古屋市都心部における企業・銀行・オフィスなどの分布を示したものである。多くの企業が入居するオフィスビルが名古屋駅前と伏見・栄間に集まっていることは,すでに指摘した。上場企業の本社

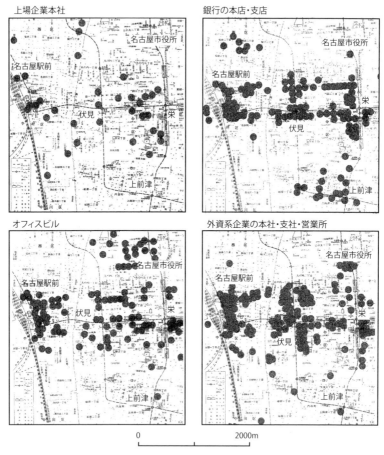

図4-10　名古屋市都心部における企業・銀行・オフィスなどの分布（1987年）
出典：名古屋市産業振興懇談会編,1987,p.105～108をもとに作成。

が意外に少ないことも確認できる。資本主義の血液ともいえる金融を扱う銀行の本店・支店が名古屋駅前，伏見・栄間のほかに上前津周辺に多いのを確認することができる。バブル期は資金の過剰流動性が大きく，銀行は貸付競争を展開していた。堅実経営体質の名古屋企業は借金を嫌う傾向があり，「名古屋金利」という他地域より低い金利にしないと借り手が見つからなかった。その銀行も，バブル経済の崩壊で不良債権の処理に苦しむようになり，都市銀行を中心に整理統合の波に揉まれるようになっていく。図4-10は銀行の本店・支店がもっとも多かったピーク時の分布状況を示している。

　大都市に都心があることを疑う人はいないが，都心の範囲が空間的にどのようになっているかを正確に示せる人は多くない。かつて都市地理学では都心の範囲を空間的に画定する研究が盛んに行われたことがある。その成果によれば，都心はコアとフレームの二重構造で成り立っており，コア部分にはその都市を代表する商業・サービス施設，公共施設が立地しているという（Horwood and Boyce，1959）。名古屋でいえば栄と呼ばれる商業・サービス業地域がそれに相当するが，コアとフレームの境界がどこにあるか空間的に線を引くのは簡単ではない（石垣，1968）。実際のところ，都心の範囲は再開発事業などによりたえず変化している。名古屋の場合，歴史的に見ると，名古屋城の正門前あたりから南下し始め，広小路通を東へ，さらに大津通を南へと，中心部は移動してきた。移動は交通手段の変化や市街地の拡大に対応して生じており，今後さらに変化していく可能性がある。

　城下町起源の大都市が多い日本では，旧城下町時代の都市中心地と明治以降，鉄道の導入によって新たに都市中心地の条件をそなえてきた場所が異なるケースが少なくない。名古屋もこれに該当しており，路線の一部がのちの東海道本線に組み込まれた武豊線の名古屋駅が開業したことにより，近世までの中心地とは異なる場所に新たに中心地の芽が生まれた。これが今日，栄地区の都心と肩を並べるまでに発展した名古屋駅前地区である。この地区は，東海道本線以外の在来線の発着駅，東海道新幹線の名古屋駅，中部国際空港への乗換駅など，名古屋圏全体から見ると，旧来の都心を上回る交通利便性を確保するに至った。名古屋駅前には全国的企業の名古屋支社・支店が入居するオフィスビルが建ち並び，ビジネス中心地としての性格を強めている。

駅前で収容しきれないオフィスはその東側に位置する伏見地区にも集積している。行政機能は名古屋城の跡地に計画的に配置されており，民間中心のビジネスや商業・サービス地区からは離れている。このように見てくると，名古屋の都心部は名古屋駅前と栄を結ぶ東西の帯と，北側の官庁街，南側の上前津あたりによって構成されているといえる。

3．名古屋の支社・支店が果たしている多様な機能

　名古屋の都心部で働いている人々のかなり多くは，いわゆるオフィスにその職場がある。オフィスも日本語にしにくい言葉であるが，あえて漢字をあてるとすれば事務所であろうか。名古屋の都心部には数多くのオフィスビルすなわち事務所ビルがあり，企業がそこに入居して活動の場を確保している。自前でビルをもつことは少なく，賃貸ビルに入居するのが一般的である。企業活動には変化がつきものであり，業務の拡大や縮小に応じてスペースを調整するには賃貸ビルの方が適している。ただし本社ビルの場合は対外的印象も意識し，自前で建設することが多い。支社や支店はその性格からテナントとして賃貸ビルに入居し，課せられた役目を果たす。支社や支店の役目は本社の意を受け，立地している都市とその周辺を対象として営業活動やサービス活動を行うことである。名古屋に置かれている支社・支店の対象範囲は名古屋市内であったり，その周辺を含む名古屋圏であったりする。営業やサービスをきめ細やかに行うには，名古屋以外に岐阜，四日市，豊橋，岡崎，豊田などにも支店や営業所を配置した方がよい。

　オフィスや事務所を対象とした都市地理学の研究は少ない（山崎，1984）。スーパーやコンビニエンスストアなど小売業に関する研究は比較的多く，サービス業に関する研究も小売業ほどではないがある。しかしオフィス研究はほとんどなく，未知の研究領域といってもよい。小売業やサービス業と比べると一般の人や消費者との接点が見出しにくく，正直，オフィスの中で何が行われているのか外からはわからない。親近感のなさが関心を呼ばず，研究意欲に結びつかないのかもしれない。改めてオフィスとは何かを考えると，それは情報の受発信と意思決定が行われている場所であるといえる。モノや商品を直接扱うことはなく，一般の消費者を相手に接客をすることもない。

営業を目的とした活動は行われているが，最終消費者を相手にすることは少なく，製造業，小売業，サービス業などを対象とした取引が一般的である。卸売が性格的にもっとも近い機能であり，自社製品を取り次いだり，販売促進のための活動を行ったりする。

　先に述べた「札仙広福」の広域中心都市は，実際，卸売業の割合が産業全体の中で大きなウエートを示す大都市である。横浜，京都，神戸などは人口は多い大都市であるが，卸売機能は「札仙広福」より弱い。卸売機能が強い東京や大阪の陰に隠れてしまっているからである。支店経済都市は，北海道，東北，中・四国，九州など地方に分布する小売業やサービス業を相手に取引を行う卸売機能の集積都市といってよい。かつては製品の売買をめぐる商取引（商流）と実際の受け渡し（物流）が同じ場所で行われていた。しかし交通手段の発展にともない，商流と物流は分離していった。商流機能は対人接触に恵まれている都心部に残ったが，物流は郊外の高速道路に近い場所に移された。このことを名古屋圏で考えた場合，商流を名古屋の都心部に残す一

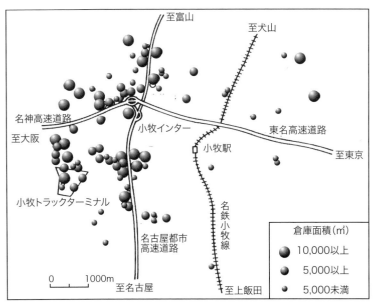

図4-11　小牧市における倉庫の分布（2002年）
出典：安積，2005, p.187をもとに作成。

133
第4章　工業化による経済発展と都市構造

方，物流は東名，名神，中央道といった高速道路へのアクセスに恵まれた小牧，一宮，名古屋東部などで行う仕組みへと変わっていった（図4-11）。

名古屋の支社・支店は，自社製品を販売するために卸売機能を果たしているだけではない。名古屋圏には圏外に本社がある製造業の生産工場もあるため，それらを管理する機能を果たしている場合もある。名古屋圏にはメーカーが多く，これらに原料・素材や中間製品を売り渡す圏外企業の名古屋支社・支店もある。よりきめ細かい営業活動を行うには名古屋に支社・支店を置くだけでは十分とはいえず，岐阜，四日市，豊田，豊橋などに支社や営業所が置かれる場合もある。そのうえで名古屋には名古屋支社，中部支社，東海支社などを配置し，これらを統括する役割を担わせる。このように，名古屋に置かれている支社・支店が果たしている機能は一様ではない。

第4節　大都市圏周辺地域における産業振興と都市化

1．製造業を中心とする周辺都市の産業と都市構造

近年，名古屋圏の中心都市・名古屋の都心部における動きがマスコミなどで取り上げられることが多い。2027（平成39）年開業予定のリニア中央新幹線というビッグプロジェクトをまえにして，名古屋駅周辺で大規模な再開発事業が目白押し状態にあることが，人々の関心を呼んでいる。しかしいうまでもないが，都心部での華やかな動きは，名古屋圏，名古屋大都市圏という広大な裾野があってはじめて生まれる。周辺部で活発に行われている製造業がなければ生まれない現象ともいえる。製造業と国内の他地域や世界を結びつける結節点としての役割を名古屋の都心部が担っているからである。インターネットが自由に利用できハイウェイ上の移動もスムーズに行える今日，大都市やその都心部を経由しなくても地域間の交流は可能なように思われる。しかし，人間自身にそなわる知識，知恵，アイデア，ノウハウなどの受け渡しの重みを考えると，どこかで直接会って交流するという人的接触は依然として重要である。名古屋圏の場合は名古屋市，とりわけその都心部が交流の拠点としてふさわしい場所である。しかしながら，そのような拠点を拠点たらしめている周辺部にも目を向けなければ，拠点が生まれる背景は理解

図4-12 名古屋圏における主要製造業の分布
出典：中部経済産業局，「東海経済のポイント2011」をもとに作成．

できない．

　図4-12は，名古屋圏に立地している主要な製造業の分布を示したものである．まず目につくのはトヨタ自動車とその関連の企業群が西三河から東三河にかけて多いことと，同じ自動車関連の企業が静岡県西部（西遠），三重県北部（北勢）にも見られることである．名古屋・西三河にルーツがある巨大な自動車企業のほかに，ホンダ，スズキといった西遠地方が発祥の企業もこの地方で自動車生産に取り組んでいる．自動車をはじめとする機械工業の原料・素材として欠かせない鉄鋼を生産するメーカーや加工に不可欠な工作機械の有力企業も少なくない．前者は主に臨海部，後者は内陸部に立地している．これらはいずれも地元資本をもとにスタートしたが，企業合併で規模の拡大を図ったり，国際的展開でグローバル化したりした．

　高度経済成長初期に製鉄業が誘致できなかった四日市は，代わりに石油化

135
第4章　工業化による経済発展と都市構造

学コンビナートの形成で有名になった。副産物が原因の公害問題で悪名も流布して苦労したが，その後は電気機械企業の立地が進み，工業地域としての性格は変化していった（鹿島，2004）。石油化学，電気機械はともに地元資本ではなく，関東，関西からの進出である。名古屋圏以外から

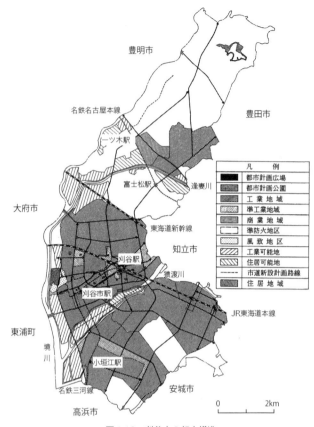

図4-13　刈谷市の都市構造
出典：刈谷市史編纂編集委員会，1990，p.376による。

の企業進出は，愛知県の電気機械や航空宇宙の分野にもある。これらの企業のこの地方への進出は第二次世界大戦以前であり，すでに「地元企業」として長い歴史がある。とくに航空宇宙関係の企業は，自動車のあとを担う有力な産業として大きな期待が寄せられている。航空宇宙産業の全国に占める名古屋圏の集積割合は自動車産業のそれを上回っており，期待は単なる夢ではない。

　有力な製造業は地域において存在感が大きく，土地利用，雇用機会，商業・サービス業との関係などにおいて大きな影響力をもっている。図4-13は，

トヨタ自動車を生んだトヨタ紡織（豊田紡織）の本社が現在もある刈谷市の都市構造を示したものである。刈谷は近世は城下町として栄えたが，近・現代は製造業の発展とともに都市の性格を大きく変えた。市内にはデンソーの本社と工場，アイシン精機の本社と工場，トヨタ車体刈谷工場，愛知製鋼刈谷工場など，数多くの自動車関連の事業所が立地している。こうした事業所で働く人々が各地から市内に転入し，住宅地を定めて暮らすようになった。商業・サービス業がこうした人々の生活必需品やサービスを満たすために進出するという一連の経済メカニズムが働き，都市規模は拡大した。人口の増加にともない，社会サービスや行政サービスに対する需要も増えた。それを賄うにたる税収入も企業や住民からあるため，同市の公共サービスは高い水準を保っている。刈谷市のみならず，自動車関係の企業が多く立地している西三河の自治体は財政力指数が高いことでも有名である。まさに自動車産業で都市の姿が大きく変貌した典型例といえよう。

2．大都市圏の拡大とともに進む岐阜県の工業化

　岐阜県の製造業は，繊維，陶磁器，刃物，木工など伝統的な地場産業に由来するものがかつては主流を占めていた。しかしこれらの多くは概して付加価値が低く，市場の広がりもあまり期待できるものではなかった。製造業の高度化が日本経済の生き残る道であることが明白になるのにともない，旧来の製造業に依存する構造を変えていくことが命題となった。すでに第二次世界大戦以前から各務原，中津川などでは航空機，電気機械の製造業があった。戦時体制のもとでの軍需工業や疎開工業としての性格をもっていた。戦後になり高度経済成長で国内市場が拡大した時期は，先に述べた地場産業も成長できた。しかし低成長時代に入って進むべき方向が見えにくくなり，しばらく低迷の時代を過ごした。それでも大垣，岐阜などの西濃地方では金属，機械，プラスチック，化学，電気などで企業努力が重ねられ，県全体の製造業をリードした。

　石油ショックの谷を経由して日本経済が再び成長を開始した1980年代に新たな動きが生まれた。それは岐阜県が積極的に工業用地の造成や企業誘致に取り組み始めたことによる。公害問題や用地不足で大都市を追われた企業

が新たな生産空間を必要としていたという時代の流れもあった。とくに愛知県側から隣の岐阜県側への生産地の拡大や移転の動きが多かった。本社や本社工場を愛知県に残しながら，距離的に近い岐阜県で生産を拡大することは，企業にとっても魅力である。木曽川を挟んで北側の美濃加茂，南側の可児で企業団地が造成されていった。美濃加茂では木曽川の河岸段丘上で，これまで果樹などが栽培されてきたが，その近くで工場立地が進んだ。可児では小高い丘陵性の雑木林で開発が行われた（図

図4-14　岐阜県可児市の中核工業団地
出典：岐阜県可児工業団地のウェブ掲載資料
（http://www.kani-i-p.or.jp）をもとに作成。

4-14)。電気機械を生産してきた歴史をもつ中津川でも，丘陵地に企業団地が造成された。

こうした企業団地に進出した業種は，工作機械，電気機械，自動車部品，航空機部品など多種多様である。愛知県北部や各務原などで生産していた企業がスペースを求めて進出してきたほか，ソニー，富士通，日立など関東から労働力や土地を求めてきた大企業も企業団地で生産を始めた。製造業といえば製紙業くらいであった恵那，あるいは陶磁器業の瑞浪にも，リコーの関連会社やソニーなど名のある企業が進出した。規模の大きな企業の進出にともない，受け入れた都市の性格や都市構造が変化していったのは，半ば当然であった。農業が主産業であった美濃加茂，可児の中濃地方，地場産業で都市を支えてきた瑞浪，恵那などの東濃地方では道路整備，住宅地開発などの都市化が進んだ。とくに中濃地方における製造業出荷額の伸びは顕著であり，市街地の拡大や都市基盤の整備には見るべきものがあった。しかしその一方で，これら大企業が設けた工場の多くはブランチプラント（支工場）であり，

図4-15　大垣市のソフトピアジャパンにおける企業配置
出典：ソフトピアジャパンのウェブ掲載資料（http://www.softopia.or.jp/images/guidebook200811.pdf）をもとに作成。

第4章　工業化による経済発展と都市構造

景気の動向に脆弱な性格をもっている。案の定，ソニーの業績不振で工場が操業停止になるなどしたため，都市に対する負の影響も小さくなかった（岸，2013）。

　岐阜県の産業振興は 1990 年代に入ってさらに新しい展開を見せるようになった。強いリーダーシップを発揮した知事の政策もあり，新産業の育成に力が入れられたからである。ターゲットは工場生産の製造業ではなく，情報，コンテンツ，アプリケーションなどソフトウエアを開発する情報通信産業の振興である。高度情報化は日本経済に課せられた大きな命題であり，大都市では大企業が独自にすでに取り組んでいる。しかし大企業の少ない岐阜県ではそのような素地はなく，県自らが旗を振って企業振興を図る必要があった。港湾や空港もなく，広大な平地にも恵まれない県勢を考えれば，距離の抵抗とは無縁の情報通信産業に目を向けるのは道理にかなっている。その名もソフトピアジャパンというマルチメディア・情報通信産業の振興拠点が大垣市に公費を投じて設けられ，名のある情報関連の企業を誘致することにも成功した（田中，2004）（図 4-15）。岐阜県は類似の企業団地として VR テクノジャパンを各務原市に設け，県内外からの企業進出を誘導した。こうした積極的な産業振興が進められた結果，工業後進県というイメージは徐々に薄れていった。

3．企業誘致，地域資源を生かした三重県の産業振興

　名古屋圏の製造業はともすれば工業化が早かった名古屋を核に中心と周辺というかたちでとらえがちである。実際，そのような側面はあるが，その一方で岐阜県や三重県は独自に行政が主体となって製造業の振興に力を入れ，県全体としての底上げをしてきたという側面もある。三重県の場合，愛知県に近い北勢地方で愛知県からの企業流入や関東からの企業進出がある。高度経済成長期の石油コンビナートの形成という一昔前の企業発展が停滞期を迎えた時期でもあり，地元自治体にとって内陸型のハイテク産業の立地は大いに歓迎できるものであった。時期はバブル経済が終わりを迎え，情報化によって産業や社会の仕組みを大きく変えていこうという機運が高まりを見せた頃である。東芝の最先端メモリ製品の量産拠点が四日市に設けられ，1993（平

成 5) 年から本格稼働が始まった。

発足当時は 134 名に過ぎなかった従業者数は 1996 (平成 8) 年には 1,400 名にまで増え，生産高も 3 年間で 6 倍以上に増えた。しかし，日進月歩で進む半導体メモリの製品開発と市場の変化に企業形態を合わせるのは難しく，2001 (平成 13) 年に当時の四日市東芝エレクトロニクスは解散を余儀なくされた。その後，メモリ事業の構造改革が行われ，NAND 型フラッシュメモリの生産に特化した体制が構築された。デジタルカメラや携帯電話の普及が追い風になって生産は拡大し，従業者数も 3,000 名近くを数えるまでになった。フラッシュメモリの技術革新はとどまるところを知らず，製品の微細化・高速化を追求して市場のニーズに応える生産体制の変革が繰り返された。2011 (平成 23) 年の従業者数は 4,800 名にもなり，地域の雇用や社会に対する影響力は一段と増した。

三重県は北勢地域の半導体，IT 関連産業をシリコンバレー，北勢から中勢にかけて広がる液晶，フラットパネルディスプレイ (FPD) 産業をクリスタルバレー，伊賀地域を中心とする医療，健康，福祉関係の産業をメディカルバレーと命名している。いずれも内陸型の先端技術産業を中核としたものであり，かつての臨海型石油化学産業とは性格が異なる。北勢地域の半導体は東芝や多度町 (現・桑名市) に進出した富士通が代表的であるが，富士通は市場変化にうまく適応できず再編に追い込まれた。クリスタルバレーという華やかなネーミングに負けない FPD 関連の多くの企業群が現れたのは，比較的最近のことである (図 4-16)。きっかけは 1990 年代初頭に三重県の強力な誘致政策が功を奏して立地が決まったシャープの進出である。液晶テレビで業界をリードしてきたこの企業に各種の化学的素材・原料・中間製品を供給する企業がつぎつぎに生まれた。関西系の電気機械メーカーで奈良県天理市に主力研究所があり，その点で三重県は地の利を得ていたといえる。2004 (平成 16) 年から亀山市のシャープの工場で生産された液晶テレビは工場名がブランド化するほど話題になった。しかしここでもブランチプラントの脆弱さが露わになっており，液晶製品生産の国際競争の激化にともない生産体制の見直しと再編が進められた (富澤，2010)。

名古屋圏からはもっとも距離が離れている伊賀地域を中心に展開されてい

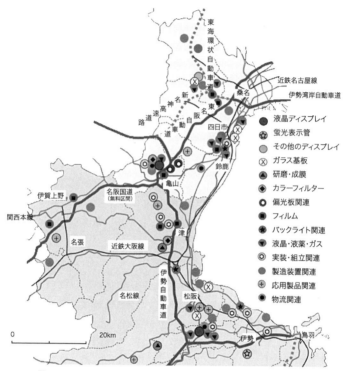

図4-16 三重県におけるフラットパネルディスプレイ産業の分布
出典：三重県のウェブ掲載資料（http://www.pref.mie.lg.jp/KIGYORI/HP/valley/crys/map/index.htm）をもとに作成。

る医療，健康，福祉関連のメディカルバレー構想では，企業，大学，行政などいろいろな主体が関わっている。このうち企業では製薬メーカーが造成された企業団地に進出して薬品の生産を行っている。これなどは，もともと関西に多い製薬メーカーが生産地を求めているのを見越してその要望に応えたという側面がある。三重大学や四日市，鈴鹿の医療系大学による研究開発や人材育成，真珠や深層水など海洋資源を生かした健康機能食品の開発，臨海温泉地をめぐるメディカルツアーなど，三重県の特色を生かした産業振興も進められている。

コラム4
直線的行動・思考の落とし穴　－地理学立地論－

　2027（平成39）年に開業が見込まれるリニア中央新幹線のルートは，名古屋と品川の間をほぼ直線で結ぶコースである。この間，286 kmを時速550 kmの速さで走り40分で到着する。コースを決めるさい，途中の長野県から県内のもっと北側を通るように要望があった。北側に主要都市があるため，そこを経由してほしいという願いからである。しかしJR東海は建設費用や所要時間を優先すると，そのような遠回りコースの優先順位は高くないとした。鉄道事業という経済活動の観点からすれば，遠回りによるコスト増はとうてい受け入れられない。主要都市を経由することで利用者の増加は見込まれるかもしれないが，それ以上にコスト増が大きい。なによりもこの新幹線の建設目的は，名古屋と東京の間をできるだけ短時間で結ぶことである。各県に1か所の途中駅に停まる列車もあるが，メインは名古屋・品川間の直通列車である。

　鉄道に限らず交通手段は時間が命である。浮上して走行するリニア中央新幹線は鉄道の概念を超えた交通手段かもしれない。なおさら所要時間すなわちルートの距離が生命である。障害物がなければ，直線に近いルートで駅間を結ぶのが理想である。この点でもリニア中央新幹線は通常の鉄道とは違う。全ルートの大半を地下トンネルにすることで，障害をクリアしようとしている。地下トンネルなら地上が市街地であろうが山岳地帯であろうが関係ない。ほとんど直線で通ることができるため，移動距離と時間は最小化することができる。これ以上望むことのできない，まさしく理想的な交通手段であろう。車輪を使わず排気ガスも出さない陸上交通手段が蒸気機関車の発明から300年も経ずに出現することに，まずもって驚かざるを得ない。

　それにしても距離というのは恐ろしいものである。人間の歴史はいかに距離を縮めるかの歴史であったといってもよい。ある地点へ行く場合，距離が短いルートはそれより遠いルートに比べて選ばれる確率が高い。通勤，通学，買い物で移動するときのことを考えれば，このことは納得できる。最短ルートのみを考えてほかを考えなければ，単純な移動距離圏はたちどころに判明する。距離の最小化が唯一の行動原理であり，これにしたがって経済行動は合理的に行われると考える。どこまでもこの単純明快な行動原理を貫けば，経済活動の姿を見通すことができる。実際，現実の経済活動はこの行動原理をかなり意識して行われている。その結果，たとえばほぼ同じ規模のショッピングセンターは，その中間付近で商圏を折半している。ほかでもない，消費者自身が移動距離の最小化を望んで行動

した結果である。

　名古屋圏の中に名古屋と同規模の都市がほかに存在しないのは，この大都市のレベルでしか供給できない機能を供給可能な都市が育たないからである。東に向けて静岡付近にまで行けば，東京・横浜が視野に入ってくる。西側では岐阜，滋賀の県境あたりで京都・大阪がライバルとして登場する。この場合も距離がきいており，同じレベルの機能を選ぼうとすれば，距離の近い方が選ばれる。こうした距離や輸送費・交通費を手掛かりに経済現象を説明しようとする学派を立地論学派と呼んでいる。この学派のルーツは19世紀中頃まで遡ることができるが，本格的に研究が行われるようになったのは20世紀初頭である。数学や物理学など自然科学の分野で学問的に大きな発展があり，その影響を受けて人間行動を自然科学的に説明しようという動きが台頭してきたことが背景にある。説明のための理論やモデルの構築に多くのエネルギーが注がれ，多くの学問的成果も生まれた。コンピュータがなかった当時と比べれば，現代は理論やモデルの構築がより精緻に行えるようになった。純粋な市場や経済を前提とした未来予測は，データさえ揃えば可能である。しかし予測された未来にリアリティがあるかどうかは，わからない。リニア中央新幹線は時間短縮という価値は生み出すであろうが，その一方で失われるものもある。立地論研究が勢いを失ったのは，世界がそれほど単純ではなく，つかみきれないものが多くあることに人々が気づいたからである。

第5章　商業の歴史的発展と都市構造の変化

第1節　商業の歴史的発展と戦後の小売業・卸売業の変化

1．都市中心地の歴史的移動と小売業の配置

　江戸時代末期の名古屋とその周辺の様子を描いた「尾張名所図会」の中に，茶屋町伊藤呉服店の前を行き交う人々を描いたものがある。荷物を背負う人，籠を担ぐ人，風呂敷を抱えている人など，生き生きとした姿から当時の町中の様子をうかがい知ることができる。伊藤呉服店は尾張藩の御用商人として手広く商いを行い，名家として名前が広く知られていた（末田，2010）。明治40年代にはこの地方で最初の百貨店となり，場所も以前の名古屋城前から広小路角へと移動する。さらに大正期には南大津通に新店舗・松坂屋を構え，名古屋を代表する小売業として大きく発展していった。しかし現在は関西資本の大丸百貨店と合併・統合し，本社機能は名古屋から東京へ移された。この間，150年以上の年月が経過した。この間に名古屋で，そして名古屋圏全体で商業活動はどのように発展していったのか，その過程をたどることは，日本の商業が都市においてどのように盛衰したのかを知ることに通じる。栄枯盛衰は世の習いといわれるが，厳しい経済競争を乗り越えていくのは，それほどたやすいことではない。

　伊藤呉服店が名古屋の都心部，広小路通と南大津通が交わる交差点の南西角に百貨店を開業したのは，1910（明治43）年に市内で開催された第十回関西府県連合共進会に的を絞ってのことであった。当時，愛知県は関西地方との関係が深く，共進会の開催は近代化の道を歩む名古屋の発展ぶりを内外に示す絶好の機会であった（馬，2006）。広小路通は江戸時代からメインストリートのひとつではあったが，名古屋における歴史的な都市形成軸は名古屋城の正門と熱田神宮を結ぶ本町通であった（図5-1）。本町通は南北方向の堀川と並行する道路であり，伊勢湾最奥部の熱田と内陸の名古屋を結ぶ主要な交通路でもあった。広小路通の北側には東西方向に走る伝馬町筋があり，これと

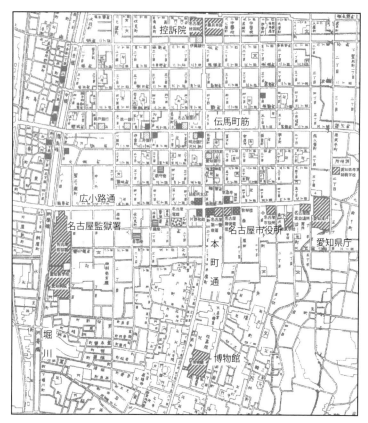

図5-1　近代初期・名古屋の市街地構造（明治20年代）
出典：林，1997a，p.191による。

　本町通が交差する場所に江戸時代には高札場があった。このことからもわかるように，この交差点が江戸時代の市街地の中心地であった。伝馬町筋を東へ進むと駿河（飯田）街道に至り，やがて信州，駿府方面への連絡路へと分かれていく。
　伊藤呉服店が広小路通と南大津通が交わる交差点の南西角に百貨店を出店させるまえは，広小路通と本町通が交わるあたりが繁華街の中心であった。まだ百貨店という近代的な大型店舗はなく，一般には勧工場と呼ばれた商業施設が買い物客を集めていた（鈴木，2001）。勧工場は内国勧業博覧会の

残品を集めて販売したのがその起源であり，1878（明治11）年に東京で発足したのを受けて名古屋でも流行するようになった（林，1997a）。現代風にいえばアウトレットモールのようなものであるが，この勧工場が名古屋の中心部に集まっていた。広小路通と本町通の交差点南東にあった盛商館がその代表であり，ほかに広小路通に広栄館，伝馬町筋に近い玉屋町に愛知勧工場，商栄館，安栄館などが軒を並べていた。盛商館の近くには徳川公就産場でつくられた巻たばこを売る愛知就産処支店もあり，近世の雰囲気がどことなく残る商業施設が近代初期の商業施設と混在していた。

このように時代は移り変わっていくが，都市の中心

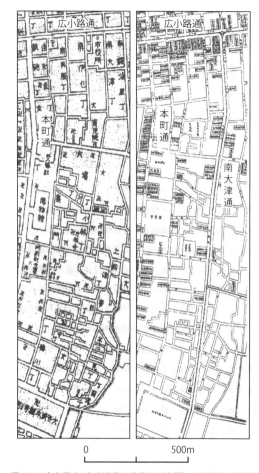

図5-2　名古屋市・南大津通の改修前（左図）と改修後（右図）
出典：林，2000a, p.122による。

部を走る交通路に沿って商業施設が建ち並ぶ姿に変わりはない。交通路沿いに店舗が並ぶスタイルは，基本的に洋の東西を問わず，また時代の違いを問わない集積立地パターンである。ただし店舗集積の密度や内部構成には多様性があり，主要な中心地に近いところほど密度は高くレベルも高い。名古屋の場合，中心地は本町通・伝馬町筋の交差点から本町通・広小路通の交差点を経て，広小路通・南大津通の交差点へと時代的に移動してきた。

147
第5章　商業の歴史的発展と都市構造の変化

伊藤呉服店が開業した明治40年代は，依然として広小路通がメインスト
リートであった。しかし1908（明治41年）に本町通ではなく南大津通を路
面電車が走るようになり，南大津通が新たな繁華街としての性格をもつよう
になった。図5-2は，当時の名古屋電気鉄道が敷設を計画した熱田線の道路
用地を確保するために，わざわざ道路を設けた状況を示したものである。左
側の図は熱田線が敷かれるまえの状態であり，現在の金山方面に向かう道路
は存在しない。名古屋電気鉄道は名古屋港の開港にともない，将来は名古屋
の中心部から南方へ向かう交通が増えると考えた（林，2000b）。当初はこの
図の左端に見える南北方向の本町通に路面電車を通す予定であったが，沿線
の人々とりわけ有力な商人たちの反対にあいやむなく東側に移動して建設す
ることになった（名古屋市建設局編，1957）。この道路が現在，多くのブラン
ド店や百貨店が建ち並ぶ名古屋の目抜通といってもよい南大津通である。か
りに本町通の人々が路面電車の敷設に反対しなかったら，その後の中心商業
地の発展は変わっていたかもしれない。
　1925（大正14）年に松坂屋と名を改めた伊藤呉服店が南大津通を南下した
場所に新たに本店を設けたのは，南大津通の発展の将来性を考えてのことで
あった。しかし，旧来の繁華街・広小路通には十一屋や中村呉服店など別の
百貨店も生まれ，繁華街としての性格は維持された。実際，松坂屋は本店を
移転したのちも，広小路角の既存店舗はサカエヤデパートとして営業を続け
た。名古屋港の開港や東部市街地の開発など，都市の拡大にともなって商業
空間もまた絶対的に広がっていく。大正時代になると富山県で起こった米騒
動を契機に公設市場が全国各地に生まれるが，名古屋市内でも1918（大正7）
年に市街地の東西南北に各1か所ずつ公設市場が開設された（林，2000a）。
都心の商業地で店舗集積が進む一方，住宅地に近い場所では日常的な小売業
施設が生まれていった。

2．商店街の発展と商店街形態の特徴

　日本人の主食である米の価格の高騰は庶民の暮らしに大きな打撃を与え
る。米騒動の教訓から公設市場が各地で開設されていったが，民間の市場も
人口の増加とともに増えていった。米以外の副食である魚，野菜，それに

肉に対する需要は増加し、それぞれの専門小売店や市場などで販売された。小売業者はこうした食品を卸売業者から仕入れなければならないが、1937（昭和12）年の時点で名古屋市内には卸売市場が12か所あった（図5-3）。江戸時代の名古屋では枇杷島市場がもっぱら米や野菜などを取り扱ったのに対し、熱田の魚市場は魚介類を扱った。幕

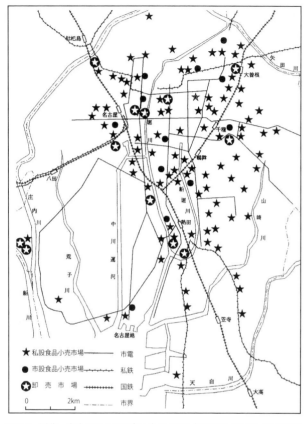

図5-3　近代・名古屋における食品小売市場と卸売市場の分布（1937年）
出典：沖，1959の付図をもとに作成。

末期の人口に比べると、その10倍近くにまで人口は増えており、それゆえ卸売市場も2か所では足らなかった。東海道本線、中央本線、名古屋港などを利用して市外から食料が運ばれてきていたため、港や駅の近くに卸売市場が設けられた。

　米騒動のときに設置された公設市場はその数が3倍以上も増え、14か所を数えた。それ以上に多かったのが私設の小売市場であり、市内全域で89を数えた。当時の市街地は東海道本線の東側一帯に広がっており、東の端は山崎川、北は矢田川でほぼ限られていた。食品小売市場のように店舗が

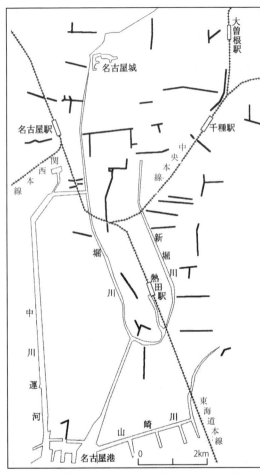

図5-4 近代・名古屋市内の商店街分布(1930年代)
出典:名古屋市編, 1955, p.80の第12図をもとに作成。

1か所に集まっている市場形式の小売業は、小売業販売額の6%程度(1932年)を占めるに過ぎなかった(名古屋市編, 1954b)。もっとも多いのは一般商店であり、小売業全体の78%をも売り上げていた。独立小売業形態が圧倒的に多かったのである。百貨店の売上は15%、ほかに産業組合が2%ほどの売上を占めていた。市内に5つあった百貨店は、毛皮では93%、婦人子供服では63%のシェアをもち、夜具・布団・毛布、小間物・袋物などでは50%ほどの売上割合を示した。

小売業販売額の8割近くを占める一般の商店は、商店街を形成するのが一般的であった。その多くは道路に沿って直線的に伸びており、場合によっては2つ以上の直線が交わったり、T字型、L字型のかたちをしていたりしていた(図5-4)。商店街の長さは、名古屋の場合、平均で550m、長いものは900mほどであった(名古屋市編, 1955)。全部で39か所の商店街を道路の方向別に分類すると、東西が26、南北が10、それ以外が3である。東西方向が南北方向の3倍も多いのは偶然とは思えな

い。これは，名古屋の市街地の道路が基本的に東西南北の格子状をなしており，とくに東の方向への市街地拡大が顕著であったからである。堀川の西側では逆に西の方向に向けて市街地は拡大していった。商店街の方向性は市街地発展の方向性を反映したものと思われる。

　戦前昭和期の商店街形成で興味深いのは，路面電車，郊外電車，バスなどとの関係で，いくつかのパターンがあったことである。基本的には市内を走る電車，バスとの利便性を考慮して形成された商店街と，郊外電車のターミナルやバス通りの近くに形成された商店街に分けることができる。前者の場合は，広い通りを走る電車，バスの路線に面して商店が軒を連ねている商店街と，電車通りと並行する1本奥の道路沿いに細長く店舗が連なっている商店街である。都心部の広小路通は路面電車の通り道であり，その両側にほとんど隙間なく店舗が並んでいた。主要な交差点角にはデパートが陣取り，遠方からの顧客も招き入れた。

3．戦後の小売業を担った商店街と百貨店

　敗戦後，日本経済は瀕死の状態から立ち直っていく道を歩みだした。もともと天然資源に恵まれない日本は植民地をすべて失い，国内に残されたわずかな資源を生かして経済を立て直して行かざるを得なかった。敗戦直後は極端なモノ不足でどの家庭も苦労した。とくに食料を地元で確保できない都市では，農村に比べてひもじい思いをすることが多かった。それでも戦前からの商店街が復興する兆しが見え始め，限られた物資を国民の間で分け合うことで飢えをしのいでいった。国内に残されていた石炭資源の活用やダム建設で生まれた電力を利用して工業生産も復活するようになった。日常生活に必要なものが生産されるようになり，商店街の店先に並ぶようになった。十分とはいえないが，国民生活を続けていく条件が次第に整えられていった。

　商店街とともに百貨店も復活し，買い回り品を中心に売り出されるようになった。百貨店は物販だけでなく，イベントや催し物など文化的サービスを戦前期も提供していた。こうした伝統は戦後も引き継がれ，娯楽に飢えていた国民は百貨店での買い物のついでに，こうした文化的催事にも顔を出した。戦前，百貨店は地元の有力呉服商や電鉄会社が立ち上げることが多かった。

戦後もこれは継承され，地域の消費者を対象に時代の先端を行く新しい商品やサービスを地元民に提供することで強い支持を得た。大都市や地方都市を問わず，百貨店は商業販売のショーウインドーとして人々の心をつかみ，成長の道を歩んでいった。商店街と百貨店，この組み合わせが，日本経済が本格的な高度経済成長を開始するまでの小売業の主な業態であった。

　全国的なこうした現象は，この時期の名古屋圏でも確認することができる。その中心はやはり名古屋であり，市内に散在する商店街の復活や百貨店の営業再開など，徐々に平時の都市商業空間が取り戻されていった。名古屋は激しい空襲を受けたため，中心市街地の大半は焼け出された。鉄筋コンクリート造りの松坂屋は消失を免れ，いちはやく営業を再開することができた。栄町にあった丸栄は敗戦後2年目の1947（昭和20）年に新装開店し，松坂屋とともに消費者を都心部に呼び戻す役割を果たした。1954（昭和29）年には丸栄と道路を挟んで向かい側にオリエンタル中村が開店し，いよいよ栄一帯は繁華街としての賑わいを取り戻していった。一方，名古屋駅前では同じ1954（昭和29）年に，名古屋鉄道が岐阜方面や岡崎・豊橋方面からの来客を期待してターミナル型百貨店を設けた。

　百貨店が都市の顔として市民に親しまれる姿は，名古屋以外の都市でも見ることができた。岐阜県の県庁所在都市・岐阜では，1930（昭和5）年に繁華街の柳ヶ瀬に丸物百貨店が誕生し，戦後も引き続き営業を行った。1957（昭和32）年には岐阜乗合自動車，名古屋鉄道などが共同出資で新岐阜駅前に新岐阜百貨店を開店させた。三重県の県庁所在都市・津では，1936（昭和11）年に県内初の百貨店として大門百貨店が開業している。戦後は浜松の松菱百貨店が経営を引き継ぎ，津松菱百貨店として市民の間で親しまれた。松菱は京都・丸物（のちの京都近鉄）をルーツとしており，それゆえ岐阜の丸物とも縁がある。丸物につながる百貨店はこれら以外に豊橋丸物，名古屋の丸栄も含まれる。岐阜丸物はその後，岐阜近鉄百貨店となったが，1999（平成11）年に閉店，豊橋丸物も西武百貨店豊橋店になったあと，2003（平成15）年に店を閉じた。

　図5-5は，東三河の中心都市である豊橋の中心市街地に形成されてきた商業地域を示したものである。東三河地域全体の社会，経済の発展とともに成

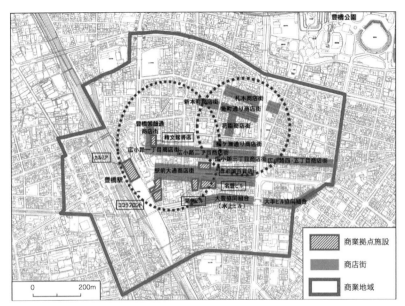

図5-5 豊橋市中心市街地における商業地域
出典：豊橋市編，2014，p.8をもとに作成。

長してきた豊橋では，戦災復興土地区画整理事業をきっかけに国道1号や国道259号をはじめとする幹線道路や公共下水道，都市公園などの整備が行われてきた。市街地中心部では豊橋駅前を起点とする駅前大通や広小路通を中心として商店街が形成され，商業施設はその周辺を含めて面的に拡大してきた。豊橋（旧吉田）は城下町であり旧東海道の宿場町でもあったため，国道1号の両側には歴史ある寺社が多く，現在は中規模ながら市役所を中心に官庁街も形成されている。中心商業地から大型スーパーや百貨店が撤退したあとは，別形態の大型商業・サービス施設による活力維持の努力が続けられてきた。市西部の郊外に移転した市民病院の跡地には多世代交流施設として「こども未来館」や「穂の国とよはし劇場」などが建設され，中心市街地のにぎわい創出や回遊性向上などの取り組みも行われている。

4．産地型と消費地型の卸売業と大企業の卸売機能

卸売業の歴史は古く，その起源は近世以前にまで遡ることができる。基本

的にこの機能は，生産されたモノを最終消費者に売りさばく小売業に手渡す
ことである。ただし，製品の種類は多いため品揃えをしたり，製品を一時的
に保管したり，あるいはそれらを輸送したりする機能が取引時に付随する。
このため，こうした機能を分担して行う分業体制が生まれることになり，専
門の業者が固有の機能を個別に行うようになる（西岡，1993）。たとえば，あ
る製品の生産者の数が多く，製品の種類も多いような場合，生産地の近くで
品揃えを専門に行う卸売業者が生まれる。これは一般に産地卸売業といわれ
るもので，伝統的な地場産業地域に生まれやすい。遠く離れた消費地から寄
せられる製品の注文に応えるために，生産者のもとを訪れて製品を仕入れる。
生産者にとっても自ら生産した製品を直接，消費地へ送るのは簡単ではない。
消費需要の動向に敏感に反応するにはつねに情報の収集につとめ，柔軟に行
動しなければならないからである。

　一方，消費地で小売業を営む業者にとって，近くにいろいろな製品を取り
揃えた卸売業者がいると心強い。売れそうな商品が時間を待たずに仕入れる
ことができれば，商機を失うこともない。卸売業者にとっても，近くに取引
相手の小売業者が多くいれば，効率的に商売をすることができる。両者の思
惑が一致し，小売業の多い都市の近くには卸売業が事業所を構える。ただし
この場合の卸売業は先に述べた産地卸売業とは異なる。消費地に近いため消
費地卸売業と呼ばれるこのタイプの卸売業は，各地に散らばっている生産者
や産地卸売業者から製品を仕入れる。

　このように，卸売業には基本的に産地卸と消費地卸の２つのタイプがある。
もっともこれは，生産地と消費地が地理的に離れている状況を想定した場合
である。都市の中でも生産が行われる日用雑貨品の場合は，生産地と消費地
が同じ都市というケースもありうる。このような場合，卸売業は産地と消費
地の２つの機能を同時に果たしているといえる。いまひとつ考えるべき点は，
生産者の規模拡大と交通・通信手段の発達にともなって卸売業が変化してき
ている点である。近年，生産者すなわちメーカーの生産力・資本力が大きく
なり，自社製品を直接，全国市場や海外市場に向けて販売するのが一般的に
なってきた。これは主に高度経済成長期以降のことであるが，これにより，
一流メーカーが生産する製品はメーカーの営業部門を介して流通するように

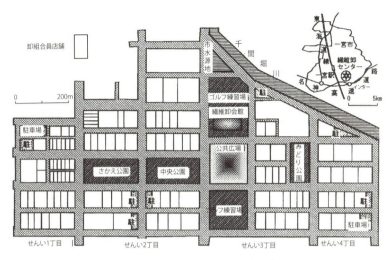

図5-6 愛知県一宮市の繊維卸売業団地
出典：林，2004，p.141による。

なった。また，交通・通信手段の発展にともない，消費者の手元へできるだけ早く，効率的に届けることが優先されるようになった。その結果，途中の卸売業を飛び越える動きが強まり，流通経路の短絡化が進んだ。

こうした一般的傾向を踏まえながら名古屋圏の卸売業を通観すると，陶磁器産業や繊維産業など伝統的な地場産業地域では産地卸売業が衰退傾向にあることが指摘できる。流通近代化の流れを受けて，瀬戸焼，美濃焼，常滑焼の各産地では卸売業者の集団化が進められた。もっぱら企業団地形式による活動の効率化をめざしたものであり，それなりの成果はあった。同様に，尾西地方の繊維産業でも卸売団地が設けられ，中小卸売業者の経営力強化が図られた（図5-6）。しかし陶磁器産業，繊維産業ともに国内市場の発展の限界性や国際競争力の低下などのため，長期的な活動の低迷は免れない。一方，機械や金属など名古屋とその周辺で活発な生産が行われている業種では，名古屋に営業拠点を構えて地元市場や他の大都市圏市場，もしくは海外市場を相手にする卸売業がある。この種の卸売業は部品や中間製品を扱う割合が多く，取引相手は最終消費者向けの小売業者とは限らない。

　名古屋市における卸売業の集積は，東京や大阪と同様，地元（市内）向け

155
第5章　商業の歴史的発展と都市構造の変化

だけでなく，その周辺を含む大都市圏全体と結びついた結果である。東京は東京大都市圏，大阪は大阪大都市圏を市場として卸売業が活動しているが，名古屋の場合もそのベースは名古屋大都市圏である。このことは，横浜や神戸の卸売業集積が都市規模の割に小さいことからもわかる。横浜は東京の卸売業の傘下にあり，神戸は大阪の影響下にある。同じ理屈は北海道の札幌，九州の福岡，東北の仙台，中・四国の広島についてもいえる。小売業とは異なり，卸売業はより広い地域をベースとして成り立っている。

名古屋の都心部には一流企業をはじめ数多くの企業の営業部門がオフィスを構えている。その多くは事業所形態でいえば支社や支店であるが，産業分類では卸売業としてカウントされている。そびえるように林立するオフィス

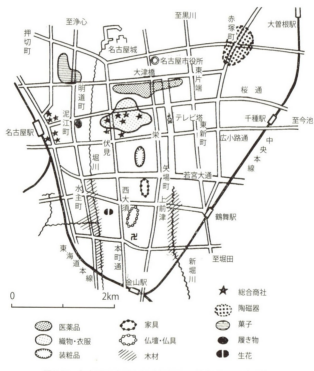

図5-7 名古屋市内における卸売業の分布（1970年代）
出典：名古屋市経済局編，1991, p.134による。

の中で何が行われているか，外からはわからない。一般の消費者を相手にしていないことから一般的な小売業やサービス業でないことは明らかである。もちろん製造業でもないため，残るは卸売業，具体的には企業・法人相手の販売，情報収集，企画，広告・宣伝などを行う事業所である。メーカーの子会社になり専業として業務を行えばサービス業といえるが，支店や支社の形態によるサービス業務なら，それは卸売業としての業務とみなされる。

　図5-7は，名古屋市内に分布する卸売業の集積状況を取扱業種別に示したものである。同じ業種の卸売業が地域的に集まっているのは，近くにメーカーが集積しており製品の卸あるいは製造・卸をしているため，あるいは歴史的経緯から同種の卸売業が昔から集まっていたことによる（名古屋市経済局編，1991）。前者の例として，堀川や新堀川の近くに集まっている木材，家具，仏壇・仏具の卸売業，明道町界隈の菓子卸売業，それに瀬戸方面への出入り口である赤萩町の陶磁器卸売業を挙げることができる。また後者の事例として大津橋界隈の医薬品卸売業，伏見北東の織物・衣服卸売業を挙げることができる。前者は市内で生産しているメーカーの近くで製品を取り扱っているという点から産地卸売業といえる。名古屋駅前や伏見に多い総合商社は，メーカーの支社，営業所ではなく，幅広い商品を取り扱って口銭を稼ぐ日本独特の卸売業である。

第2節　小売業の近代化とその影響，地域商業の変貌

1．消費需要の増大に応えるスーパーの登場と立地規制

　日本経済が高度成長の螺旋階段を駆け上がるように進んでいくのにともない，国民の所得は大幅に上昇していった。新たに生み出されるおびただしい種類の商品をまえにして，誰もが増えた所得でそれらを手に入れようと思った。経済の高度成長それ自体，生産の増加とともに消費の増加をも意味する。しかし，資金や技術がつぎつぎに投入されて近代化が進む製造業に比べると，卸売業や小売業の部門では近代化が遅れ気味であった。これまでの商店街，百貨店だけでは増え続ける商品を効率的に最終消費者のもとへ届けるのが難しい。流通・販売に隘路があれば，そこに商機を見出して流通経路を新たに

開拓しようという者が現れる。欧米先進国ではすでに百貨店とは別の大規模小売業が登場し，購買意欲が旺盛な消費者の要望に応えようとしていた。

　1950年代末から60年代にかけて，一般にはスーパーと呼ばれる大規模な小売業が日本の都市にも現れるようになった。スーパーは総称であり，規模の大きさや商品の種類数に応じてさまざまなタイプの大規模小売業がある。日本では生鮮三品に加えて日用雑貨品も扱うスーパーストアが特徴的な業態として発展した。これよりも規模の小さいスーパーレットや，のちにショッピングセンターと称されるようになる売り場面積の大きなものまで，種々のタイプが各地に現れるようになった。このようにタイプは多様であるが，その基本は大量に仕入れた商品をいかに効率的に廉価販売するかという点にある。大量仕入という点では百貨店と似ているが，サービスを付け加えることが競争力になっている百貨店とは反対に，サービスを極力排除する。大量仕入で売値を下げることが可能になり，商店街の一般小売店から消費者を奪うことができる。

　こうして登場してきた大規模小売業，スーパーは，各地で進出反対運動のターゲットにされるようになった。なかには既存の商店街の一角にそれほど規模も大きくなく立地したスーパーもあった。商店街へ消費者を引き寄せる看板役としての役割をこうしたスーパーが担うこともあった。しかし商店街を見限ってスーパーへ消費者が足を向けるのが一般的になり，いよいよ大規模小売業に対する風当たりは強くなった。反対運動はやがて社会問題化し，政治的調整が必要とされるまでになった。独立小売店主の集まりである商店街は保守党の大きな票田である。政権維持のためにはある程度，大型店の立地を規制せざるを得ないという政治的雰囲気が現れてきても不思議ではない。先例はフランスやイタリアにすでにあり，本来，自由競争が原則であるべき商業分野に政治的要素が持ち込まれることになった。商業活動調整協議会（商調協）という組織が自治体単位で立ち上げられ，申請された大型店の立地を売り場面積の縮小や営業日数・時間の短縮などによって抑える役割を担わされた（鈴木，1980）。商調協には消費者代表者も加わっていたが，調整結果は大型店の進出を歓迎する消費者の要望とは違うことが多かった。

2. 名古屋圏における総合スーパー，食品スーパーの展開

　小売業はもともと地元の人々を相手に商売をする経済活動であるため，店主や経営者は地元民であることが多い。しかし，小売販売を拡大して利益を増やそうという意欲に燃える経営者は，経営を拡大する過程で意識が地元から離れていく。既存の小売業者からは商売敵やライバルと見なされるようになるかもしれない。多店舗経営の戦略のもとでこれまで縁のなかった他地域にチェーン店を構えれば，地元意識はますます希薄になる。ただし店舗数がそれほど多くなく，地元とその周辺が主な商圏にとどまっている段階であれば，消費者の間でも地元のスーパー，地元の大型店という受け止め方がなされる。名古屋圏では，1969（昭和44）年にドラッグストアの西川屋と呉服屋のほていやが統合して生まれたスーパー・ユニーが，地域一番店の総合スーパーとして急激な成長を遂げていった。旧西川屋は名古屋が発祥の地であるのに対し，旧ほていやは横浜を本拠としていた。合併時にはユニー本体のほかに，中部ユニー，東海ユニー，関東ユニーが系列販売会社として設けられた。店舗数が名古屋圏に多かったのは名古屋に本社を置くスーパーという性格が強かったからであるが，合併の経緯から関東地方でも店舗展開が進められた。

　生鮮三品に加えて衣料品などの日用雑貨品も同じ店舗内で販売する大型スーパーが近くに進出してくれば，その影響をまともに受ける零細小売店は多いであろう。生鮮三品に商品を限定したスーパーの場合は，青果物店，鮮魚店，精肉店などが消費者を奪われる可能性がある。スーパーの中には小規模な食品小売店から立ち上がって規模を拡大し多店舗化していった食品スーパーもある。1960（昭和35）年に名古屋市中区でスーパーマーケットを始めたヤマナカや，1958（昭和33）年に恵那市で始めた主婦の店が起源のバローなどは，そうした事例である。ヤマナカは1979（昭和54）年に東三河のマルイと合併したため愛知県東部でも店舗を増やした。バローは岐阜県東部を中心に足元を固めながら愛知県，三重県など県外でも店舗展開を進めた。小売業が多店舗化をめざす最大の目的はスケールメリットの獲得である。厳しい競争環境のもとで生き残れるか否かは，質の良い食品をいかに低価格で提供できるか，その優位性にかかっている。

中小小売業団体からの要請を受け，国は大規模小売業の立地を抑制するために法的規制を行った。これにより大規模な総合スーパーの立地スピードは抑えられた。しかし，バブル経済の崩壊とその後の長期不況，それに日米構造協議というこれまた政治的要素が複雑にからみ，最終的に立地規制は廃止された（日本経済新聞社編，1990）。長引く不況から脱出するには，消費を抑えるより商業の活性化が切り札になる。押し寄せる経済グローバル化の動きに立ち向かうには，国内小売業の競争力を強めなければならない。自動車産業や家電産業など競争力の強い製造業に比べ，流通，サービス分野の国際競争力は強くない。国内的な対立でエネルギーを消耗している余裕はなく，流通の合理化をさらに一層進める段階へ日本経済は入っていった。名古屋圏で生まれたユニーはその後，社名を変更したり本社所在地を名古屋市から稲沢

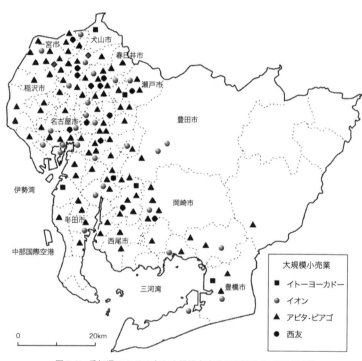

図5-8　愛知県における主な大規模小売業の店舗分布（2013年）
出典：小林，2015，p.19をもとに作成。

市へ移したりして合理化や競争力強化につとめた。ヤマナカはレベルの異なる消費者層に対応した新店舗を開発した。バローは食品スーパー以外の業態開発や海外進出にも手を広げるようになった。名古屋圏では，ルーツが四日市にあり，いまや全国的スケールでモールの展開に励んでいるイオンの存在感も大きい。

　図5-8は，愛知県における主な大規模小売業の店舗分布（2013年）を示したものである。稲沢市に本社があり，名古屋圏を主な市場として店舗展開を進めてきたユニーのショッピングセンターであるアピタとピアゴの数が多い。アピタは総合スーパーの大型店であり，ピアゴは中型・小型店である。市場規模に応じて店舗の大きさを変えて対応している。イオンはその前身であるジャスコの時代から名古屋圏で店舗展開を続けてきたが，イオンになってからよりスケールアップし，系列のマックスバリューとともに市場を広げてきた。関東資本のイトーヨーカドー，西友は店舗数が限られており，あまり馴染みがない。地域的に見ると尾張と西三河の分布密度が高く，三河山間部にはほとんど店舗はない。尾張でも知多半島の南部にはほとんどなく，同様なことは渥美半島についてもいえる。基本的には人口分布にしたがった出店であり，都市での集中傾向が明瞭である。

3. 都市中心部の商店街の衰退と再生・復活の兆し

　小売業の本質が消費者に商品を販売する点であることは，昔も今も変わらない。問題は商品をどのように仕入れ，どのような値段でいかに販売するかである。「価格破壊」という旗印を大きく掲げて登場したスーパーは当初，多くの消費者に歓迎された（吉田，1994）。これまで商店街の個別店舗を回らなければ手に入らなかった品々が，同じフロアーに所せましと並べられており，欲しいものを手当たり次第にバスケットの中に入れてレジへ行き，まとめて精算すればそれで済む。きわめて合理的かつ効率的な買い物の方法であり，店内は多くの買い物客でにぎわった。逆にスーパーに顧客を奪われた生鮮三品を中心とする商店街の小売業者は，年々減っていく売り上げの減少を嘆いた。やがて商店街から一店，また一店と櫛の歯を抜くように店舗が消えてゆき，「シャッター通り」という名称があちらこちらで使われるようになっ

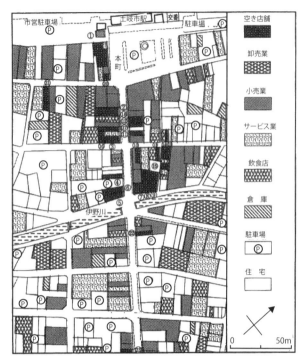

図5-9 土岐市駅前における商店街の空き店舗
出典：林，2001，p.55 をもとに作成．

た。これにともない，これまで近くの商店街で買い物をしていた人々，とりわけ移動がままならない高齢者などが買い物しにくいという問題が浮上してきた（杉田，2013）。

図5-9は，岐阜県土岐市の駅前商店街の空き店舗状況を示したものである。同市の主要商業地域は，中央本線土岐市駅前の南東側に伸びる道路を挟むようにして形成されてきた。隣駅である多治見駅と瑞浪駅でも同じような商業地域が形成されたため，潜在的な競争関係にあったといえる。しかし現在の駅前地区における商業衰退の原因は，駅の北方を通り抜ける国道19号沿いや郊外における商業・サービス業の立地によるところが大きい。図から明らかなように，商店街だけでなく，かつて住宅のあった場所でも空き地や駐車場が増えており，残った店舗が分散的に営業を続けている性格の曖昧な地区になってしまった。隣り合う多治見，瑞浪では駅前広場の整備が実施されたが，土岐市ではまだ十分な手が講じられていない。

このように，名古屋圏の中小都市の商店街ではどこも似たような状況が見られるようになった。スーパー進出の陰で，昔からの商店街は火の消えたような状況に追い込まれていった。しかしいうまでもなく，古くからの商店街

が衰退していくのは日本だけの現象ではない。小売業の近代化が日本より早かった欧米先進国でも，都市周辺に大型店が立地したために，中心部の伝統的な小売業が衰退を余儀なくされた事例は多い。アメリカではアーバンブライト（urban blight）という言葉が都市地理学でよく使われたが，既成市街地がまるでカラマツの木が腐っていく「胴枯れ病」のように病原体に冒され元気をなくしていく過程が研究された。モータリゼーションが日本以上に進んだアメリカでは，都市中心部と郊外のコントラストが際立っている。それでも1970年代の石油危機で郊外化の勢いがいくぶんか鎮まると中心部の衰退はやや弱まったが，大勢として落ち込みを阻止することは困難であった。

　名古屋圏では大都市・名古屋でさえ，既成の商店街は新興勢力の影響を受けざるを得なかった。地下鉄網が整備され都心部へのアクセスが向上したため，都心部の商業地域はむしろ恩恵に浴した。同じ中心部でも，都心部周辺の商店街は郊外に流れた消費者を失い，都心部を訪れる消費者をいかに引き寄せるかに苦労した。たとえば，都心部南側の大須商店街は市内でも有数の商業地として発展してきた歴史があるが，小売業近代化の波に乗れず，進むべき道を探しあぐねていた。

　こうした低迷状況から脱するため，都心部周辺の商店街では活性化の取り組みが行われた。なかでも特筆すべき事例として，また大きな成功を収めた事例として大須地区が注目される。大須を舞台に繰り広げられた再生劇は，まるでドラマを観るようなかたちで展開していった（吉崎，2011）。1970年代，大須商業地域の小売業販売額は栄の9分の1程度，今池より少なく，大曽根と同じくらいの規模であった（図5-10）。名古屋の都心近くにありながら，消費者を十分引きつけることができていなかった。最初のきっかけは，1977（昭和52）年に東京・上野から誘致した「アメ横電気屋街」であった。当時としてはかなり思い切った決断であり，こうした戦略を危ぶむ声は少なくなかった。しかし蓋を開けてみたら予想を上回る反応があり，大須のイメージが大きく変わり始めた。その後，まちおこし運動家による「大須大道町人祭」といったイベントも加わり，もともとあった庶民の町・大須というアイデンティティが再確認されていった。近代的なデパートや地下街にひしめくファッション店に高級ブランド店も加わって一層，高級感を志向する都心の

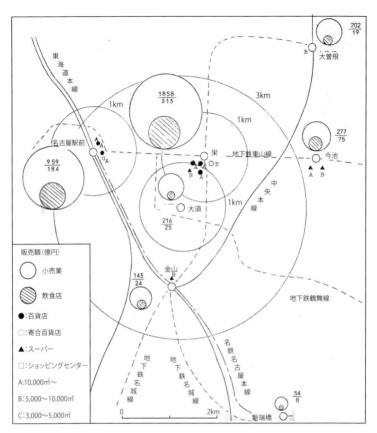

図5-10 大須を中心とする名古屋市内の主要商業地域の概況
出典：名古屋市中小企業センター編，1978，p.8〜9をもとに作成。

栄地区とはまったく逆のイメージを大須にもたせ，泥臭さをベースに個性化，差別化を徹底的に追求したことが功を奏した要因である。

　大須の復活劇は，大須観音を中心とする江戸時代以来の庶民の歓楽街としての歴史があってのことである。さまざまな歴史的資源があり，それらを現代社会の中で受け入れられるように生かした点が重要である。これもまた海外に似たような事例がたくさんある。大都市の都心近くに残された歴史的建造物を生かし，ノスタルジーを感じさせる雰囲気の中に消費者を取り込むという再生戦略である。すべての人々がつぎつぎに登場する新しい小売業態に

満足しているわけではない。同じ人でも，たまには現代の流行とは異なる昔風の雰囲気に触れながら買い物をしたいという気になる。昔のものを集めて並べただけの骨董屋ではない。古いものの中に現代にも生かせるエッセンスを見出し，それを魅力的に商品化して消費者に提供することが復活へのカギになっている。

4．大規模小売店舗の立地抑制とコンビニエンスストアの登場

　台頭する大規模小売店舗の進出を抑えようとしたさい，店舗の規模が大きいことが問題にされた。大規模小売店舗と名乗る以上，売り場面積が広いのは当然であるが，面積が広いことそれ自体は必ずしも脅威にはならない。怖いのは売り場面積が広くなると品揃えが豊富になり，消費者にとって選択の幅が広くなることである。商品の大量仕入れで売値を引き下げられることも，既存店にとっては脅威と映る。大規模小売業の多くは店舗の大規模化と多店舗化の両方で購買力を強めてメーカーとの交渉に臨み，その成果を消費者に還元する姿勢を示した。これはもっともな経済の論理である。しかし，二重三重にも優位な立場に立てる大規模小売業に対し，既存の零細小売業は到底太刀打ちすることができない。経済の論理ではいかんともしがたく，いきおい政治的手法に頼ってしまった。これが1973（昭和48）年に大規模小売店舗法が制定された背景事情である。

　大規模小売店舗法が施行された1974年（昭和49）3月以降，商業活動調整協議会の場で申請のあった大規模小売店舗の出店状況が審査されることになった。消費者の利益も勘案するという建前はあったが，実際はいかに計画店舗の売り場面積を削るか，またいかに営業日数・時間を少なくするかが議論の中心になった。大都市と地方都市では基準が異なるが，売り場面積が一定以上の店舗は一律に規制の対象とされた。ただし法律の名称に「規制」という用語は使われていない。しかし名前より実であり，売り場面積を少しでも減らせば影響力はそれだけ小さくなるという信念がもたれた。こうした信念の裏をかくようにして登場してきたのがコンビニエンスストアである。実際，初期のコンビニは大規模小売店舗法によって思うように店舗展開できない大規模小売業が，審査の対象とならない狭い面積で営業を始めたものであ

165

第5章　商業の歴史的発展と都市構造の変化

る。百貨店並みの品揃えで大量の消費者を取り込もうという大規模小売業と狭い地域の消費者を相手に日用雑貨に限定した商品を販売しようというコンビニでは，考え方がまったく異なる。しかし，消費者を相手に商品を販売するという点では同じである。

　初期のコンビニは，大都市の一部，それも深夜まで起きている人の多い繁華街に近いところに現れた。まともな人は日中，スーパーや商店街で商品を購入するため，わざわざ深夜に値段も高めのコンビニなどには行かないと思われていた。昔から地方都市や農村部には万屋という日用雑貨を商う店舗があった。形態は似ているが在庫をもたず多頻度仕入れで欠品を出さず，地価の高い人通りの多い場所に店を構えるという点で，伝統的な万屋やドラッグストアとは大きく異なる。チェーン組織による多店舗立地が前提で，販売した時点で商品の数をつねに把握し，本部にその情報を送るという情報システムをそなえていた（鷲巣，2008）。これは製造業で主流になりつつあったジャストインタイム，つまり無駄なく柔軟に商品供給ができるシステムそのものである。当初は東京，大阪など一部の大都市に限られもの珍しく思われたコンビニも，その後，燎原の火のように全国に広がり，いまや海外にまで進出していっているのは周知の通りである。

　コンビニエンスストアを経営している企業の多くは，スーパーなどを全国的に展開している小売業もしくはこれに類似する商業資本である。このことは，一方でフル装備の大規模小売販売をめざし，また他方で狭い地域を対象に小売販売を展開する両面作戦のもとで動いていることを物語る。名古屋圏でいえば，大規模小売業ユニーが 1979（昭和 54）年にアメリカのサークル K から日本でのライセンスを得て始めたサークル K のコンビニがそれにあたる。コンビニエンスストアはフランチャイズシステムで経営するのが一般的であり，実際に経営にあたるオーナーを各地で募集し，コンビニ経営のノウハウを学ばせ，本部が商品を供給する。売り上げの一定割合は本部に納められ，残りがオーナーの取り分である。オーナーは地元と関わりがあるため商圏を熟知している。その情報を最大限生かして売り上げを伸ばし，元締めである大規模小売業は経営指導と商品供給の面からサポートを行う。自由な競争原理が働く現代，コンビニは多店舗化で競争力を強めようとしてい

る。名古屋圏では当初はサークルＫが優勢であったが，それは一時のことで，現在は他地域から勢力を伸ばしてきたコンビニとの間で熾烈な競争が展開されている。

第3節　商業集積地の地域構造と変化のプロセス

1．商店街を中心とする商業集積地の地域構造

　モータリゼーションが本格化する以前，あるいはスーパーが町中に登場する以前，日本の中小都市はコンパクトで密集していた。商店街は町の中心にあり，人々は日中とくに夕方になると，毎日のように買い物にでかけた。まだ冷蔵庫は普及しておらず，生鮮品はその日か翌日に食べる分だけ購入して自宅へ帰るという習慣が一般的であった。自宅と商店街との間の距離は短く，歩いていくのにそれほど時間は要しなかった。品数は限られていたが，個店が軒を並べるように営業しており，行きつけの店主との間で言葉を交わしながら買い物を楽しむことができた。商店街は町の一部，すなわち都市構造の一部を構成しており，人々の日常的な交通移動の主な発生源でもあった。ところが，戦後経済の高度成長にともなって実現していった所得増加と高まる購買意欲，自動車や冷蔵庫の普及，そして商品供給側の近代化・大規模化が，こうしたコンパクトな都市構造を大きくつくりかえていった。

　商店街が主流をなしていた時代は，日本の総人口が急激に増加していた時代でもある。1947（昭和22）〜49（昭和24）年生まれのベビーブーム期に生まれた人々はのちに団塊の世代と呼ばれることになるが，一時的な人口増は日本だけでなく，第二次世界大戦に関わった多くの国に共通する現象である。戦争の反動としての平和を象徴する人口増は，その後，学校，住宅，電化製品など大きな市場を生み出していく。ベビーブーマーがまだ幼少期にあった頃，商店街は経済を立て直すために奮闘している人々を生活面で支えた。生きていくために必要な生活インフラとして機能し，また次世代を背負うベビーブーマーの成長を見守り育てる役割をも果たした。学校教育，労働運動，映画・音楽などの文化や娯楽の面では，戦勝国アメリカから持ち込まれた民主的雰囲気によって社会は満たされていた。しかし同時に，戦前から続く地

域の祭りや伝統も依然として残されており，商店主の中にはそのような催しに加わる人も少なくなかった。つまり商店街は地縁や血縁によって特徴づけられた共同体的性格を完全には失っておらず，社会的，地域的まとまりの中心や拠点として機能してきた（小川ほか，2004）。

　一口にコンパクトな商業集積といっても，商店街にはそれぞれの顔があり，かたちや役割にも差異があった。たとえば鉄道など公共交通機関を利用する人々を顧客とする駅前の商店街と，住宅地域を背後に控えその出入り口に軒を並べる商店街では性格が異なる。まだ自動車が普及する以前であるため他地域への移動手段は鉄道が主であり，そのため，駅前の商店街は比較的広い

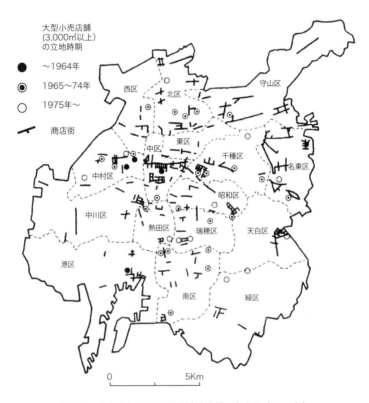

図5-11　名古屋市における大型小売店舗と商店街（1985年）
出典：名古屋市計画局編，1987，p.37をもとに作成。

範囲からの顧客を相手にすることができた。名古屋圏では当時の国鉄あるい
は名鉄の駅前に形成された数多くの駅前商店街がこれに相当する。朝夕の通
勤客，列車や電車に乗って買い物に来る顧客など，駅前の商店街はこうした
人々を相手に商いを行った。対する住宅地近くの商店街は，もっぱら毎日の
ように訪れる馴染み客が相手であり，気心が知れた相手を対象とした，ある
意味,惰性的な商売であった。商店街は商品だけでなくサービスも売ったが，
家庭にテレビが普及する以前のこの時代，映画館やパチンコ店が娯楽サービ
スを人々に提供した。

　図5-11 は，1980 年代中頃の名古屋における大型小売店舗と商店街の分布
を示したものである。戦前から形成されてきた商店街は，戦後も存続してき
た。住宅地化の日がまだ浅い名東区や天白区など郊外でも，住宅の増加とと
もに街路に沿って商店街が形成されてきたことがわかる。市内のところどこ
ろに大型店が立地しているが，多くは1960 年代中頃から1970 年代中頃にか
けて生まれたものである。現在の規模と比べると売り場面積は抑え気味で，
大規模小売店舗法の効果が効いていた。商店街は依然として力を維持してお
り，大型店に対抗する気構えがあった。郊外を中心に人口増加が続いた名古
屋では，まだら模様とはいえ大型店と商店街は共存状態にあった。バブル経
済期に入ろうとしていたこの頃，都市の中心部から周辺部へ向けて押し出す
力が強く，郊外市場は成長を続けていた。

　名古屋は名古屋圏の他の中小都市に比べると公共交通機関がよく発達して
おり，人口密度も高い。東京，大阪など他の大都市より自動車による移動も
しやすいため，商店街や駐車場のあるスーパーなど多様な商業施設を利用す
るのに恵まれている。1980 年代は商店街の力も維持されており，図5-12 に
示すように独立小売業の集まりである商店街を中心とする商業中心地が階層
的に配置されていた。独立小売業のすべてが商店街組織に加入しているわけ
ではないので，実際は未加入店舗も含めて各地域に商業集積地を形成してい
た。地下鉄の主要駅周辺は拠点商業地や地域中心商店街にほぼ対応している。
これらに挟まれるようにして地区中心商店街も展開している。都心部の中心
商業地を含めて，これほど規模が多様な商業中心地が存在する都市は，名古
屋圏では名古屋以外には見当たらない。都心の百貨店に匹敵しないまでも，

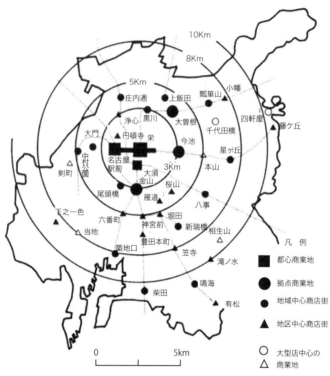

図5-12　名古屋市における商業中心地の分布
出典：越中，1983, p.7 をもとに作成．

それ相応の規模の大型店は，まだこの時点では多くなかった。商業活動調整協議会が名古屋よりむしろ周辺部の中小都市に設置されやすかったのは，既存の商業集積が大きくなく，それだけ新規に進出してきた大型店の影響が大きかったからである。

　小売業の地域的動向を統計的にとらえる場合，店舗数（事業所数），売場面積，従業者数，商品販売額などの指標が有効である。とくに商品販売額は小売業の実勢を直接反映するので貴重な指標といえる。しかし小地域別に商品販売額データを入手するのは簡単ではない。幸い名古屋市では小学校の校区単位でこうした資料が整理されているため，これを用いて小売業活動の地域的動向を明らかにすることができる。大規模小売業がいまだ発展途上に

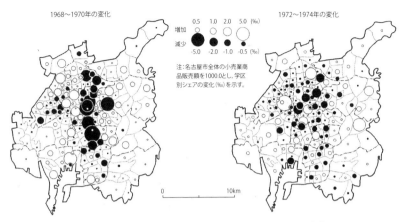

図5-13　名古屋市における学区別小売業販売額シェアの変化
出典：林，1979, p.46～47による．

あった1960年代末から1970年代初頭の時期であるが，名古屋では小売業の販売額シェアは中心部で落ち込み，郊外で上昇し始めていた（図5-13）。ただし注意したいのは，中心部のすべての学区でシェアが落ちたのではなく，逆に上昇した学区もあるということである。特徴的なのは，1968～1970年（昭和43～45年）の場合，中心部では南北方向に帯状に連なる学区でシェアが低下したことである。この動きは，南北軸が歴史的に形成されてきた名古屋の都市構造との関連性を想起させる。1972～1974年（昭和47～49年）になると，販売額シェアを高めた学区が中心部にもみとめられる。こうしたことからいえるのは，小売業活動の地域性を単純化して考えるのは危険であり，個々の商店街や大型小売店の営業努力で販売結果に差が出る点にも目を向ける必要がある。

2．自動車優先の郊外商業空間と社会的損失

　商店街を町の核とする都市構造は，自動車，冷蔵庫，テレビなどの普及で徐々に変わっていった。三種の神器の中身は時代によって少しずつ変化し，家電製品や自動車を保有することで人々の暮らしぶりは一変した。とくに大きかったのは自動車の普及が予想以上に進んだことである。移動手段として

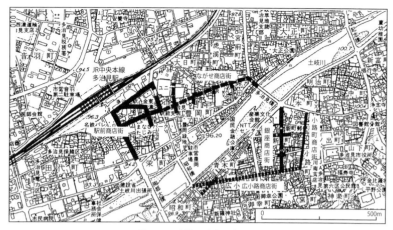

図5-14 多治見市内の商店街
出典：多治見市編，1987，p.37をもとに作成。

の自動車は人々の行動範囲を飛躍的に広げ，その結果，都市構造は大きな影響を受けるようになった。ひとつは，人の移動に代わって自動車が移動するため市街地の構造を変えなければならなくなったことである。郊外のように，新たに開かれた地域であれば，計画的に幅員の広い道路を建設することができる。しかしながら，歴史的に形成された古い市街地をそのままの状態にしておいては，自動車を円滑に通すことはできない。このため多くの都市は旧市街地の狭隘道路を見限り，郊外に都市機能を移すことで新しい時代に対応しようとした。

図5-14は岐阜県多治見市における既成商業地域を示したものであり，ほとんどすべて帯状の商店街によって構成されている。もっとも古い商業地域は中央を流れる土岐川の左岸側にあるが，これは名古屋と信州方面を結ぶ古い街道（下街道）が川に沿って通っていたことによる。1902（明治35）年に中央本線が名古屋から多治見まで開通し，それ以後，多治見駅前が新しい商業地域として発展していった。その後，時代は車社会へと移り変わっていくが，既成市街地の中に時代に適した商業空間を設けることは難しくなった。名古屋方面から転入してくる人口の増加で小売市場は拡大したため，大規模小売業にとって多治見市は利益の見込まれる有望な進出先と思われた。当初

はまず多治見駅前に大型店のユニーが出店し，その後，ダイエー，西友，バローなどが出店してきた。ユニーが立地した場所は，かつて窯業用の燃料として利用された石炭が貯蔵されていた貯炭場である。このあたりに，時代の移り変わりを見ることができる。ユニーの後に進出してきた大型店は，盆地地形と錯綜する狭隘道路に阻まれ，既成市街地の中に出店適地を見いだすことができなかった。それゆえこれらは，大規模タイル工場の跡地や中央自動車道のインターチェンジ付近に造成された丘陵地上に店舗を構えた。駅前のユニーもその後，リニューアルを理由に郊外に移転した。

多治見市に限らず，多くの中小都市では規模の大きな小売店舗を既成市街地に設けることは難しかった。大きな店舗敷地だけでなく広い駐車場を旧市街地の中に確保することは不可能に近いからである。地価の安い郊外に自動車利用者を主な対象とした店舗を設けることでしかビジネスとしては成り立たない。もっとも，大規模小売店舗の郊外立地が可能になったのは，郊外を貫く幹線道路がつぎつぎに建設されていったからである。つまり道路インフラが先行し，それを前提として規模の大きな店舗は幹線道路に沿って立地していった。とくに全体的な整合性を意図した計画的プランがあるわけでもなく，いわばアトランダムにそれぞれの店舗は建ち並んでいった。俗にバイパス立地型と呼ばれる小売業・サービス業の立地展開が全国的スケールで見られるようになった。

広幅員のバイパス道路沿いに進出してきた小売業・サービス業の多くは，全国的に店舗展開を図る企業である。当然のごとく店舗スタイルは画一的で，その結果，どこの都市へ行ってもバイパスには同じような商業空間が見られるという状況になった。バイパスから外れた旧市街地では寂れた時代遅れの商店街が，主に徒歩で来店する顧客を相手に商売をしている。ところどころに申し訳なさそうに駐車スペースを確保しているが，自動車利用客が大挙して訪れることは望めそうにない。一見賑やかではあるが，自動車の出入りばかりで人々が直接触れ合うことのないバイパス沿いの商業空間と，いまは寂れて人影もまばらな旧市街地の商業空間の対照性が強烈である。

旧市街地を避けるように幹線道路がバイパスとして設けられたのは，国土発展の目的上，当然のことであった。それを前提として，自動車利用が欠か

173

第5章　商業の歴史的発展と都市構造の変化

せなくなった人々の消費需要を満たすために各種の小売業・サービス業が立地していったのも，また当然の成り行きであった。ただし，利益を上げるための販売装置としての商業・サービス業施設は，集合的には都市構造の一部を構成している。店舗面積が大きな商業施設の場合は，都市景観として人々の目に触れる機会が多い。資本主義の都市ではしばしば市場の失敗が起こるが，経済的利益と社会的損失のバランスに配慮した都市づくりがもっと考えられてよい（中川，2008）。そのためには，社会的損失をもたらすビジネスは経済的利益も少ないという風潮が湧き上がってこなければならない。これは成熟した都市社会の条件でもある。

3．都心中心部，鉄道駅周辺の商業，居住空間

　商店街全盛期に幼児であったベビーブーマーの青年期，壮年期は，都市が面的に拡大していった時代である。ところが，壮年期を経ていよいよ現役時代を終えることになった21世紀初頭，時代は大きな転換点を迎えた。自身が高齢者の仲間入りを果たすようになったのは当然として，孫世代に相当する人口がいよいよ少なくなり，「少子高齢化」がさまざまな方面で課題視されるようになったからである。都市と商業空間に引きつけて考えた場合，あれほど盛んであった郊外化がかつての勢いを失い，逆に「胴枯病」の元凶とも思われた旧市街地が再び注目を浴びるようになった。「多産少死」で増えた総人口が「少産多死」によって減少していく人口推移の一般原理を考えれば，いつまでも郊外化が続くとは考えにくい（江崎，2006）。ただし，すべての郊外ではないが，都市郊外がリニューアルによって再編されることはある。再編してしかるべきほどの時間が経過したのであり，新しい時代に合うように暮らしやすい条件を整備すればそれでよい。

　21世紀になり，日本ではバブル経済崩壊後の長引くデフレ経済のもとで内向き志向が強まっている。旧市街地の地価はバブル期以前の水準にほぼ戻ったといえる。2011（平成23）年3月には東日本大震災を経験し，家族関係の見直しや災害意識の高まりという社会的雰囲気も鮮明になった。定年を過ぎた高齢者の中には郊外から買い物や医療環境に恵まれた旧市街地へ，生活の場を移す人もいる。団塊世代が家庭をもった当時は，郊外でのマイホー

ム生活は当然のことであった。しかし時代は変わり，いまでは旧市街地のマンション住まいで満足する若年層も多い。脱工業化やサービス経済化が進んだ都市部では，企業の遊休地・低利用地はあらかたマンションやコンビニなどに変わっていった。建築技術や耐震技術の向上で建物の高層化が可能となり，都市中心部では人口吸収力が高まった（富田，2015）。

　人が集まるところに小売業やサービス業が現れるのはごく自然である。旧市街地はマンション居住空間としてのみならず，小売・サービスのビジネス空間としても目が向けられるようになった。名古屋圏では名古屋駅前周辺で進む再開発事業に絡んだ商業空間の再編が目玉になろうとしている。ベースは名古屋市中心部の利便性を求めて市内への転居を希望する人々の存在である。しかしそれとは別に，JR 東海が2027（平成39）年の完成をめざして進めているリニア中央新幹線の存在が大きい。リニアの完成が名古屋駅の結節性を飛躍的に高める可能性が大きいからである。この事業計画に誘発されるように内外から資本が名古屋に流れ込み，それに連動して駅周辺を中心に小売業・サービス業空間が変貌しようとしている。対する栄地区では目立った動きはないが，すでに国際的なブランド店のこの地方における旗艦店は出揃っている。バブル経済崩壊後の企業スリム化で銀行などが都心部から撤退したあと，内外の大手小売業・サービス業資本がその跡地に進出したからである。

　一方，名古屋以外の周辺の中小都市においても，新たな動きがある。ひとつは岐阜，四日市，豊橋などの駅前にあった百貨店があいついで姿を消していったことである。これは，郊外に立地したモール型のショッピングセンターと JR 東海・高島屋百貨店（名古屋駅）の両方の影響を受けて，営業が行き詰ったことが大きい。大型店の立地が原則自由になり，モール形式による本格的な大規模商業施設が都市郊外にあいついで出現した（図5-15）。その一方で，JR 東海の在来線のスピードアップが進み，名古屋駅前の商圏が大きく拡大した。JR 東海や名鉄は在来線の駅の改修を進めており，便利になった公共交通機関の駅が商業空間を生み出す場所として再評価されるようになった。たとえば中央本線の勝川駅前では日本で最初の立体換地方式による再開発事業が成功し，マンション建設とともに商業空間も新たに生まれた（大塚，

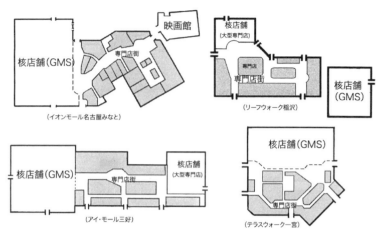

図5-15 愛知県内にあるモール型ショッピングセンターの店舗レイアウト事例
出典：小林，2015，p.24～28をもとに作成。

2014)。東海道本線の大垣駅北側の大規模商業空間や，一宮駅における駅建物と一体化した図書館づくりなど，ユニークな事例もある。

コラム5
都市の表と裏を認識する人の心　－地理学行動論－

　主要な鉄道駅では駅前とその反対側の駅裏がある。線路の走る方向によって駅前は北側になったり南側になったりする。東西南北に関係なく，駅前は賑やかで，駅裏は寂れている場合が多い。なぜこのようになるのか，これは家の場合の玄関口と裏側の勝手口の関係に似ている。正面と裏側の関係であり，こうした関係は家だけでなく多くの建物に共通している。道路に面している方が表側。面していない方が裏側である。このように考えると，都市というのは表と裏の一対になったものの集合体とみなすことができる。都市を街区や地区などの広がりでとらえた場合，先に述べた駅前は表の街区，駅裏は裏の街区になる。表，裏の関係がいつの時代に生まれたかは，歴史的に考えるしかない。いえることは，いったん表側として認識されると，表側としての性格が強まっていくということである。表側は人通りが多くビジネスチャンスも多い。つぎつぎに投資が行われビルが更新されていく。対して駅裏はいつまでたっても駅前に対抗することができず，評価は高まらない。

はサービスがどんな価値を生んでいるのか理解しにくい，などである。このためサービス的価値の重要性が十分理解されず，研究対象として等閑視されている。ざっとこんな状況である。

　たしかにサービスの幅は広い。全体像を把握するために色々な類型化が試みられているが，境界線は曖昧で，例外的なサービスも多い。サービスを企業サービスと個人サービスに分ける考え方は，オーソドックスな分類の仕方である。前者は企業活動を外部から支援するためのサービスであり，後者は個人のためにこれも外部から支援の手を差し伸べるサービスである。別の分類もあり，人の身体に働きかけるサービス，精神に作用するサービス，モノを対象とするサービス，情報に関わるサービス，の以上4つのカテゴリーに分ける考え方もある（近藤，2003）。これら以外に，サービスの供給主体の違いに注目し，民間サービス，行政サービス，ボランティアサービスなどに区分けする方法もある。

　名古屋圏という特定の地域を頭に描いてサービスを考えた場合，企業サービス業には地域性があるように思われる。企業サービス業は製造業をはじめ多くの産業分野で活動する企業を外側から支援する。企業サービス業の中には，もともと製造業で行われていた業務が企業の外に出され，独立した専門

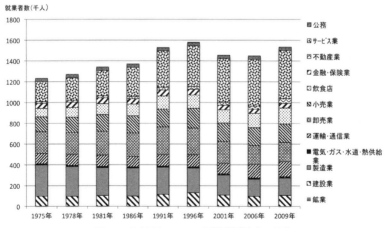

図6-1　名古屋市における産業別就業者数の推移
出典：名古屋市の長期統計をもとに作成。

的サービス業になったというものが少なくない。ということは，製造業など産業活動が活発な地域には企業サービスも多いということになる。名古屋圏では名古屋市を中心に，その周辺に多くの製造業企業が分布している。これらの企業は産業構造の高度化にともない，市場調査，広告・宣伝，会計，法律，情報，デザイン，コンサルティングなど種々の専門的なサービスを必要とするようになった。製造業を中心にクライアントが圏域全体に分布していれば，中心都市・名古屋にそれを支援するサービス活動の拠点を構えることは合理的である。実際，名古屋市の産業構成はかつての製造業中心から卸売業・流通業，そして各種の企業サービス業へとその主体が変わってきた（図6-1）。

２．製造業務を請け負う企業サービス業と非正規サービス労働

　企業サービス業の支援対象は製造業だけではない。産業全体と考えても差し支えないが，業種の違いを問わず，企業がどのような目的でサービスを外部に求めているかに注目する必要がある。大きくは，自社だけでは手に負えないより高度で専門的な業務を外部に求める場合と，費用節約の観点から外部のサービスを安価に利用しようという場合に分けることができる。情報化やグローバル化など社会の変化は大きく，それに企業として対応するにはイノベーションを生み出し続けなければならない。イノベーションは生産のための技術革新だけではない。企業組織，製品企画，販売など多方面にわたる。時間をかけてじっくり取り組むのが望ましいが，スピードが問われる現代においては，外部の専門的な力に期待せざるを得ない面がある。こうした状況をサービスを供給する側から見れば，多くのクライアントから同じような要望があればまとまって対処できるため，安く供給することができる。

　日本の電子機器メーカーは，かつては自前の工場をもってコンピュータを生産していた。しかし，コンピュータを生産する国が増えて国際競争が激しくなり，またモデルチェンジの間隔も短くなったため，国内の工場で生産することが難しくなった。その結果，製造業務を海外に移したり，業務それ自体を台湾や中国など海外の企業に委託したりするようになった（朝元，2011）。状況はその段階にとどまらず，さらに進んで設計業務さえ委託することも行われるようになった。製品の企画と広告・宣伝，販売だけは残し，

あとはすべて外部の企業に任せる企業さえ現れるようになった。もはや製造業といえるのか賛否両論あるが，現実には製造サービス業（manufacturing service industry）という純粋な製造業でもなく，かといってサービス業だけでもない，中間的性格をもった企業が登場するようになった。

　これと同じことは国内の企業間でも行われている。表向きは大手メーカーによる工業製品として社会では流通しているが，実際には OEM（Original Equipment Manufacturer）などのかたちで別の企業が生産し依頼メーカーに納めている。製造方法も以前のように人の力に頼る部分は少なくなり，コンピュータによってコントロールされた自動的な機械生産が主流である。コンピュータを動かすプログラムやソフトウエアの開発により多くの労働力が必要とされるようになった。製造というコアな部分の労働力は合理化によって減少したが，それをコントロールする部分や取り巻く部分の労働力はむしろ増えた。これらの部分についても，本来の企業組織から切り離されて外部委託されるケースが少なくない。

　企業が外部から必要なサービスを安価に取り入れる動きは，バブル経済崩壊後に企業が体質をスリム化していく過程で広まっていった。その象徴は非正規社員を派遣会社に依頼するスタイルであり，労働力を固定費用とみなし，その削減を追求するという体制の浸透である。業務は標準化され，未熟練労働力でも対応できるようになった。変動しやすい景気の動向をにらみながら，非正規労働を調整することで，企業は柔軟に生産を行うことができる。非正規社員は企画や研究開発などコアな部分に関わることはなく，末端に位置づけられる梱包・倉庫・流通・販売などの部門に配属される。情報システム化が進んでいる今日，こうした末端部門でも合理化は進んでいる。システム導入コストより安く雇用できるという判断のもとサービス労働が投入されているのである。

3．情報サービス業の大都市集中とものづくりサービス業

　企業は自らの活動を行うさいに種々のサービス投入を受けている。そのようなサービスは，クライアントである企業の業種ごとに固有のサービスを供給するタイプと，業種を問わず一般的なサービスを供給するタイプに分かれ

る。たとえば相手が製造業であれば，製造工程に関わる部分で必要なサービスがあり，それはエンジニアリング的なサービスであることが多い。これに対し，会計，法律，宣伝・広告，情報などどの業種にとっても一般的に必要と思われるサービスもある。名古屋圏の場合，ものづくりが盛んなことから，どちらかといえば製造工程に関わるサービス業が多い。逆にいえば，宣伝・広告，情報，コンベンション，マスコミ関連のサービスは多くない。これらは東京での集積量が大きい。東京を拠点とする企業サービスが名古屋に支社を置いて活動するか，あるいは東京からサービスを直接提供するか，などのパターンがありうる。

　情報サービス業の東京一極集中ははなはだしく，名古屋はおろか北は北海道から南は九州・沖縄まで広い範囲でクライアントをもっている企業が少なくない。さすが西日本では大阪の情報サービス業が活躍する部分もあるが，総じて東京集中傾向は著しい。情報サービスの性格上，距離の抵抗は受けにくく，広い範囲にわたって影響力を発揮することができる。情報通信手段の発展で場所に関係なく情報サービス業を立ち上げられる条件は整えられた。しかし逆説的ではあるが，局地的に集中することで競争が刺激され，人材獲得やイノベーションの促進など，大都市の優位性は依然として変わらない。直接的接触をともなう情報交換が重要なコンベンションやイベントなどでも同じことがいえる。新幹線網の拡充や羽田空港の国際化など交通インフラの充実が東京での機能集中を促している。マスコミ，出版・印刷，高等教育，科学・文化などに関わる高度なサービス業の東京集積がこうした動きを補強するなど，かつて全国的に話題になった首都機能移転の議論がまるでなかったかのように，東京への集中を既成事実化するメンタリティが人々の間にある（藤本，1992）。

　図6-2は，1980年代末期における名古屋市におけるソフトウエア事業所の分布を示したものである。まだインターネットの普及が本格化する以前ではあったが，オフィスオートメーションやファクトリーオートメーションという言葉が登場して事務所や工場での効率的業務が推奨された。図から明らかなように，主に企業向けのソフトウエアを開発する事業所の多くは都心部とその周辺に集中している。またここから溢れるように，地下鉄東山線，同

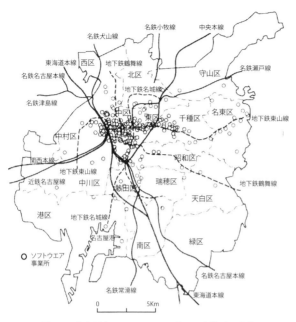

図6-2　名古屋市におけるソフトウエア事業所の分布
出典：名古屋市経済局編，1989による。

じく名城線に沿って事業所が点在していることもわかる。こうした集中的分布は，この種の業務が接触的利便性を重視していることを推察させる。工業生産のように広いスペースを必要としないため，オフィスビルを賃貸するなどしてクライアントも多い都心部に活動の拠点を構えようとする。ここで開発されたソフトウエアが名古屋圏の各地に展開する各種の事業所で利用され，生産の効率性を高めるのに貢献する。

　ソフトウエア事業所が地下鉄東山線に沿うように千種区や名東区にまで分布しているのは非常に示唆的である。なぜなら，名古屋では製造業は臨海部に近い南部，あるいは矢田川に沿う北部に多く，周辺部では少なかった。とりわけ新興の住宅地域ともいえる名東区や天白区にはほとんどなかった。丘陵性の地形や用水の問題など工業生産に不向きな条件も作用し，ほとんど産業らしい産業を受け入れてこなかった。ところが，ソフトウエア開発のように広いスペースを必要とせず，むしろ仕事に主体性や創造性が求められる活動の場所として，比較的静かな環境は望ましい。地下鉄に近ければ通勤や商談・打ち合わせなどにも都合がよい。ここに至り，名古屋の新たな産業空間が東部丘陵に生まれたといえる。ソフトウエア産業は1990年代以降，インターネットの急激な普及にともない，その重要性を高めていった。工業製

183
第6章　サービスの機能と多様なサービス空間

品に組み込まれるソフトウエアも増加し，製品の機能性を高めるためにメーカーは激しい競争を繰り広げるようになった。

　自動車生産は名古屋圏の代表的な産業である。典型的なアセンブリー産業であるため，下請け企業や関連企業など数多くの企業群が西三河地方を中心に分布している。自動車産業は一見すると成熟しきった産業で，進化の余地はないように思われる。しかし実際は，自動運転や安全性の向上など新たに目標となる段階に向けて世界中の企業が凌ぎを削っている。ハイブリッドカー，プラグイン・ハイブリッドカーはもとより，燃料電池車，電気自動車など，新たに市場に投入される可能性の高い自動車の開発も進められている（飯塚，2006）。スマートフォンやインターネットなどと連携するシステムの開発も盛んである。いずれもソフトウエアやアプリケーションとは不可分な事業分野であり，産業としても大きなウエートをもっている。ソフトウエアが大きなウエートを占めるものづくりに対して，専門的な企業サービス業は今後ますます深く関与していくと思われる。

第2節　医療，観光など多様なサービス，ボランティアサービス

1．救急医療サービスと日常的な医療サービス

　医療サービスは身近なサービスであると同時に，きわめて重要なサービスである。人の生命に関わるサービスでもあるため，男女，年齢，職業，居住地に関係なく，等しく供給されるのが望ましい。とはいえサービス供給の資源総量には限りがあるため，供給の仕方に工夫を凝らさないとうまくいかない。市場メカニズムにばかりしたがっていては，空間的に偏ったサービス供給になる。しかし市場メカニズムを無視して人為的に供給をコントロールしようとすれば，長続きのしない供給システムになる恐れがある。医療サービスは民営の診療所，病院，自治体が運営する公的な医療，保健機関など多様である。医療内容の専門性，特殊性，重要性の違いもあるため，医療機関の立地パターンは複雑なものになる。市場メカニズムと社会的公平性の間でバランスをとりながら，必要な医療サービスが適切に供給されるのが望ましい。

　図6-3は，愛知県における第2次，第3次救急医療機関の配置（1997年）を

図6-3 愛知県における第2次，3次救急医療機関の配置（1997年）
出典：林・新美，1998a，p.82による．

示したものである．身近な医療サービスは一般的な診療所やクリニックなどで供給される．しかし特殊な医療，たとえば急病患者や交通事故の被害者などに対する医療は，診療時間帯や緊急性のため，どこの医療機関でも対応できるものではない．このため，あらかじめ対応可能な医療機関を決めておき，支障なく病人を搬送して手当てができるようにしておく（林・新美，1998b）．図は愛知県において第2次レベルの医療圏を定め，どの医療機関がそのレベルのサービスを担当するかを示したものである．図から明らかなように，人口分布の多い尾張地域では第2次救急医療圏の密度が高く，救急医療機関が集中する名古屋市では複数の医療圏が設定されている．逆に人口分布の少ない三河地域では第2次救急医療圏の空間的範囲は広い．先にも述べたように，医療サービスの資源総量に限りがある以上，医療機関と利用者との間の距離に地域差が生まれるのはやむを得ない．距離的制約が著しい場合，近年はドクターヘリで救急患者を搬送するなどの方法がとられるようになった．

愛知県は総人口が746万人（2015年）と多いが，その分布には偏りがある。名古屋市を含む尾張と西三河に人口が多く，逆に三河山間部は人口が過疎状態にある。こうした人口分布の地域差は岐阜県，三重県でも同様である。これら2県は愛知県に比べて人口が少ないため，人口分布の希薄な地域が愛知県以上に広い。それだけ医療サービスの供給条件が厳しい。医療サービスは義務教育サービスと同様，人口分布に依存する基礎的サービスである。しかし対象は医療サービスが主として中,高年齢者であるのに対し,義務教育サービスは児童・生徒である。少子高齢化はこれら2つのサービスの供給量に影響を与える。当面，人口の少ない中山間地の医療サービス供給をどのように維持していくかが課題である。

　少子高齢化のうち，高齢化は日本人の健康，保健に対する認識の高まりから寿命が伸びてきた結果であろう。その背景には身近なところにかかりつけの医療機関があり，たえず健康に気をつけてきた人々の日常的な意識と行動がある。健康増進や寿命の延長に果たしてきた身近な医療機関の役割は大きなものがある。図6-4は，愛知県稲沢市における一般診療所・歯科診療所の

図6-4　稲沢市における一般診療所・歯科診療所の分布
出典：稲沢市のウェブサイト掲載資料（http://www.city.inazawa.aichi.jp/ka_annai/kikaku/sougou/5jisou/keikaku/pdf/011_data003.pdf）をもとに作成。

分布を示したものである。図から明らかなように，診療所は東側で大きく集まるように分布し，これとは別に北西と南西に小さな集まりがある。これは，稲沢市が 2005（平成 17）年に北西側にある祖父江町と同じく南西側の平和町を編入して新たな稲沢市になったことを反映している。つまりこれら 3 つのグループは，以前の市と町における医療施設の分布に相当する。一般診療所や歯科診療所はもっとも身近なサービスを提供する施設である。市民にとっても診療所にとっても，距離的に近い関係にあることが望ましい。濃尾平野の中央付近にあって地形的障害もない稲沢市では，医療サービスに限らず，日常的なサービス施設や事業所は住宅地の近くに立地できる。平成の大合併によって隣接する 2 つの町を編入した稲沢市は，1955（昭和 30）年に 4 つの町村が合併し，その後，市になったという経緯をもつ。2 度目の合併で市域がさらに拡大した結果，市民病院や市立図書館などの利用範囲は広くなった。

２．生活スタイルの変化から生まれるサービスと観光サービス

　個人サービスはその名のように，個人を対象に日常的，非日常的レベルで供給されるサービスである。男性，女性，こども，大人，高所得者，低所得者など，個人の属性が異なれば，必要とされるサービス内容にも違いがある。日常生活を送るのに人それぞれ外部からサポートしてほしいということがらがある。主として身体に関わるサービス，精神や心に関係するサービスなど身近なところでサービス需要は生まれている。そうしたサービス需要を満たすために各地に事業所や施設が生まれ，その場所でサービスの需給が行われている。これらは基本的にローカルなサービスであり，以前であれば自前で行われていたか，あるいは地域共同体の助け合いの中で行われていたサービスである。サービスの商品化，ビジネス化が今日，主流になりつつあり，新たに生まれる個人サービスも少なくない。

　カラオケ，漫画喫茶，インターネットカフェ，学習塾，予備校，ベビーシッター，ハウスクリーニング，家事代行，運転代行，ペットホテル，冠婚葬祭サービス，福祉・介護サービスなど，生活面でのサービス化はとどまるところを知らない。これらのサービスが生まれる背景には，人生を一歩一歩，歩

んでいく過程でその都度必要となるサービスを求める個人の存在がある。自分なりの生活スタイルや生き方があり、それを実現するために他者の手を借りる。サービス供給がビジネスとして成り立つには、それなりの需要や市場がなければならない。またサービスが提供できるだけの人材が揃っていなければならない。資格や特殊な能力を必要とするサービスもある。市場が生まれれば、ビジネスチャンスと認識してサービスを供給しようとする人や企業が現れる。

　ドライクリーニング、学習塾、旅行代理店、保険代理店、パチンコ店、ゲームセンターなどは日常的サービスに近い。このうち旅行代理店は、日常的な業務を介して顧客を非日常的な場所や空間へ導く役割を果たしている。日常と非日常は相対的なものであり、個人の内面的体験のレベルにおいて便宜的に区分されている。いずれにしても、国内の他地域や海外への観光旅行は、一般的には非日常的サービスの消費とみなされている。観光サービスは、自然、社会、人文などの観光資源の希少性をパワーとして、訪れた人々に五感を通して非日常的体験を味わわせるサービスである。観光資源は地理的に偏って存在するため価値があると思われている。また、たとえ地理的に偏っておらず、どこにでもあるような資源でも、他地域に暮らす人々にとっては珍しく思われるものもある（戸所、2010）。観光資源の評価は相対的であり、見方が違えば評価も違う。このことは、観光地の人気は移ろいやすく、「賞味期限」が避けられないことを示唆する。何かのきっかけで話題になり関心をもつ人が一定数を超えれば観光地として浮かび上がるが、超えなければ潮が引くように消えていく（古池、2007）。

　名古屋圏は多様な自然資源に恵まれている。日本列島の中央部に位置し、海、平野、丘陵、山地のように異なる地形がワンセット揃っている。それぞれの地形には自然の力によって形成された景勝ポイントがあり、昔から観光客を集めてきた。それらに加えて人間活動を通して生まれた文化景観、産業景観がこの圏域の観光資源を多様なものにしてきた。ただし、神社仏閣や宗教施設の数の多さでは関西には勝てない。国家的スケールを誇る都市施設では東京に勝ち目がない。勝機があるとすれば、都市の周辺に広がる緑地景観、都市それ自体が舞台になっている近代の産業遺産、それに大都市からやや離

れた位置にある海洋や山岳の自然景観であろう。近年，こうした多様な観光資源の分布を意識した「昇龍道観光プロジェクト」が提唱されるようになった（野俣，2015）。龍が太平洋岸から内陸山岳部に向けて駆け上っていく様をイメージして設定した観光ルートである。

3．グローバル化するサービス，ものづくりから派生するサービス

　個人サービスは局地的需要をもとに生まれ，その後，経営がうまくいけば市場を広げていくことも可能である。それは地元スーパーが多店舗化して勢力を広げていくのと同じである。グローバル化が進む今日，国内市場にとどまらず海外にまで勢力を広げているサービスも少なくない。たとえば教育サービスの場合，大阪には主に小学生を対象として塾をチェーン組織で経営している企業がある。教育研究所と称されているが，れっきとした塾経営の大企業であり，いまやグローバルスケールで教室を展開している。成功した理由は教科を算数・数学，国語に限定していることであり，国の違いを問わず同じ教育ノウハウを使うことができる。学校教育には公教育としての役目があり，家庭には家庭にしかできない教育があるという考えに立ち，個人個人の能力を引き出すサービスを提供している（公文，2000）。

　類似の例は浜松市に本拠がある音楽教育サービスであり，これはもともと自社製のピアノを販売するために生徒の数を増やす必要があり，ピアノ教室を開設したことが始まりである。この場合も，当初は国内に限られていたが，しだいに海外にまで活動を広げていって成功した（吉井，2015）。現在はピアノ教室に限らず，音楽全般を対象に，国の内外を問わず活動の場を広げている。この中には国際的なコンサートやコンクールの主催，地元・静岡県での大規模な野外コンサートの開催などが含まれる。さらに若手ミュージシャンの発掘や育成など，ピアノだけに限定せず音楽全般の振興・普及に力を入れている。ピアノ製造からピアノ教室へという一見すると当たり前のように思えるビジネス展開であるが,いざ実践するとなると乗り越えるべき壁も多い。ここには，ものづくりの長い伝統がある名古屋圏において，サービスを展開していくさいのノウハウについてのヒントがあるように思われる。

　名古屋圏には歴史の古い製造業が多く，社会経済が大きく変化した現在で

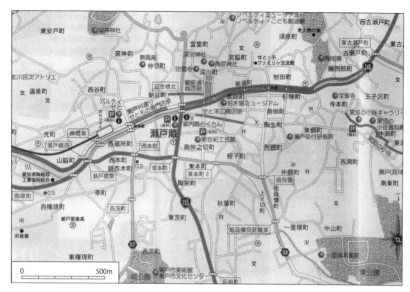

図6-5 瀬戸市中心部における陶磁器関連の観光サービス施設
出典:瀬戸市観光協会発行のパンフレットをもとに作成。

も,昔と同じような工業製品を生産している企業が少なくない。しかし,生活スタイルや暮らし方が変わってしまい,かつての製品に対する需要が少なくなってしまった産業もある。陶磁器,繊維,木工など名古屋圏のルーツともいえる産業では,国際競争力の低下も加わり,かつてのような存在感はない。このため,たとえば陶磁器産業では,産業遺産を観光対象としたり,製品や作品を見学の対象にしたりする動きが以前からある。図6-5は,瀬戸市中心部の陶磁器関連の観光施設を示したものである。毎年,4月と9月に行われる陶磁器まつりには多数の観光客が訪れる。この時期に限らず一年を通して瀬戸市を訪れる観光客は多く,伝統的産業が観光客を都市に呼び込む好例である。

　陶磁器産業のうち製造部門は統計分類上,土石・窯業に含まれる。実際には製造部門以外に卸売業,小売業の部門もある。現在は製造,卸売,小売のように陶磁器はモノとして扱うのが普通と思われているが,生活や暮らしの中で陶器や磁器をどのように使用したり飾ったりできるか,生活スタイルに

ついてアドバイスするサービスが提供されてもいい。エンターテイメント性を含めたセラミックス・スタイルのようなものが想定できないかと思われる。その点で参考になるのが，石，岩石を素材にしてミュージアム，博物館に仕立てたサービス事業である。岐阜県恵那市の博石館は，地場産業である石材業から派生し，地元産の岩石はもとより世界各地から珍しい石，岩石を収集し，それをコアにしてテーマパークにしたものである（都築，1998）。単なる見学にとどまらず，レストランや結婚式場など種々のアイデアをサービス事業として実現させながら，今日まできている。地元の石に秘められている価値にいかにアプローチしていくか，発想の柔軟性に学ぶべき点がある。

　陶磁器に比べると繊維では，製品がテキスタイルの素材，すなわち中間品であるということから，観光に直接結びつくことが少ない。衣服の中間製品であるテキスタイル素材は他地域へ送られ，縫製加工されて完成品になるからである。しかし近世以降，尾西，知多，三河を中心に繊維産業を連綿として維持し続けた歴史にはさまざまな価値が眠っている。繊維産業では原料の川上，中間品の川中，そして完成品の川下があり，どちらかといえば最終製品にばかり目が向かいがちである。自動車を生み出す元になった自動織機ではすでに大企業による記念館，博物館サービスが立ち上げられているが，これに限らず，繊維をもとにサービス事業を企画・構想する動きがもっとあってもよい（岩崎，2011）。

4．多様な空間的スケールでのボランティアサービス

　企業サービスも個人サービスも，基本的には資本主義の市場を介して供給される。サービスを供給する事業所やそこで働く人々は，ビジネスとして利益が見込めるからサービス供給に携わることができる。ところが世の中には必要と思われるサービスが供給しづらい分野がある。たとえば目の不自由な人がおり，住んでいる自治体が定期的に配布している紙媒体の広報が読めなくて困っている。ラジオやレコードでニュースや音楽は聞くことができるが，生活に欠かせない地元の情報に接することができず困っている。このようなとき，ボランティアサービスを買って出た有志の人たちが市の広報を音読して記録する。この記録が複製されて市内の目の不自由な人たちの手元に届け

ば，この問題は解決される。この種の困りごとはほかにも数多くあり，その多くはこうしたボランティアサービスで解決できる。

　名古屋圏に限らず，ボランティアサービスに携わる人々が各地で活動を行っている。このようにボランティア人口が増えてきた背景には，社会の成熟化とボランティア活動を支える制度が整ってきたという点がある。生産年齢人口の割合が大きく，経済成長が右肩上がりであった時代，社会的弱者の存在は小さかった。公害問題や交通問題など経済学でいう外部性を原因とする社会的問題は注目を集めたが，制度的規制や技術開発で解決しようという気運が強かった。実際，制度や技術によって問題は緩和の方向に向かった。しかしその一方で人口構造の高齢化が進み，社会全体として活力が弱まってきた。都市化の進展にともない，共同体的な助け合いの精神が後退したことも見逃せない。これまで見過ごされてきた問題に目が向けられるようになった。

　ボランティアによるサービス活動は，さまざまな空間的スケールで行われている。交通・通信手段が今日のように発展していなかった昔は，同じ町内や村内といった地縁的集団の中での活動がほとんどであった。しかし今日は，そうした地理的近さをまとまりの集団とする活動もあるが，それとは関係な

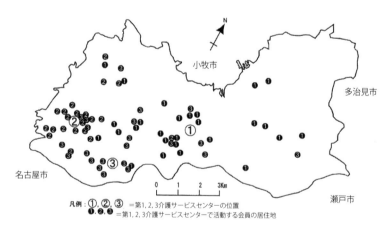

図6-6　春日井市の介護サービスセンターでボランティア活動をする人の居住分布
出典：林，2002，p.119をもとに作成。

く，もっと広い範囲で活動の趣旨に賛同した人々が自由に集まって活動する
スタイルが多くなっている。地域の活動には無関心であるが，趣味の延長に
近い同好会単位のボランティア活動には熱心に取り組む人も多い。一見，矛
盾しているように思われるが，これがボランティア（自発的）ゆえのボラン
ティアなのである。都市に暮らす人々は，さまざまな集団に属している。近
隣，学区，職場，趣味の会など，そのどれとも強弱に差はあるが結びついて
いる。職場は市場経済の仕組みと直接結びついた活動が行われる場所である
が，それ以外に余力がある場合は，それぞれの集団において活動が行われる。
それがたまたまサービスであるとき，ボランティアサービスといわれるもの
になる。

　図6-6は，春日井市内にある3か所の介護サービスセンターでボランティ
ア活動を行っている人の居住地を示したものである。ボランティア参加者は
自らの時間を割いて介護サービスセンターへ出向き，介護老人の入浴や食事
などの世話をしている（林，2002）。施設は自治体が経営していても，そこ
での介護労働をすべて公費で賄うことはできない。不足するマンパワーを
補っているのが無償ボランティアである。介護センターに出向ける日時を事
前に申し出て調整を行い，介護サービスが滞りなく提供できるような体制が
組まれている。民間でもできない，公的にも困難なすき間を埋めるサービス
が，こうした自発的なボランティアによって提供されている。

第3節　都市，農村，歴史の中のサービス空間

1．都市の中の多様なサービス空間

　農産物が栽培されている空間を農業空間，工業製品が生産されている空間
を工業空間とするなら，サービスの需給が行われている空間はサービス空間
と呼ぶことができる。サービスは人あるいはモノを対象とすることが多く，
なかでも人に対して直接，働きかけるケースが多い。それゆえサービスとし
ての質の高さは，サービスを受けた人（消費者）がその場所を含めて総合的
にどのように評価したかで決まる。観光サービスはその典型であり，自然
的，人文的な観光資源を全身で受け止めながら体験した観光客が，評価を下

す。場所それ自体の希少性が資源の優劣を左右する観光サービスでは，いかに資源の可能性を引き出すかが人々をそこへ引き寄せる決め手になる（林，2015a）。

都市の中にはさまざまなサービス空間が存在する。企業サービスは都市中心部に近いオフィスビルに活動の拠点を構えることが多い。クライ

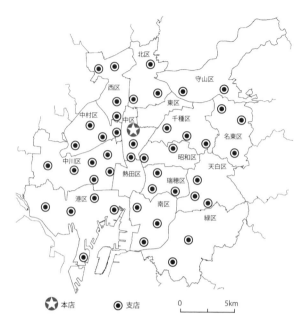

図6-7　名古屋市における金融機関の店舗分布（愛知銀行の場合）
出典：FISCOのウェブサイト掲載資料（http://www.fisco.co.jp/uploads/aichibank201407101.pdf）をもとに作成。

アントも都心部に近ければ都合がよく，商談や取引を円滑に進めることができる。名古屋圏では相手方のメーカーが周辺部に多いため，そこまで出向いて交渉を進める。取引にともなう種々の会議，会合，ミーティング，打ち合わせなどが行われるのがまさにサービス空間である。専用の会議室スペースを利用することもあろうが，喫茶店，飲食店，レストラン，料亭などで飲食をともにしながらコミュニケーションを進めることもある。こうした空間はどの都市にもあり，コミュニケーション空間全体としての広さは都市の規模に比例する。

銀行などの金融サービスは，モノやヒトに直接働きかけるのではなくカネすなわち金融を取り扱うことで価値を生んでいる。一般の人々にとっては，お金を預けて保管を依頼したり，お金が必要なときには借金を申し込んだりする。企業の場合も基本的にはこれと同じであり，金融機関がなければ経営が成り立たない。資本主義の血液ともいわれる資金を取り扱う金融機関は個

人や企業の近くにあるのが望ましい。必要なときに支障なく利用できるのが一番よいからである。図6-7は，名古屋市内における地方銀行の店舗分布を示したものである。名古屋圏では名古屋市内に本店のあった都市銀行が吸収・合併によって実質的本社を東京に移した。このため現在は，名古屋圏に本店のある地方銀行が主に圏内各地に店舗を配して互いに競争する構図が目立つようになった。これに圏外に本店のある都市銀行やローカルな信用金庫などが入り混じり，重層的な金融サービス空間が形成されている。

　都市には消費を目的としたサービス空間も多い。企業サービス空間が生産を推し進めるための空間であるのに対し，これはもっぱら消費者が楽しむための娯楽の空間である。野球場，サッカーグラウンド，ボーリング場，競輪場など広い施設を必要とするサービスは市街地中心部に設けることは難しい。パチンコ店，ゲームセンター，漫画喫茶などは，人通りの多い場所を探して店を構えようとする。名古屋圏には昔からパチンコ店が多いといわれてきた。有力なパチンコ器具メーカーがあることは確かであるが，それだけでは説明ができない。パチンコ台の素材として使用されてきた合板の国内随一の生産地が名古屋圏であることも間違いないが，それだけではないであろう。

　都市のサービス空間として忘れてならないのが，公的，パブリックなサービス空間である。公園，広場，神社，寺院など，誰でも立ち入りが許されている場所は，市民にとって憩いの空間であり，気分転換をするのによい空間である。こういう場所に立ち入る前と後では，気分がどことなく変わっていることに気づく。空間の中に身を置くことで精神が浄化されるような気になる。空間がなにがしかの働きかけを行い，それに気持ちが反応して変化が生まれる。都市の中には公園や広場など明確な目的をもったサービス空間もあるが，ショッピングセンターの休憩所や駅の待合室など，付随的なスペースがサービス空間になっている場合もある。

　近年，鉄道駅や空港などのターミナルに付随するスペースを意図的に増やす動きが顕著になってきた。交通サービスの一環ともいえるが，商業・サービス機能をターミナルに近づけることで利便性を増して売り上げを増やそうという企業の思惑が裏で働いている。1989（平成元）年に完成したJR東海のツインタワーズ，2005（平成17）年に開港した中部国際空港ターミナル

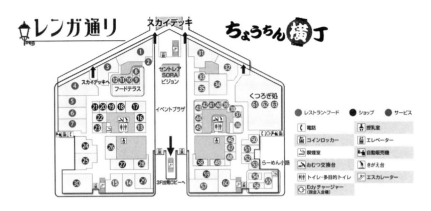

図6-8　中部国際空港（セントレア）の4階スカイタウン
出典：中部国際空港発行のセントレア・エアポートガイドをもとに作成。

はその代表例といえよう（図6-8）。これらのターミナルには交通利用客以外の人々も集まってきている。とくに愛知万博の時期に合わせて開港した中部国際空港（セントレア）は，当時はまだ珍しかったショッピング・サービス空間を大幅に取り入れた空港として注目を集めた（西口，2008）。もともと人間の行動は単純ではなく，移動目的が交通利用のみ，買い物のみということはない。両方を同時に行うことも多いため，2つの行動が結びつきやすいように施設配置を考えることは実情に合っている。2つの目的が一体となった融合的なサービス空間は都市の魅力に結びついている。

2．農村における魅力的なサービス空間

　都市と農村の区別が明瞭であった時代がかつてあった。しかし今日では農業＝農村の図式が成り立ちにくく，景観は農村的でも実態は農業とは関係のない産業で成り立っている地域も少なくない。こうした地域で想定できるサービス空間とは，どのようなものであろうか。ひとつは日常的にこうした地域で暮らしている人々にとって必要なサービスが供給される空間である。現代では中山間地域でも都市部となんら変わらないスーパーがあり，コンビニでさえ営業している。カラオケ店やパチンコ店など，地元の人々が出入りしているサービス施設も多い。規模は大きくないが，図書館，体育館，プー

ル，公民館など公的なサービス施設も整えられている。ただし少子高齢化が一段と進む中山間地域では，こうした施設の維持・管理が難しくなっており，このまま存立し続けられるのか問題になっているところも少なくない。

　いまひとつのサービス空間は，都市からレジャーなどの目的で訪れた人々にとってのサービス空間である。これは観光空間，リクリエーション空間の類であり，空間を整備してサービスを供給しているのは地元民である。その中身は多様で，乗馬，ゴルフ，テニスコート，魚釣り，トレッキング，ウォーキング，ホテル，ペンション，民宿，別荘，合宿施設，研修施設などである。基本的には緑豊かな自然環境に恵まれたところで都会人が受け取る種々のサービス空間である。農村的雰囲気の中でサービスを受けることに価値があり，空間を構成する主な主体は自然環境である。人工的な開発が進んだ都市ではこうした資源環境に身近に接することは困難である。いまだ手がつけられていない自然環境という何ものにも代えがたい空間で受け取るサービスに価値がある。

　かつて農村は農業で成り立っていた。山地に近ければ林業も行われ，また農地に向かない傾斜地などは果樹園や牧場として利用された。こうした産業は現在でも行われているが，都市と農村の生産性の違いを考えると，農林業だけでは十分な収入を得ることが難しい。そこで，本業の合間に都市から観光客を迎え入れ，農業体験をさせて参加費用を収入とする副業が各地で行われるようになった。普段，スーパーなどで商品としてしかお目にかかることのない農産物を，その生産地で自ら収穫や植え付けの体験をすることは興味深いものである。実際，農家にとっても，農産物を栽培し出荷して利益を上げるのに比べ，こうした観光農園ビジネスは割りがよい。農業体験ができる空間を提供する方も，そこで体験をする方にとっても，こうしたサービスはありがたい。

　図6-9は，三重県伊賀地域の地形環境と自然公園，それに歴史的，文化的遺産などを示したものである。四方を丘陵で囲まれた盆地性の地形に特徴があり，その中で都市や農村が形成されてきた。南側には室生赤目青山国定公園が広がっており，スギやヒノキなどの緑豊かな山々が連なっている。木津川，名張川の山麓部には渓谷があり，四季折々の風情が観光客の目を楽しま

図6-9 三重県伊賀地域の地形環境と自然公園
出典：三重県のウェブ掲載資料（http://www.pref.mie.lg.jp/KEIMACHI/HP/keik/keikaku/syo/h2_2_p56-76.pdf）をもとに作成。

せている。伊賀の旧城下町に通ずるいくつもの街道沿いには歴史的町並みが残されており，これもまた観光資源になっている。北部には農業体験型のテーマパークもあり，多くの集客で事業を成功させている（金丸, 2002）。ほかに日帰り温泉施設やキャンプ場もあり，名古屋方面と大阪方面を結ぶハイウェイによるアクセスにも恵まれている。伊賀地域は大阪，奈良方面の通勤圏であるが，ここからさらに遠ざかると通勤は困難になる。農業以外に産業のない中山間地では人口が減少し，地域の存続が危ぶまれているところもある。名古屋圏の周縁部にはこうした地域が広がっており，地元定着に結びつく産業を興さないと廃村が現実味を帯びてくる。

現在，全国各地で限界集落の存在が問題になり，いかにこの問題が解決できるか議論されている。その一方で，農村部へUターン，Jターン，あるい

はⅠターンのかたちで都会から移住しようという動きも起こっている。人口増加に熱心に取り組む自治体は，こうした動きを促進するために，さまざまな支援策を講じている。移住者が求めているのは，都会とは異なる自然豊かな居住環境であり，ゆったりした人と人とのつながりである。農村に比べて高い都市での所得を投げ打ってでも移住したいという気持ちを起こさせているのは，農村での生活が魅力的に思われるからである（小田切，2014）。農村での生活は自然が主役の生態系からの恵みに依存する。生態系サービスという通常のサービス概念とは異なる土，水，空気や自然景観が，都会人には魅力的に映る。農村に魅力的なサービス空間があるとすれば，それはこのような空間であろう。

3．歴史的遺産を生かした観光サービス空間

　歴史的遺産に満ちた空間の中に身を置くとき，人はかつてこの場所で行われていたであろうと思われるさまざまなことに想いを馳せ，感慨に浸る。それはひとえに想像力のなせるわざであり，想いを掻き立てる素材としてその場に残された歴史的遺産がある。遺産の中には石垣や街道などのように比較的残りやすいものもあれば，木造の建物のように腐りやすく残しにくいものもある。大切に保存しなければ散逸して残らない書類や書き物などの遺品も多い。現代人がこうした遺物や遺品を歴史的資源として評価し，料金を支払ってでも見てみたいと思うのは，現代とはまったく異なる世界を少しでも体験してみたいと考えるからである。そうした想いに応えようとして提供されているのが，各地にある歴史的なテーマパークや観光地である（奥野，2003）。これらもまた一種のサービス空間であり，過去の時間が現代人に対して働きかけ，心の中で何らかの変化を起こさせる。

　名古屋圏には歴史的遺産を観光資源として多くの人々を呼び集めている施設が何か所かある。その中でも歴史のある明治村は，全国各地から明治時代に建築された建物を1か所に集め博物館として公開している。岐阜県恵那市の日本大正村は，町民自身の力で大正時代の雰囲気が漂う建物を維持し，観光客を集めている（上田，2000）。ここの特色は，町全体を大正時代の雰囲気が感じられるように保持している点であり，大正文化を表す文物を広く全国

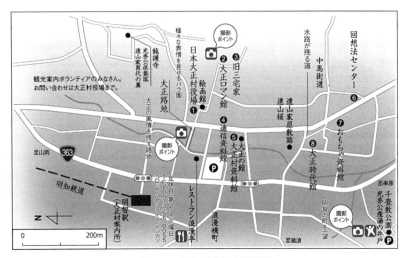

図6-10 日本大正村の施設配置
出典：恵那市発行のパンフレットをもとに作成。

から集め見学者の目に触れるように工夫している（図6-10）。同じ岐阜県の美濃加茂市には日本昭和村と呼ばれるテーマパークがある。ここでは昭和30年代のイメージでいくつかの建物を建築したり，一部，実際の建物を移築したりして観光客を集めている。さらに愛知県豊田市の旧足助町には三州足助屋敷と称する見学施設があり，この地方の伝統的な農家を再現し公開している。これらのテーマパークや見学施設は過去のある時代を切り取り，その雰囲気を味わわせるというサービスを人々に提供している。

　歴史的に形成されてきた街道沿いの集落群を修景保存しながら観光サービスに結びつけている事例もいくつかある。中山道沿いの馬籠，妻籠はその代表例であり，近代に導入された鉄道のルートから大きく外れたため，かえって古いものが遺されやすかった。しかしこれらの集落では昔の面影は自然状態のまま残ったのではなく，地元住民の努力によって長年維持されてきたがゆえに，現在，全国的に知られた観光地として人々を惹きつける力をもっている（遠山，2001）。いまや海外でも有名になった岐阜県高山の歴史的街並みも，地元住民や行政，企業団体などの力を寄せ集めた結果，一級の観光地としての地位を得ることができた。ここは馬籠，妻籠とは異なり，現代的な産

業も多く発展した都市の中に遺された歴史的雰囲気を観光サービスとして最大限生かしている。

地表上のある場所は，絶対的位置としては何の変化もないのに，時間だけは移り変わって現代という時代の中に存在している。時間の変化，時代の移り変わりが，その場所に立つわれわれに働きかけ，何かを思い起こさせる。それは限りある人の命の短さかもしれないし，場所のもつ継続性，永遠性かもしれない。多くの場所はそうした思いを掻き立てる拠り所を失ってしまった。しかし，時の流れや場所の不変性を伝える遺産を人々に伝えているところもある。各地に残された歴史的遺産は，時の流れの不可思議さに関心を抱く人々を引きつけ，過ぎ去った時間となおそこに残る場所の永続性を感じさせる役割を果たしている。

コラム6
「かたち＝形態」から「はたらき＝機能」へ　－地理学機能論－

都市地理学は都市を研究の対象とする地理学であるが，都市の何をどのように研究するかは各研究者に任せられている。初学者は都市の外観や土地利用など目に見えるものに関心が向かいやすい。なぜこのような形態をしているのか，可視的側面に目が奪われやすいのは当然かもしれない。恐らく興味の入り口はそのようなところにあるのであろう。実際，地理学の長い歴史をひもといてみると，多くの地理学者は目に映った対象に心を奪われ，必死になってその対象を写し取ってきた。写真がなかった時代，絵やスケッチで残したり，文章でその姿を記録しようとしたりした。地図はそのような記録の一種であり，そこに描かれたものから当時の姿を想像することができる。古地図は昔の土地の様子を可視的に伝える手段であるが，今日では美術的作品として収集したり鑑賞したりする対象にさえなっている。

こうした可視的側面に注目する地理学は長く続いたが，それで都市が正しくとらえられたかといえば，必ずしもそうとはいえない。都市の本質は「かたち」ではなく，「はたらき」すなわち機能にあるという考え方が台頭してきたことで，この見方が大きく変化したからである。かたちは，はたらきの結果である。あるいは，はたらきにともなって生まれてくるものである。たとえば都心の高層ビルは，利便性を求めて集まってきた企業に活動用のスペースを用意するために，必然的に

201
第6章　サービスの機能と多様なサービス空間

あのような形態になっている。企業のスペース需要がなければ，無理をして高い
ビルを建設する必要はない。かたちの背後には，そのような形態にならざるを得
ない事情がある。経済機能は都市における重要な機能のひとつであるが，都市機
能は経済だけではない。社会，文化，政治，宗教など，都市で行われている多く
の活動は，その活動にふさわしいスペースを必要としており，それを叶えるため
に建物が建設されている。

　経済活動のうちでも製品や商品を取り扱う活動は何をしているか，すなわちど
んな機能を担っているかがわかりやすい。しかし，情報やサービスに関わる経済
活動は機能の実態が可視化しにくく，一般には理解しにくい。機能にはモノに直
接関わる機能と，人や情報などに関わる機能がある。後者は具体的に何がやりと
りされているのか，一般には見えにくい。とくに情報の場合，現代では文字，記号，
映像などが電気的信号として飛び交っているため，ますますわかりにくい。目に
見えるのはパソコンのキーボードを叩いて業務をこなす人の動きか，あるいは送
られてきたさまざまな情報を見ている人の姿である。途中で情報がどのように加
工されたり送られたりしているかは，一切わからない。しかし街中にメディア関
係のビルや事業所は増えており，可視的に情報産業が発展していることは理解で
きる。形態より機能に注目すべきといわれても，その機能自体が簡単には理解で
きない現実がある。

　情報化は現代の潮流であろうが，情報社会以前の世界にあっても，言葉や信念，
宗教，文化などが人間社会を支える役割を果たしてきた。たとえば全国各地に存
在する神社・仏閣は，その地域の人々にとって精神的な拠り所としての機能を果
たしてきた。神社・仏閣を訪れることで心が浄化され，気持ちを新たにすること
ができると信じられてきた。人の心の中に入ってその状態を変える，まさしくこ
れは神社・仏閣が果たしてきたサービス機能にほかならない。京都のように，全
国的に影響力のある本山機能を果たす神社・仏閣の集積地は少ない。末寺に当た
る多くの寺は，それぞれの檀家をベースに機能している。これはデパートやスー
パーの全国的な分布と同じ現象である。時代は変わっても，あるいは機能の種類
は違っても，はたらき方は驚くほど似ている。

第7章 住宅地の選択と居住環境，居住スタイル

第1節 住宅地の選択，自然条件と土地に対するイメージ

1．名古屋圏における住宅地探しとその基準

　都市で生活する人々にとって，どこに住むかは非常に重要なことである。日中，どこかの職場で働いていたり，どこかの学校で学んでいたりしていても，夕方になれば自宅に帰る。その自宅がなければ，疲れを取ることや食事をすることができず，翌日，通勤や通学することもできない。住むべき場所を決めるために人々は住まいに関する情報を集める。その人の社会経済的属性によって状況は異なるが，できる範囲の中でその人にとって望ましいと思われる住宅を探す。一般に扶養されている家族構成員は資力がないため，世帯主など家計を主に支えている人が家族全体のことを考えて，望ましい住宅を見つけようとする。連れ合いや子供などのいない独身者は，自分の都合だけを考えて住宅を探せばよい。資本主義社会の中にあっては住宅は一種の商品であり，まさに自己の負担能力に応じて適切と思われる商品としての住宅を購入する。

　商品としての住宅は不動産的性質をもっており，一度，購入して住み始めたら簡単に変えることはできない。どうしても気に入らなければ転居するなりして買い換えることになるが，購入手続きの煩わしさを考えると，それほど簡単には買い換えることはできない。不動産の性質上，地続きで連なっている隣近所の人々と顔を合わせねばならない。そのような人々との付き合いが深まれば，そのこと自体が定住を促す要因になる場合もある。ますます転居しづらくなり，結果的に長い間，その場所に住み続けることになる。それゆえ住宅は単なる商品ではなく，社会的，文化的な意味合いをもった特殊な商品といえる（村松，1999）。家族構成員が多い場合は居住スペースを共有する割合が大きい。集合的，共同体的意味合いも含めて，住宅は特殊な商品である。

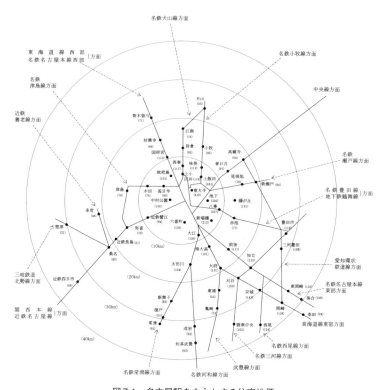

図7-1 名古屋駅を中心とする住宅地価
出典：国土交通省のウェブ掲載資料（http://tochi.mlit.go.jp/chika/kouji/2013/23.html）をもとに作成。

　名古屋圏の中で住宅を探そうという場合，しばしば基準とされるのが大都市・名古屋からの距離である。これは他の大都市圏でもそうであるが，住宅市場を形成する不動産物件が中心都市の相場を目安に価格が決められているからである。すべての人が名古屋で働いているわけではないし，また買い物をしたり学校へ通ったりしているわけでもない。しかしオフィスビルや商業・サービス業施設がたくさん集まっている名古屋，とりわけ名古屋駅周辺は，名古屋圏全体から見てもっともアクセスに恵まれた地点であると一般には考えられている。それゆえ，かりに住宅の敷地や間取りなどの条件が同じであれば，名古屋駅前に近いほどより価値があるという合意が成り立っている。こうした合意を前提に，個々の住宅の相対的評価が決まり，それに応じて住

宅の取引が行われている。

　ただし注意しなければならないのは，名古屋駅前からどれほど近いか遠いかは，計測する指標によって異なるという点である。たとえ直線距離は同じでも，幹線交通路に沿っているか否かでは評価に違いがある。毎年，国の公示地価が新聞に掲載されるさい，鉄道路線図上に地価が表示されるのは，鉄道の利便性が距離の遠近を大きく左右すると考えられているからである（図7-1）。これだけ自動車交通が発達している今日でも，鉄道による移動の利便性評価は影響力をもっている。これは，日本の大都市圏では通勤や通学で鉄道利用が依然として大きなウエートをもっていることと，空間を把握する場合，道路網より鉄道網の方がわかりやすいからである。

2．多様な住居スタイルと住宅地域の形成・変化

　日本の都市における住まい方は，長屋，木賃アパートなどの集合住宅と一戸建ての持ち家というスタイルから，郊外の公団団地，同じく郊外の一戸建て持ち家を経て，近年は市街地や郊外のマンションと一戸建ての持ち家というスタイルへと変化してきた。日本ではマンションと呼んでいる集合住宅は，基本的にはかつてのアパートが現代的なコンクリート構造の中高層住宅へと移行したものである。ただし，賃貸マンション以外に長期居住用の分譲マンションも多くなってきたため，一戸建ての持ち家と同じくらいの意識で購入されているといえる（久保，2015）。一般に住宅は建築年次が新しいほど内部の設備が先進的になっているといわれる。気密性，冷暖房設備，キッチン・バス・トイレなど，技術革新の成果を取り入れて差別化を図り，購入者の気をひくような仕掛けが施されている。

　特殊な不動産商品としての住宅は，ある面では投機的性格ももっている。たとえ自分はそこに住む意志はなくても，他人に貸すことで利益を得ることができる。利殖や財産の保全，あるいは節税対策を目的に住宅を自ら建てたり，購入したりする企業や個人がいる（福田，1993）。そのような例外的ケースを除いた場合，住宅購入希望者はいくつかある物件の中から，もっとも自分に適した住宅を選ぼうとする。自己資金でマイホームを建てる場合は，まずは宅地探しから始める。いずれにしても，土地購入代金，建物建築資金，

205

第7章　住宅地の選択と居住環境，居住スタイル

図7-2　高蔵寺ニュータウンの住宅地と施設配置
出典：愛知地域学習研究会編，1989, p.209による。

　マンション購入費，一戸建て住宅の購入費など，一定額の資金が必要である。費用のすべてを現金で一度に支払うことは稀であり，通常はローンを組むなど借金をする。住宅資金を貸し出す金融機関は多数あるため，どこを利用すればよいか迷うかもしない。国は国民が自らの手で住宅を手に入れる住宅持ち家政策を推し進めてきた。国民の間にもいずれはマイホームを手に入れるという意識が伝統的にあり，多少無理なローンを組んででも住宅を手に入れたいという願望は根強い（中田，2009）。

　公営住宅が豊富に提供された西ヨーロッパの国々と比べると，日本では国や地方自治体が本腰を入れて建設した公営住宅は多くない。ただし，高度経済成長期に急激に人口が増えた三大都市圏では規模の大きな公団住宅が建設

された。名古屋圏では高蔵寺ニュータウンに代表される公団住宅がいくつか設けられた（図7-2）。公団住宅の周辺には一般の戸建て住宅や集合住宅もあいついで建設され，いわゆる郊外ニュータウン地域が形成された。1970～80年代の人口急増期にこれらの郊外住宅が果たした役割は大きかった。日本の歴史において，都市郊外にこれほど多くの住宅地が比較的短期間に生まれたことはなかった。背景には，戦後のベビーブーマーの誕生，高度経済成長による所得の増加，自動車交通の普及，大都市・大都市圏への人口集中などがある。

　大都市圏郊外の住宅地域は，中心都市への通勤，通学，買い物を重視し，幹線交通路を軸に形成されていった。土地価格を抑えるために広い用地を確保する必要があり，未利用に近かった丘陵地を大規模に造成する手法で住宅地が生まれていった。先に述べた高蔵寺ニュータウンの場合，名古屋への移動は当時の国鉄中央本線が利用できること，中央本線の北側一帯に広大な丘陵地があったこと，それに愛知用水が利用できること，などが大規模住宅地開発の決め手になった（高山編，1967）。地元民の共有地（入会地）が丘陵地の多くを占めており，土地の売却で所得が入ることはあっても，生活が脅かされるということはなかった。古い集落が点在している地域や，土地はあっても農地ではまとまった広い住宅用地を確保することはできない。鉄道，用地，水，この三条件がニュータウン建設地の場所選びを決定づけた。

　ニュータウンの建設から半世紀近い時間が過ぎ，もはやニュータウンという言葉は使用しにくくなった。事情は他の大都市圏も同じで，少子高齢化という人口構造の波が郊外住宅地域にも押し寄せている。製造業や商業の郊外化に加えて流通・サービス施設の周辺部立地も進み，大都市に偏っていた通勤パターンも分散化している。郊外第二世代といわれるニュータウン出身者の通勤先や居住地も同様に多様化してきた（稲垣，2003）。家族構成の変化にともない必要な居住スペースが変わるのは，特定地域の固有の現象ではない。郊外住宅地域の変化を成熟化と見るか衰退化と見るかは見解の分かれるところであるが，建築当時のままの住宅，リニューアル・リノベーションを済ませた住宅，取り残された空き家など，多様な住宅が混在した地域になろうとしていることは間違いない。

3．住宅地の自然条件と土地に対するイメージ

　都市の中や都市圏の中で住宅を求める場合，その都市や都市圏についてどれくらいのことを知っているか，これは重要なことである。たとえば転勤でこれまで住んだ経験のない知らない都市で暮らすことになった場合，白紙状態からスタートして住宅探しを行うのが一般的である。地元の不動産業者や住宅関係の情報誌で得た知識はあてにはなるが，実体験がないゆえ納得がいかない場合もあろう。逆にすでにその都市に住んだ経験があり，周囲の状況についても知識があれば，生活するのに適した場所かどうか，ある程度の判断はできる。このように住宅地を選定するさいには，その土地についてどれくらいの知識をもっているか，すなわち土地勘がどれくらいあるかが重要な意味をもつ。不動産広告に記されている情報は選択のさいに参考になるが，あくまで売主側からの情報提供である。不都合な情報は記載されておらず，その意味では情報が偏っているといわざるを得ない。

　日本の大都市圏は臨海部に近い沖積平野とその周辺の洪積台地，それにさらにその外側に広がる丘陵地によって構成されている場合が多い。近世までは水害に遭いやすい沖積平野は避けられる傾向にあり，集落をつくる場合でも微高地の自然堤防上が選ばれた。近代になって工業化や都市化が進み，かつての沖積低地も埋め立てられて市街地化が進んだ。さらに都市人口が急増して以降は，郊外の丘陵地が造成されて住宅地に変貌していった。かたちとしては，都市中心部を核とした同心円的な都市構造が形成されたが，細かく見れば地形的条件の違いに応じて土地利用パターンにも差異がある。住宅地は陽当たりがよく，水はけにも恵まれた場所がよい。こうした場所は以前から住宅地であることが多く，住宅地としてある程度定まった評価にもとづいて住宅地化が進められてきたといえる。

　図7-3は，揖斐川の扇状地の扇端に形成された大垣の住宅戸数密度を示したものである。扇端は扇状地の伏流水が湧水となって地表に現れるところであるが，実際，市内の各所でそのような光景を見ることできる。標高3～6mの低平な地形を区切るように幾筋かの小河川が流れており，大垣の市街地は輪中の寄せ集めからなるといってもよい（大垣市編，2008）。大垣駅前付

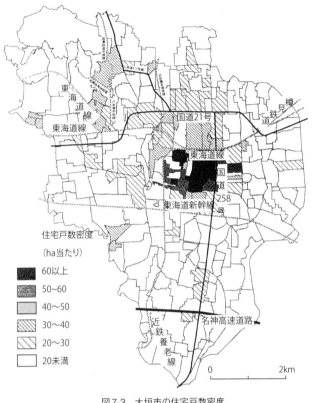

図7-3　大垣市の住宅戸数密度
出典：大垣市編，2001，P.70による。

近の戸数密度がもっとも高いのは交通利便性ゆえであり，ここから遠ざかるにしたがって密度は低下していく。市周辺部の河川に近いところは，かつては農地であった。ところが市街化の進展にともなってこうしたところでも住宅が建ち並ぶようになった。ただでさえ低い土地柄であるのに条件の悪いところに住宅が建ったため，しばしば水害に遭うようになった。「水都」とも呼ばれ水は大垣の町の成り立ちと不可分の関係にあるが，反面，水の危険性にはたえず気を配らなければならないという宿命をもっている。

　名古屋圏では，東京圏の横浜，大阪圏の神戸のように臨海部に高密度な市街地が形成されているところがない。木曽三川をはじめ河川が排出する土砂

第7章　住宅地の選択と居住環境，居住スタイル

で遠浅な浜辺しかなかった伊勢湾最奥部では，港の建設が遅れた。このため，横浜港，神戸港のように港湾産業が都市を発展させてきた大都市圏とは異なり，名古屋圏では港湾業務と都市形成の結びつきは強くなかった。いまひとつ名古屋圏の特徴を挙げるなら，臨海部から内陸部に向けて広がる沖積低地の面積が広いという点である。名古屋の西方に広がる尾張平野がそれに当たっており，ここにはあまり多くの人は住んでいなかった。木曽三川が運搬し排出する土砂の堆積と近世以降の干拓事業で低平な土地が生まれ，主に農業従事者が住んだ（馬場，1991）。近代以降は防波堤に守られながら工場，住宅，店舗などの立地が進んだ。しかし1959（昭和34）年9月の伊勢湾台風による高潮の流入被害で低湿地の脆弱性が浮き彫りにされ，以来，住宅地としては不向きというイメージが定着していった（伊藤，2009）（図7-4）。防災意識水準が高まっている今日，地震被害も含めて自然からの脅威に対する備えは種々，施されるようになった。しかし，人々の心の中に刻まれている土

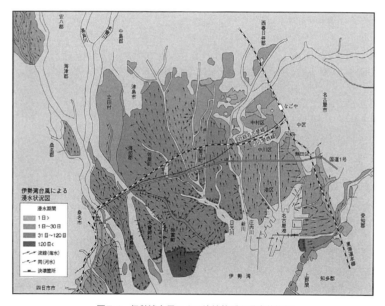

図7-4　伊勢湾台風による決壊箇所と浸水状況図
出典：愛知県のウェブ掲載資料（http://www.pref.aichi.jp/cmsfiles/contents/0000069/69406/4-6.pdf）による。
原典参考資料は「伊勢湾台風復旧工事誌」上巻（昭和38年4月，国土交通省）」

地に対するイメージは簡単には変わらない。

　名古屋圏の範囲をどこまでとするかで見方は異なるが，かりに広く考えると，愛知県の知多半島もこの中に含まれる。東京圏には三浦半島，房総半島があり，大阪圏には紀伊半島がある。一般に半島はその形態ゆえに交通条件に恵まれないことが多い。半島は先端が行き止まりになっているため，通過交通が発生しない。半島は三方を海に囲まれた一種の閉鎖空間であり，他地域との交流が生まれにくいという宿命をもっている。知多半島は大都市・名古屋の比較的近くにありながら，名古屋から同じ距離にある他地域に比べると経済発展が遅れがちであった。それでも名古屋に近い半島の北側では幹線道路の建設や工場誘致が積極的に進められ，これに応じて住宅地域の形成も進んだ。乏水性という細長い半島に特有な条件も愛知用水の実現で解消された。これもまた，この地域の住宅地化を促す要因であった。

第2節　通勤，通学，買い物目的の空間的移動パターン

1．通勤目的の移動と通勤パターンの変化

　通勤は自宅から勤務先へ移動する毎日繰り返される人間行動である。多くの人にとって勤務先までの経路は決まっており，それゆえ途中で迷うことはない。同じ日常的な移動でも買い物やレジャーを目的とする移動では，移動先の選択肢が複数ある場合は，どこにどのように行くかを決める必要がある。その点，通勤移動の場合は移動手段や経路は決まっており，移動はトリップとしてカウントされる。トリップとは，出発地と目的地のみの情報が重要で，途中の経路や所要時間などは重視されない移動である。経路はもとより所要時間，移動費用，安全性，快適性などが問われる旅行すなわちトラベルとは対照的な移動である。こうした通勤移動は，都市地理学では都市の勢力圏を画定する指標として昔から用いられてきた。出発地のある地元自治体から到着地である中心都市へどれくらいの人が通勤しているか，その程度を調べることで中心都市の影響圏を明らかにしようとしてきた。

　通勤移動によって自治体間の結びつきの強さを知ろうという通勤圏の画定は，都市圏研究の出発点ともいえる（土井，1989）。単一の都市ではなく，そ

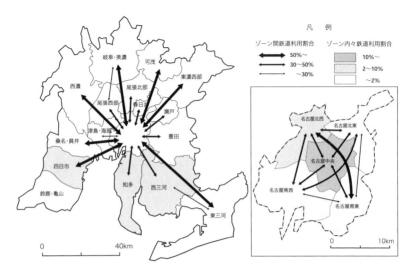

図7-5 鉄道によるパーソントリップのゾーン間,ゾーン内移動割合(2001年)
出典:国土交通省のウェブ掲載資料(http://www.cbr.mlit.go.jp/kikaku/chukyo-pt/persontrip/pdf/h15_pt.pdf)
をもとに作成.

れを中心として周辺をも含む都市圏という考え方が一般的になったのは,比較的最近のことである。交通・通信の発展によって人々の行動範囲が広がってきたため,近くにある複数の都市をもつなげてとらえないと実態が明らかにならないという発想にもとづいている。名古屋圏では国勢調査やパーソントリップ調査などのデータを調べることで,都市圏形成の実態が明らかにされてきた(図7-5)。それによれば,まず名古屋を中心とする大きな通勤圏があり,その中に規模の小さな複数の通勤圏が含まれている(市南,1978)。つまり重層的な通勤圏構造としてとらえることができる。もっとも通勤圏はこれだけではなく,名古屋の周辺に位置する岐阜,四日市,豊田などを核とする別の通勤圏も存在する。これらはあくまで個々人の通勤トリップを単純に集計して画定した広がりにすぎない。職場へ向かうという目的は同じでも経路,移動手段,所要時間,快適性などは多様であるが,その違いは考慮されていない。

通勤移動は自宅と職場の間の移動であり,土地利用の観点からいえば,住宅地と工場,店舗,オフィスなど事業所との間の移動である。工場に付随す

る寮や社宅などから勤務先への移動は短いであろう。逆に都心部のオフィスに郊外の住宅地から向かう移動はかなり距離が長い。近世までの社会であれば，身分制度にしたがって住む場所はおのずと決められていた。当時は農業が主産業であり，一部の手工業も集落の中で行われていた。交通手段も未発達で，今日でいうところの通勤移動はなかった。職業の自由，住まいの自由が保証されてはじめて，通勤移動は生まれた。しかし皮肉なことに，そうした自由を追求した結果，現代社会では移動が空間的，時間的に集中しすぎて種々の問題が生じている。混雑という過集積にともなう問題，長距離通勤による社会的な時間損失などがこれに該当するが，職業や住まいが制限され，移動も少なかった時代と比べれば，耐えるべき贅沢な悩みかもしれない。

　都市や都市圏における通勤移動は固定的ではない。産業構造や都市構造の変化にともなって工場，店舗，オフィスなどの集積量や空間的分布が変化すれば，それにともなって通勤移動も変化する。他の大都市圏に比べて製造業が盛んな名古屋圏では，工場や流通施設の周辺化により都心部に向かう通勤移動とは逆方向の通勤が増えてきた。名古屋の都心部には卸売・小売・サービス関係の事業所が多く，これらを職場とする就業者が郊外から通勤移動する。その一方，周辺部に増えた現業的職場で働く人々は，都市やその郊外の住宅地から通勤している。もとはといえば，市街地での操業が続けにくくなった工場が郊外に移転したことが背景としてある。結果的に大都市集中型の通勤パターンは緩和され，分散型へと移り変わった。通勤移動は付随的現象であり，職場や自宅の場所が変われば変化するのである。

２．通学圏，地域教育力，理工系中心の大学

　通学は通勤と並んで毎日繰り返される移動である。移動するのは就学児童，生徒，学生である。義務教育の小学校，中学校は通学距離に目安があり，小学生や中学生の徒歩による移動を前提としている（図7-6）。高等学校や大学，短期大学になるとそのような距離による制約はなくなる。しかし，たとえ制約はなくても，自宅から高校，大学などへ通学するさいの労力を考えれば，距離はなるべく短い方がよい（酒川，1984）。徒歩による小学生や中学生の通学は距離が決定的な要因として働き，通学範囲はおのずと決まる。一部の私立

図7-6 名古屋市の小学校区（2007年）
出典：名古屋市のウェブ掲載資料（http://www.city.nagoya.jp/somu/cmsfilescontents/0000005/5711/gakkutizu.pdf）による。

を除けば，小・中学生は親がどこに住むかによって通学すべき学校が決まっている。ほとんど選択の余地はなく，その意味では制約の大きな移動であるといえる。選択の余地の少なさは，どこの小・中学校でも提供される教育サービスに差異はないという前提によって納得されているように思われる。しかし実際には差異はあり，まったく同じサービスを等しく保証することはできない。

　たとえ提供されるサービスに大きな違いはないとしても，学校に通ってきている児童や生徒の属性は多様である。家庭環境は一様ではなく，したがって学力水準にも違いがある。小・中学校での教育は第一義的には学校という空間の中で行われる。しかし現実には，学校以外の塾や習い事などの補習を

受けている児童,生徒が多く,教育は地域全体でなされているともいえる。「地域教育力」などという言葉もあるように,いまや学校教育は児童,生徒にとって教育サービスのすべてとはいえない。文部科学省が実施する学力試験は,日本の児童,生徒がどれくらいの学力を身につけているかを確認するために行われる。しかしその試験の結果に一喜一憂したり,成績を引き上げるために学校に圧力をかけたりする地元関係者もいると聞く。悪意はなくても,地域振興の潜在力が教育によって引き出せることに大きな期待を寄せるあまりの行為であろう。

　小・中学校の地域学力の違いはそれほど大きくない。ところが高校レベルになると,明確に違いのあることが半ば公然と語られるようになる。高校入試という選別手段によって同じ学力レベルの学生たちが集められ,学年やクラスを構成する。通学範囲は中学校などに比べると広くなり,したがって通学手段も自転車,バス,電車,地下鉄などへと広がる。普通科,商業科,工業科など学ぶコースも専門化し,将来,同じ方向をめざす仲間によってグループが形成される。小・中学校ではPTA活動など通学区を挙げての応援体制があったが,高校になると通学範囲が広くなるため,地縁的な結びつきは弱まる。しかし同窓会や父兄会など別の組織が結成され,高校教育を見守る体制が築かれる。

　名古屋圏では地元の高校生が圏内にある大学へ進学する割合が他地方に比べて大きい。表7-1はこのことを示しており,愛知県出身の大学進学者の72.1%は愛知県内にある大学に進学している。岐阜県,三重県出身の高校生は自県以外の進学先として愛知県内の大学を選ぶ割合がもっとも大きい。こうした傾向は,名古屋圏内に収容能力の大きな大学が数多くあり,圏外へ行かなくても地元の大学へ通えるという条件が満たされているという事実で説明できる。またこのような条件は,人口集積が多く,大学を卒業したあとも地元で就職できる機会に恵まれていることで保証されている。大学教育のレベルや学部の特殊性を問わなければ,地元に希望を満たす大学はある。ただしこれは入学が許されるという前提があってのことであり,誰もがすべて希望が叶うわけではない。地元大学への進学を希望しない学生は,東京圏や大阪圏などの大学へ進む。一方,圏外から名古屋圏の大学へ進学する高校生も

表7-1　高校生の卒業後の進路状況（2008年）　　　　　　　　　　単位（人）

	高校卒業者	大学等進学者	専修学校（専門課程）進学者	専修学校（一般課程）等入学者	公共職業能力開発施設等入学者	就職者	一時的な仕事に就いた者	死亡・不詳の者	その他
愛知県	59,606	34,835	6,703	3,355	98	12,118	545	3	1,949
岐阜県	19,052	10,531	2,438	1,004	121	4,526	72	3	357
三重県	17,031	8,703	2,252	642	24	4,626	181	0	603

	大学等進学率（%）	専修学校（専門課程）進学率（%）	就職率（%）	自県内進学率（%）（2009年）	自県外進学先				
					1位	2位	3位	4位	5位
愛知県	58.4	11.2	20.3	72.1	東京	岐阜	京都	神奈川	三重
岐阜県	55.3	12.8	23.8	17.8	愛知	東京	京都	大阪	神奈川
三重県	51.1	13.2	27.2	19.9	愛知	大阪	京都	東京	神奈川

出典：文部科学省　学校基本調査　平成20年，21年をもとに作成。

おり，北陸あるいは西日本にある高校からの進学者が比較的多い。

　製造業が盛んな名古屋圏では，理工系の大学や理工系の学部をもった大学の占める割合が大きい。これは，大学を卒業したあと，地元の製造業やその関連産業で働きたいと考えている学生を教育するためである。とくに地元の製造業での就職を勧めているわけではないが，製造業からの求人需要が多ければ，それに応えるために自然に理工系中心の大学・学部になる。こうして，名古屋圏で生まれ教育を受け，地元の製造業で働いて一生を終える人が少なからずいる。名古屋圏に見られるいまひとつの特徴は，大学へ進学せず，職業高校や専門学校で技術を身につけ，早くから働き始める方がよいと考える人が少なくないという点である（江口，2006）。一生涯働いて得る総賃金を比較すれば，確かにそれほどの違いはないのかもしれない。高等教育機関で身につける教養や知識より実学重視の知識を尊重する気風が存在することは確かである。

　職業高校や専門学校で技術を身につけて早めに製造業で働き始めた方がよいという考え方は，大量生産で発展してきた規模の大きな製造業にとっても好都合であった。中間技術者を大量に必要とする製造業にとって，現場労働を勤勉にこなす従順な労働力は安定的な企業発展に不可欠であったからであ

る。しかし経済のグローバル化や技術革新が進み，海外市場向けの普及品は現地生産が一般的になっていく将来，国内生産の維持や新産業創出のために求められる能力は，これまでとは違ったものになる可能性がある。ものづくり王国を支えてきた質の高い中間技術者をこれまで通り再生産するだけでよいのか，もっと広い視点に立って考える必要がある。

3．購買行動の普遍性，多様性，構造的パターン

　通勤，通学を目的とする移動と同様，買い物目的の移動は，都市や都市圏において大きなウエートをもっている。ただしこれは通勤，通学とは異なり，目的地があらかじめ定まっていない移動でもある。定まっていないため，ときには探索的移動になる。インターネットやスマートフォンが普及している現在，店舗を探すのは以前に比べて容易になった。しかしそれでも，最短距離や最短時間で目的の店舗まで行けるという保証はない。認知行動論的な地理学研究では，人が都市や都市圏においてどのように空間を認知するようになるか，その過程やメカニズムを明らかにする試みが行われてきた（岡本，2000）。それによれば，空間認知能力には個人差があり，最適モデルが示唆するようには必ずしも移動しない。店舗へ何度も出かけていくなど経験が蓄積されれば，空間情報がより正確になり，誤った移動をしなくなる。しかしそれでも個人差はあり，差異を無視することはできない。

　通勤は就業者による移動であり，通学は学習者による移動である。ともに特定の目的をもつ人による特定の施設への移動であり，当事者以外は関心の対象にならない。これに対し，買い物や人付き合いのための移動は，誰にとっても関心のある一般的な移動である。つまりこれらの移動は，都市や都市圏において面的な移動空間を構成する重要な要素になっている。もちろん仕事目的のビジネス移動などもあるが，一般の人々が買い物や会合のために移動することによって，移動の空間的パターンが都市や都市圏の中に形成される。しかもそのパターンはたえず変化しており，定型的な通勤，通学パターンのそれとは異なる。こうした空間的パターンが都市や都市圏に構造的特質を与えている。

　もともと構造的特質とは，特定のかたちをもった構造物が空間的に配置さ

れている状態をいうのではない。そうした固定的で静的な存在ではなく、モノ、人、情報などのエネルギーが絶えず移動しながらも、全体として固有のパターンを示している状態を意味する。買い物行動でいえば、規模の大きなショッピングセンターへは遠くからも消費者が集まってくるが、コンビニエンスストアへは近くの消費者しか来ないという行動が日常的に繰り返されている（図7-7）。数多くの消費者の行動を集計的にとらえることで、空間的にある特徴をもったパターンが浮かび上がってくる。ただし、競合するショッピングセンターが立地したり、不採算なコンビニエンスストアが撤退したりすれば、こうした空間的パターンはその形態を変える。消費者の買い物行動に関する構造的特質は固定的ではなく、時間とともに変わっていく（購買行動研究会編, 2007）。

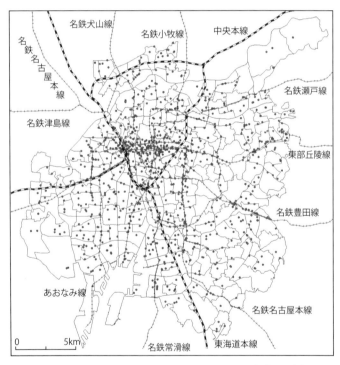

図7-7　名古屋市におけるコンビニエンスストアの分布（2006年）
出典：名古屋都市センター編 2006, p.35 をもとに作成。

資本主義社会では，モノやサービスは市場を介して取引されることで需給が成立する。買い物目的の移動とは，まさしく一方の相手がモノやサービスの供給者のもとへ出かけて行き，取引を行うために発生している。取引には移動のために要する交通費のほかに，あらかじめ目的地を見つけ出しておくために要した費用も必要である。とくに意識はしないかもしれないが，インターネットや新聞のチラシなどを手掛かりに探し出すために要した費用である。こうした費用を負担した上で，さらにモノやサービスの購入費を支払ってはじめてそれらを手にすることができる。このように考えると，モノやサービスを手に入れるための移動は，情報通信やメディア通信と関係しながら行われていることがわかる。交通と通信はともにネットワーク性があるという点で似ているだけでなく，相互補完性という点で不可分の関係にあるといえる。

　購買行動に関して，東京圏，大阪圏と比較して名古屋圏の特徴を挙げるとすれば，自動車を移動手段として利用する割合が大きいという点である。これは通勤移動についてもいえるが，人口密度が東西の大都市圏に比べて低く，道路網もよく整備されていることが背景にある。公共交通機関の不便な周辺部では当然としても，圏域中心部の名古屋でも自動車を利用した購買行動は多い。都心部の百貨店などは，本来なら公共交通機関での来店を推奨すべきであろうが，実際には商品の買上額に応じて駐車料金を割り引くなどのサービスを実施している。周辺部の中規模都市では郊外に大型のショッピングセンターが競合状態にあり，その影響を受ける都市中心部の商店街は駐車場確保もままならないため，消費者の吸引に苦労している。

第3節　恵まれた居住環境，交通アクセス，居住スタイルの変化

1．自然環境に適応した居住空間と恵まれた居住条件

　名古屋圏の一戸当たり住宅面積は，東京圏や大阪圏のそれと比較すると，より広い。もともと人口密度が東西の大都市圏に比べて低いという特徴があり，それを反映するかのように居住空間にも余裕がある。住まいのスペースは，そこに暮らす人々の居住意識とも関係しており，余裕あるスペースは愛

着感を強めるように作用する。ゆとりある空間が家の中で活動することを促し，家と居住者との間の結びつきがしだいに強まっていくからである。一時的な仮住まいでは，こうした結びつきは生まれにくい。固着的ともいえる家と居住者の関係は，ある意味では前近代的特徴のひとつといえる。実際，名古屋圏は尾張徳川家の領域をベースとし，その後，周辺部も取り込みながら形成されてきた。その根底に城下町時代に育まれてきた人々の心性が埋め込まれているといっても過言ではない（白井編，2011）。地元から離れることを嫌い，地元のことを優先して考える気風が現代においても残されている。同じように大都市圏といっても，それぞれ背景となる歴史や文化の特徴は違っており，それは暮らし方のスタイルや居住空間の広さやかたちにも表れる。

　住まい方の余裕は文化の継承や創出をも促す。文化を引き継ぎ，さらに広げていくには，活動ができる空間がなければならない。生活するだけで精一杯のスペースしかなければ，とても文化に対する関心は生まれない。まして新しい文化を生み出そうという気も起こらない。名古屋は昔から芸どころといわれてきた。華道，茶道，各種習い事など，一見，無駄と思われることを世代を超えて継承してきた歴史がある（中日新聞社編，2002）。こうした継承性は，ものごとを長期的視点から考える思考スタイルを育む。保守的にも見えるが，粘り強く押し通していく風土は企業経営にも浸透していく。堅実性や勤勉性を尊び，手堅く事業を進めていくスタイルにつながる。細かいことを積み上げていかなければ実現しないものづくりの精神は，名古屋圏の産業風土の中で育て上げられてきた。

　名古屋圏の中心都市・名古屋に城下が開かれたのは17世紀初頭のことで，それ以前はこの地には大きな集落はなかった。それ以前の中心都市は清洲にあり，徳川家康は清洲城を廃城にして住民を新しい城下に移住させた（中村，1971）。清洲が放棄された理由のひとつは低湿地で水害を受けやすいという自然条件であった。当時から居住条件として自然環境は重視されており，洪積層からなる名古屋台地は居住空間として適していた。清洲の前は一宮が中心であった時代があり，この頃は犬山扇状地の末端部から沖積平野にかけて点在していた自然堤防上が居住地として選ばれた。このように，歴史的には尾張地方の北から南へと中心地は移動し，居住に適した場所を慎重に選びな

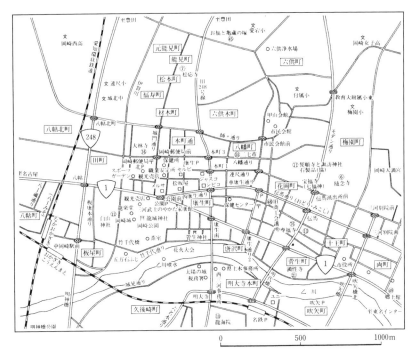

図7-8 岡崎市中心部の施設配置
出典：岡崎市・岡崎市観光協会，1991，「岡崎の観光めぐり」（冊子）による。

がら集落が形成されてきた。

　徳川家康とゆかりの深い岡崎は西三河の中心都市である。しかし近年，名古屋圏の拡大にともなってその一部に取り込まれるようになった。拡大要因の中に自動車産業の発展があり，名古屋から刈谷，刈谷から豊田（旧挙母）へという有力企業の立地移動と関連産業の出現が西三河と尾張との結びつきを強めた。岡崎もその動きの影響を受け，産業面では北に位置する豊田にリードを許しながらも，中心性を維持しようとしてきた（図7-8）。岡崎平野はもともと面積の大きな豊かな農村であり，保守的風土が根強い。農村共同体意識も強く宗教心も厚い地域である。一例は三河仏壇の豪華さに見ることができ，家の中に扉のついた仏間を一室用意するほど祖先を大切にしている。敷地と建坪がともに広い住居空間は，兼業化が進んだ現代でも変わらない。所

221
第7章　住宅地の選択と居住環境，居住スタイル

得水準の高い自動車関連の職場で働きながら，スペースに恵まれた住宅で生活するスタイルは簡単には手放せないであろう。

2．公共交通のアクセス性を補う自動車交通に依存する住宅地

　名古屋圏の住宅地に限らず，一般に住宅地は生活していけるだけの条件が揃っていてはじめて存続できる。居住者が何らかの事情のためにそこで暮らすことができなくなれば，住宅を手放さざるを得ない。別の居住者が代わりに住むようになるか，あるいは空き家や空き地になってしまうかもしれない。つまり，住宅地がある程度まとまった地域として存続しているのは，居住者の生活条件が維持されているからである。何よりも就業機会があり，家族が日常生活を営むことができる小売，サービス，公共施設などが整えられていることが前提である。これらの施設と自宅のある住宅地との間の距離は，短ければ短いほどよい。しかし，施設が集まり利便性に恵まれた場所は住宅地価も高いため，簡単に手に入れることはできない。このため実際には，利便性・アクセス性と住宅入手可能性をバランスさせながら，住宅地を選択することになる。利便性・アクセス性は個人のモビリティを高めることで改善することもできる。公共交通手段に恵まれていれば利便性・アクセス性は高い。しかし逆に公共交通手段が不足している場合は，自家用車を利用して不足分を補うなどモビリティを高める努力をすれば，個人的に問題は解決できる。

　先にも述べたように，名古屋圏は東京圏，大阪圏に比べると，移動手段として自動車に依存する割合が大きい。背景には人口密度が東西の大都市圏に比べて低く，移動手段としての鉄道の経営環境に恵まれていないことがある（中部連合会交通委員会，1989）。しかしこれは名古屋圏に限られたことではなく，地方の主要都市圏についても一般的にいえることである。その結果，鉄道沿線の住宅地は別として，自動車利用を前提とする住宅地開発がもっぱら進められてきた。鉄道沿線においても，名古屋など主要都市への通勤移動を除いて，移動手段としては自動車が想定されている。鉄道に比べて時間的に制約の少ない自動車による移動は，名古屋圏では非常に一般的である。住宅地と自動車利用はセットになっており，人口密度の低い周辺部では自動車抜きの生活は考えにくいのが実態である。

もともと名古屋の周辺には地場産業などで発展してきた都市が分散的に存在してきた。名古屋で始まった近代的な工業化が周辺部にまで広がり，名古屋が脱工業化するのとは逆に，周辺都市で工業化が進んだ。これにより，名古屋への通勤以外に，周辺都市にある工場への通勤を前提とした住宅地開発が大都市圏の周辺部で進んだ。住宅地化は大都市圏の東側を中心に進んだが，名古屋から転出した工場の多くも東側へ向かった。自動車工業のように当初から豊田，刈谷など西三河で生まれ，関連工業を増やしていった産業もある。大府は尾張と西三河を結ぶ位置にあり，知多半島にも通じている。名古屋の郊外という性格と西三河の自動車工業の延長といった性格ももっている。もともとぶどうや梨などの果樹栽培が盛んであったため，土地利用は住宅，工業，農業の組み合わせからなる（図7-9）。

図7-9　大府市の都市構造
出典：大府市編，1989，P.12による。

3．国際的，全国的な資本投下の影響を受ける住宅地域

　東京，大阪に本社のある企業が札幌，仙台，広島，福岡に支店，支社や営業所を置いて全国市場をおさえていた時代があった。名古屋にもこうしたブランチオフィスが置かれ，名古屋圏，東海地方を市場とした企業経営が行われていた。しかしその後，経済のグローバル化や少子高齢化にともなって国内市場の縮小が進み，企業は海外での活動を強めていった。札幌，仙台など支店経済都市の存在感は以前に比べると弱まり，支店就業者の郊外からの通勤は相対的に減少した。同じことは名古屋でもいえ，団塊世代の定年退職も加わったため，都心就業者の通勤は以前に比べて減少している。脱工業化やサービス経済化が進む名古屋では女性や若者の就業割合が高まっているが，こうした人たちは郊外よりむしろ市内のマンションを志向する傾向がある。市内中心部の生活利便性を評価した暮らし方が，若い就業者層を中心に支持を集めるようになった（鯵坂ほか，2015）。

　居住形態としてマンションを指向する流れは名古屋圏の周辺都市においても一般的になってきた。名古屋より歴史が古く繊維産業で発展してきた一宮は，東海道本線と名鉄名古屋本線のスピード競争もあり，名古屋からわずか10分足らずで行けるようになった。名古屋と直結されたといってもよいほど市街化が進んだが，それでも鉄道沿線から離れると市街化調整区域が広がっている。つまりまだ農村的な雰囲気の残った地域があるが，そのようなところでもマンションの建設が進んだ（図7-10）。市街化を抑制する目的で設定された地域でありながらマンションが建設できたのは何らかの条件があってのことと思われるが，生活インフラの整備は市街化区域が優先されるため，その点では問題なしとはしない。

　支店経済都市としてのウエートを低めたとはいえ，名古屋圏の周辺には製造業が盛んな都市も多く，それらとビジネス面で関わる企業は依然として名古屋を拠点としている。名古屋ではJR東海によるリニア中央新幹線の建設にともなう地域経済への大きなインパクトが予想されている。これは札幌，福岡などとは異なる動きであり，市内では名古屋駅前を中心に再開発事業が続いている。こうした再開発事業から刺激を受け，都心部近くの古い住宅やビルをマンションなどに建て替える事業も進められている。都心型マンショ

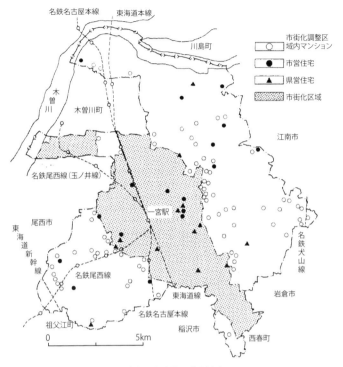

図7-10 一宮市の市街化調整区域内マンション
出典：国際開発コンサルタンツ，1994による。

ンの購入者として想定されているのは，都心部で就業する若夫婦やセカンドハウスを希望する富裕層である。郊外生活を引き払い余生を都心部で暮らそうとするシニア層も，これに加わる。欧米都市で一足早く進んだジェントリフィケーションが，東京圏，大阪圏と並んで名古屋圏でも進んでいる。

　不動産に関する経済学では，住宅建設に周期性があることを教えている。経済の好不況，世代交代など何らかの時間的要因が関わってこうした周期性を生み出す。またマルクス主義的経済地理学では，不動産資本が利益を求めて住宅・ビルなどの都市開発を繰り返すため，ある種の周期をもって発展地域が空間的に移動すると説く (Harvey, 1985)。資本は利潤を求めて世界中を駆け巡っており，時代状況に応じて集中投資される場所が変化する。日本

225
第7章　住宅地の選択と居住環境，居住スタイル

企業のグローバル展開，有力鉄道会社の高速路線建設，都心部の不動産開発は，いずれも将来を見越した新たな資本投下である。郊外への投資を抑え，その分を都心部に向けようとする不動産資本の空間戦略に，郊外住宅地域は直接的，間接的な影響を受けている。影響を跳ね返すには，優れた生活条件は利便性だけではないことを確認し，居住空間のリノベーションを進めながら，豊かな自然環境を取り込んだ郊外生活を再構築する必要がある。

コラム7
習慣やしきたりなど「制度の束」の中で生きる人間 －地理学制度論－

　各地域にお国自慢と呼べる食習慣がある。そこに目をつけ都道府県ごとに特徴的な名物料理をめぐってタレントたちが自慢をしあうテレビ番組もある。「ところ変われば品変わる」という古くからのことわざを持ち出すまでもなく，料理や味つけは場所ごとに個性がある。地元で採れる素材が気候や風土で異なるだけでなく，料理の仕方にも地域差がある。違いがあるのは当然で，極端な話，たとえ同じ地域にある家庭で同じ料理をつくっても，味に微妙な違いがあるのはむしろ普通であろう。家庭の味，おふくろの味と呼ばれる独特な味つけは，その家ごとにあるいは人によって違っていてもおかしくない。本来はこのように異なる料理や食習慣の地域性に対して，地理学はあまり関心を示してこなかった。むしろ，科学としての地理学の樹立を掲げ，計量的手法によって一般性や普遍性を発見することに力を入れていた頃は，地域差よりもどの地域にもあてはまる共通性に重きをおいて研究をしていた。地域差は共通性を覆い隠す雑音や夾雑物として扱われていた。

　人々が美味しいものを求め，美味くないものは遠ざけるという一般的傾向があることは否定できない。しかし，何が美味しくて，何が美味しくないかは人それぞれである。なぜ人は美味しいと感ずるかという議論までは地理学はしないが，美味しいものを求める本性を人間がもっていることと，美味しいものを判断する基準に個人差があることは，地理学研究の前提といえよう。計量的研究でも料理の風味や見た目を対象にできないことはないであろう。しかし，何となく味気のない研究成果しか生まれないような気がする。計量的研究に代わって質的な差異にこだわる研究が生まれてきたのは，高度経済成長の限界性に人々が気づき始めたことと無縁ではない。量は達成されたが何か物足りない。違うことは面白いことであり，まずはその違いを楽しむことが，これからの時代を生きていくのに必

要なことであると人々は気づき始めた。画一的で単色な世界から個性に満ち溢れた多様な世界への移行が始まった。

　多様な世界の到来を歓迎するとしても，その多様性がどこから来ているのか，研究者としては気になるところである。人間の個性は先天的なものと後天的なものを掛けわせることから生まれていることは，誰しも否定はしない。後天的とはその人が生まれてから現在まで過ごしてきた環境のすべてである。すぐに思い浮かぶのは自然環境と人文環境である。ものごころつくまでは親の言うなりで，自ら環境を選ぶことはできない。しかし徐々に自我を発揮し，人格形成の道を歩み始める。その過程で遭遇した人，モノ，情報などすべてがその人の性格形成に影響を与える。英語のinstitution つまり制度は，生きていくあらゆる場面で人間の意識や行動を規制する。親の躾け，義務教育，法律，習慣，信仰心など，多種多様な制度の網が人の上に覆いかぶさり，やがて人はそれに馴染んでいく。生活の場面では，自治体が決めたゴミ出しの決まりを守らなければならない。校則，就業規約，交通ルールなどなど，制度として守らなければならない決まりは山ほどある。

　こうした無数の制度の束をひもとき，どのような制度がその人間の人となりに関わっているかを明らかにする。冒頭で述べた地域によって異なる食習慣は，そのような制度が複雑に絡まり，食事という場面で頭を出した結果である。食事だけではない。衣食住という言葉の通り，衣服や住まいの分野でも，さまざまな制度が人々に働きかけている。何を身にまとうか，どのような住み方をするか，それは個人の自由である。しかし選ぶべき選択肢が限られていれば，結果として現れるのは似たようなものになる。同じ地方で同じような食事が振舞われたり，似たような家屋が連なって建っていたりするのは，目に見えない文化的，社会的制度が働いているからである。制度は地域ごとに違うだけではない。世代やジェンダーごとにも違っている。まさに，さまざまな組み合わせの制度の枠の中で，われわれは生きている。

第8章　コミュニティ，環境問題，まちづくり

第1節　コミュニティの習慣，人的交流，新たなコミュニティづくり

1．コミュニティの伝統的習慣と守るべき制度

　英語の community，カタカナ表記ではコミュニティの日本語訳は地域社会である。もともと commune とは親しく交わるという意味であり，ヨーロッパでは最小規模の自治体をコミューンと称してきた。日本でいえば自然村のムラに相当するが，村民や市民による自治の歴史がヨーロッパに比べてあまりない日本では，コミュニティに当てはまる適切な実体がない。それゆえ地域社会という実体それ自体を思い浮かべるのが難しい訳語をコミュニティに当てている。しかしいまではコミュニティといった方がわかりやすいという人も多く，訳語を用いずカタカナ表記で表すのが一般的である。原意である人が親しく交わるという意味は変わらず，近隣の人々が日常的に交流している状況が思い浮かべれば，言葉としては十分伝わったといえよう。

　コミュニティは社会学で取り上げられることが多い。社会を構成している個人や家計あるいはその集団が，生活を送るために互いに知恵を出し合って規則を定め，円滑に暮らしていく仕組みを研究するのが社会学の学問としての役割である。都市地理学がこれと関わるのは，都市の中で生活する人々が一定の範囲の中で社会を構成しているからである（Knox and Pinch, 2006）。空間や地域にこだわる地理学，この場合は都市地理学は，特定の空間や地域の中で人々が交流する実態に注目する。社会学は空間や地域にとくに関心を示さないが，地理学は交流の仕方や仕組みが空間的広がりによってどのように規制されるかに興味を抱く。単に面積が広いか狭いかというのではなく，その空間や地域にそなわる固有の属性がコミュニティでの交流の仕方を左右していると考える。

　さて，名古屋圏に限らず，コミュニティはそれぞれ種々の条件や制度によって規定されている。たとえば大都市・名古屋の中心部は城下町建設以来の長

228
名古屋圏の都市地理学

い歴史をもっており，そこに住む人々も伝統的な習慣を受け継ぎながら生活してきた。名古屋では，家業が長く続いていることをいうのに，「清洲越し以来の歴史…」ということがある。これは，1610（慶長15）年からその翌年にかけて以前の城下町・清洲から名古屋へ武士・町民がすべて引っ越してきた頃から今日まで，途絶えることなく続いているという意味である。つまり名古屋でもっとも古いといってもそれは江戸初期でしかなく，それよりずっと以前から町のあった一宮などと比べると歴史は浅い。名古屋の城下町は台地上の平地に築かれたが，それは戦国期までの軍事優先の城下町とは異なり，手工業や商業の振興を念頭においた平時の都市建設であった（高阪，1973）。清洲から移り住んだ人々は方形状をした計画的な町家で新しい地域社会すなわちコミュニティを築いていった（図8-1）。コミュニティというと現代のことばかり思い浮かべるが，近世や近代にもコミュニティがあったことは覚えておいてよいであろう。

　城下町では身分制に応じて住む場所が定められていた。武士の住む武家地に比べると町民地の居住密度は高く，城からも離れた位置にあった。狭い生

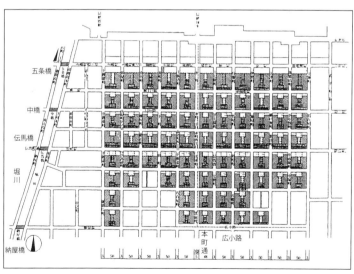

図8-1　名古屋城下町の土地区画（17世紀初頭）
出典：名古屋宣言刊行委員会編，1992, p.16による。

第8章　コミュニティ、環境問題、まちづくり

活空間であったがゆえに共同ですることも多く，おのずと共同者意識も強かったと思われる。そうした意識のいくつかは現代でも引き継がれており，地域の伝統行事の中に残されている。祭りなどのさいには，伝統的なコミュニティの一員として与えられた役割をこなすことが半ば義務づけられている。しかしたとえ義務であるとはいえ，そのような役割を果たすことにより，地元の一メンバーとして一体感を味わうことができる。地域構成員としてアイデンティティを確認することは，その地域で暮らしていくのに最小限必要なことがらである。お祭りや催事をはじめとするコミュニティの伝統的習慣は，生きがいを感じさせる効用として機能している。

　これに対し，高度経済成長期以降，郊外に造成された住宅地で暮らすようになった人々は，その地域に根ざした伝統的習慣をもたない。むしろこうした伝統をもたないことが自らの気持ちを楽にし，自由な行動を保証するとして前向きに評価されてきたように思われる。しかしそれでもなお，コミュニティの中で暮らしていくには最低限の約束事は守らなければならない。とくに自治体行政組織の末端として，ゴミ処理，治安，防災，交通安全など市場外の諸問題を解決するには，市民による共同行動が欠かせない。これは義務として行っている納税行為の見返りサービスを受けるための条件でもある。伝統的習慣に類するような制度的束縛はないが，コミュニティの一員として生活するための決まりは守らなければならない。コミュニティに対する帰属意識の強さに濃淡はあるが，人間はどのような社会の中にあっても，インフォーマルな習慣や制度の影響を受けながら生きていることは明らかである（Hayter and Patchell，2011）。

2．コミュニティは市場では供給できない人的交流サービスを生む

　歴史的に見れば，昔はコミュニティの中かそのすぐ周辺で生活のすべてが完結していた。それが市場経済の浸透にともない，企業の手を介さなければ成り立たなくなった。たとえば食料は自給か近くの農家で購入していたものが，スーパーやショッピングセンターで購入するようになった。中身も貯蔵のきく加工食品の占める割合が多くなった。トレーサビリティは限りなく長くなり，いまや海外から輸入されてくる食品も多い。多くのモノやサービス

が企業提供のものとなり，所得さえ確保できれば生活水準は飛躍的に高まったといえる。しかし，それですべてが手に入ったわけではない。むしろ市場経済の高度化に反比例するかのように失われていったものも少なくない。たとえば近隣の人々との間の親密かつ日常的な交流やつきあいである。

　企業の手を通して入手できるものを市場内製品やサービスとするなら，コミュニティでの人的交流によって手に入るものは市場外ニーズである。こうしたニーズは必ずしも近隣のコミュニティでしか手に入らないということはない。都市化が進んだ社会では情報・交通手段が発達した社会でもある。その気になれば遠隔地に友人をつくったりインターネットで交流したりすることもできる。しかし，徒歩圏内のコミュニティの中にこうした相手がいれば，移動に苦はなく気軽に交流することができる。コミュニティは，市場では供給しづらい人的交流サービスを生み出す場でもある。

　市場では供給しづらい人的交流の内容は多様である。交流をするには仕掛けや仕組みが必要である。なかには企業の手をある程度介した方がうまくいく場合もある。たとえば，児童・生徒が通う学習塾，会費を要する趣味の教室などであり，同世代の人々や同じ趣味を持つ人々が，同じ空間に身を置くことで仲間意識を抱くようになり，交流も深まる。むろん，経済的支出を必要としない同好会や趣味の会の類の集まりもコミュニティには用意されている。利益を求める企業とは別に，自治体は納税の対価である社会サービス提供の一環としてコミュニティを支援する立場にある。コミュニティの側から自治体に働きかけ，コミュニティ活動を活発にするための補助や援助を要請することも稀ではない（苅谷ほか，2011）。

　たとえ地理的に同じコミュニティに属していても，その帰属意識は人によって異なる。そのコミュニティにいる時間が長く，日常的に近隣住民と接することの多い人は帰属意識が強い。逆に自宅はそのコミュニティの中にあっても，週末以外は通勤で市外の就業先に出かけている人の帰属意識は低いであろう。つまりそのコミュニティを実際にどの程度認知しているかによって意識には幅がある。職住分離が進んでいる郊外住宅地の通勤者の中には後者の例が多い。逆に職場と居住地が同じか近い場所にある就業者は，コミュニティ内での日常的交流も多く意識は高い。専業主婦，年金生活者，児

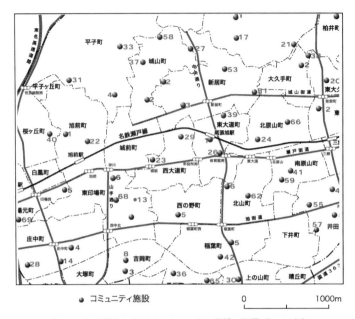

図8-2 尾張旭市におけるコミュニティ施設の配置（2004年）
出典：尾張旭市のウェブサイト掲載資料（https://www.city.owariasahi.lg.jp/sisei/keikaku/dai5/documents/14b.pdf）をもとに作成。

童・生徒などは一日のうち長い時間をコミュニティで過ごしているため，やはり帰属意識は高くなる。

同じコミュニティに属する人たちが何らかの活動を行う場合，拠り所となる場所がなければ難しい。その人たちが自主的に資金を集めるなどして土地を確保し施設を自前でつくるケースも考えられるが，実際に多いのは自治体がそのような施設を用意して市民に提供するケースである。図8-2は尾張旭市におけるコミュニティ施設の配置を示しており，かなりきめ細かに施設が置かれていることがわかる。名古屋と瀬戸に挟まれた尾張旭は，かつては純農村社会の特徴をもっていた。しかし名古屋方面からの都市化の波に洗われるようになり，郊外住宅都市の性格を帯びるようになった。工場，大学，大型店舗の進出もあり，名古屋とほぼ連担する市街地によって市域が埋め尽くされるようになった（西村・加藤，1979）。

3．コミュニティの変化と課題への対応

東京圏では大都市中心部で再開発事業が行われ，所得の高い人々がこうした地域に住まいを求める傾向がある。名古屋圏でも規模は違うがこれと似た現象が観察される。しかしその一方，旧市街地の中にあって再開発需要がほとんど見込まれない地域では，常住地人口が減少している。移動しやすい若年者が就職や結婚を機に転出し，高齢者が取り残される。一人暮らしの高齢者は身体の自由がきかず，生活するのに苦労を感じている。人口減少は小売店やサービス施設の撤退を招き，ますます住みにくくなる。あれほど一般的なコンビニエンスストアでさえ，売り上げの期待できない地域には立地しようとはしない。逆に人口減少の気配が感じられたら，たちどころに店舗を閉じてしまう。まさにコミュニティ存亡の危機ともいえる状況が旧市街地の内部で生まれている。

こうしたコミュニティで真っ先に生活困難に陥るのは，低所得者や身体の自由がきかない高齢者である。以前なら経済的に助け合ったり買い物に手を貸したりする人々が身近にいた。しかしコミュニティとしての機能が低下した今日，そのような支援を期待することは困難である。フードデザートすなわち「食の砂漠」の存在が社会的に問題視されるようになって久しいが，簡単には解決できない（岩間，2011）。これも一種の市場の失敗であり，資本主義経済，社会が抱えている深刻な問題である。このうち低所得者の存在は，新自由主義政策の断行以降，顕著になった。路上生活者は近年，あまりマスメディアでは取り上げられなくなったが，潜在的問題は解決されていない。

常住地人口の減少の中には子供の数の減少も含まれる。とくに就学期を迎えた子供の減少は，地元の小学校の存立を危うくする。入学児童数の減少にともなってクラスの数が減り，やがて近隣の小学校との統合・再編が話題に上るようになる。都市中心部の小学校は一般に長い歴史をもっており，地元コミュニティとのつながりは強い。PTA活動もかつては盛んに行われ，コミュニティが陰に日向になって学校行事を支えてきた。そのような歴史をもった小学校が統合・再編されてなくなることは，地元民にとってはアイデンティティの一部を奪われるようで辛いものがある。各地で小学校の統廃合問題が議論されているが，互いに信頼関係を維持しながら熟議につとめて結論を導

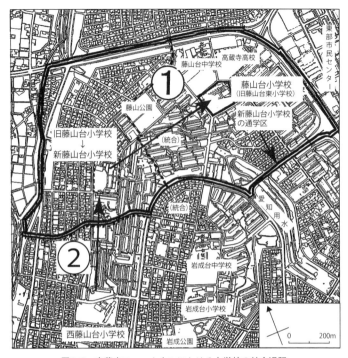

図8-3 高蔵寺ニュータウンにおける小学校の統合過程
出典：春日井市のウェブ掲載資料（http://www.city.kasugai.lg.jp/dbps_data/_material_/localhost/61000/t6101500/fujiyamadaikouku2.pdf）をもとに作成。

く以外に手はない。

　図8-3は，春日井市の高蔵寺ニュータウンにおける3つの小学校の統合に関する図である。統合過程がやや複雑であるが，まず歴史が一番古い藤山台小学校と，かつて藤山台小学校から分離して設けられた藤山台東小学校が統合し，児童は新たな藤山台小学校（旧藤山台東小学校）で3年間学ぶ（図中の①）。この間に元の藤山台小学校を建て替え，校舎が完成したら，統合して一緒に学んでいた児童は新校舎に移動する。そのさい，これも藤山台小学校からかつて分離して設けられた西藤山台小学校とも統合する（図中の②）。要するに，人口急増期に増やした小学校の児童数が減少したため，ニュータウン入居時の状態に戻すというプロセスである。施設の再編・縮小であることに変わりはないが，新校舎は最新の設備を備えた内容であり，少子化傾向が進む中，

教育の充実にもねらいがある。

　先進諸国の大都市では，民族の多様性がコミュニティの性格を複雑にしてきた。民族間の対立や差別が問題を引き起こし，コミュニティを社会的不安に陥れることも稀ではない。海外から移民のかたちで都市中心部に流れ込んできた少数民族の人々は，他の民族からの差別を避けたり，自らの文化的アイデンティティを守ったりするために同じコミュニティで共同生活を始める。一種の民族的シェルターとして機能するコミュニティは，多数者が住むホストカントリーの中の島嶼のような存在である。こうした外国人コミュニティが日本でも現れるようになった。名古屋圏の場合は，日系ブラジル人やフィリピン人などが集まって住む地域が少なくない。製造業，エンターテイメントサービス業などで就労する外国人労働者たちのコミュニティである（阿部，2003）。

　1990（平成2）年の入国管理法の改正を機に，日系ブラジル人の来日が増えていった。名古屋圏では愛知県，岐阜県，静岡県を中心に，製造業で来日外国人を雇用する企業が多い。厳しい労働条件を敬遠して集まらない日本人労働力の代わりに，安い賃金で雇用できるのは企業にとって魅力的である。日本語が話せなくても製造現場ではとくに問題にはならない。その結果，各地に外国人労働者が集まって生活する地区が現れるようになった。日本人が入居しなくなった公団住宅は来日外国人にとっては条件のよい居住空間に見える。当初は生活習慣の違いから日本人の居住者との間でもめごとが絶えなかった。しかしボランティアや行政の手助けによって，問題は徐々に解消していった（野元，2003）。多くのコミュニティは同質性を前提として成り立っているが，社会経済的，民族的，文化的属性の異なる人々が集まってつくるコミュニティも普通の存在になろうとしている。新しい時代に合ったコミュニティづくりに向けて，試行錯誤は続けられていく。

　表8-1は，全国と名古屋圏における在住外国人の国籍別人数を示したものである。全国では韓国・朝鮮，中国国籍の外国人が多いが，愛知，岐阜，三重の三県ではいずれもブラジル人が多い。三重県ではブラジル人の占める割合が40％を超えており，愛知，岐阜でもこれに近い。全国に居住するブラジル人の37.7％は名古屋圏に集まっており，とくに愛知県は24.3％と全国の

表8-1 全国と名古屋圏における在住外国人（2006年）　　単位（人）

	全国		愛知県		岐阜県		三重県	
国籍別上位人口	1 韓国・朝鮮	598,219	1 ブラジル	76,297	1 ブラジル	20,466	1 ブラジル	21,206
	2 中国	560,741	2 韓国・朝鮮	42,922	2 中国	15,810	2 中国	7,834
	3 ブラジル	312,979	3 中国	35,522	3 フィリピン	7,314	3 韓国・朝鮮	6,544
	4 フィリピン	193,488	4 フィリピン	21,844	4 韓国・朝鮮	6,169	4 フィリピン	4,359
	5 ペルー	58,721	5 ペルー	7,957	5 ペルー	1,112	5 ペルー	3,539
	6 アメリカ合衆国	51,321	6 ベトナム	3,273	6 ベトナム	846	6 ベトナム	863
	その他	309,450	その他	20,699	その他	2,899	その他	5,248
	総数	2,084,919	総数	208,514	総数	54,616	総数	49,593
外国人数上位都道府県／都市	1 東京都	364,712	1 名古屋市	61,585	1 岐阜市	9,423	1 鈴鹿市	9,560
	2 大阪府	212,528	2 豊橋市	19,504	2 大垣市	7,205	2 四日市市	9,447
	3 愛知県	208,514	3 豊田市	15,420	3 可児市	6,819	3 津市	8,577
	4 神奈川県	156,992	4 岡崎市	11,206	4 美濃加茂市	5,431	4 伊賀市	4,978
	5 埼玉県	108,739	5 小牧市	8,778	5 各務原市	4,122	5 松阪市	3,676

出典：法務省「在留外国人統計」をもとに作成。

4分の1を占める。都市の規模に注目した場合，外国人は大きな都市に集まる傾向があるが，このことは名古屋圏についてもいえる。ただし岐阜県では可児や美濃加茂，愛知県では小牧などのように中規模ではあるが，製造業が盛んな都市で就業する外国人も多い。都市が小さい場合は，外国人の存在感が相対的に大きかったり，受け入れに慣れていなかったりする場合がある。自治体をはじめ地域のコミュニティ全体で理解を深め，共生の道を探る必要がある。

第2節　公害問題，マンション問題，環境問題とコミュニティ

1．大気汚染・騒音・地盤沈下などの公害とコミュニティ

　高度経済成長期に各地で噴出した公害は，工業生産地を主な発生源とする大気汚染や振動・騒音，地盤沈下などが直接的，間接的にコミュニティに悪影響を及ぼすことで顕在化した。名古屋圏では四日市のコンビーナートや名古屋港南部の臨海工業地帯で発生した汚染物質が地域住民を苦しめたという事例がよく知られている（朴編，2013）。汚染物質を含んだ大気が工業地域周辺のコミュニティに流れ込み，住民の生活に被害をもたらした。なかには春日井市の製紙工場を発生源とする排煙が庄内川を越えて名古屋市側に流れ込み，守山区の住民から強く糾弾されるという事例もあった。工場の敷地内で制御できる物質とは異なり，大気汚染は工場外に排出されるため，因果関係

236
名古屋圏の都市地理学

が突き止めにくい場合もある。四日市公害の場合は、大気汚染だけでなく工場からの廃液も環境を汚した。環境Gメンの粘り強い調査で問題が発覚し、その後は強く規制されるようになった。

　振動・騒音の発生源は工場ばかりではない。むしろ工場が操業を止めている夜間、幹線道路を疾走するトラックが原因の振動・騒音が住民を苦しめる。たとえば国道1号が市街地を通り抜ける岡崎市では、安眠を妨害された住民が騒音問題を提起した。騒音問題では名古屋市南区の新幹線騒音の問題も忘れることはできない。高速化は公共の利益のためとする国有鉄道に対し、住民は市街地での徐行運転を求めた（名古屋新幹線公害訴訟弁護団，1996）。これらの多くは裁判闘争を経てそれぞれ収束していったが、住民側が提起した異議申し立ての社会的インパクトは大きかった。それはその後、進められた公害防止のための技術革新や法制度の整備に反映されている。図8-4は、現在もなお新幹線の騒音がどの程度か測定が続けられている箇所を示したもの

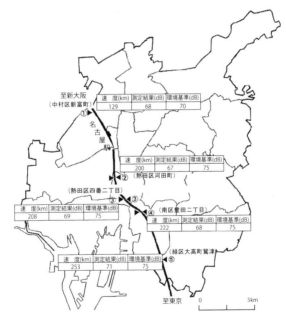

図8-4　名古屋市内を走行する東海道新幹線の速度・騒音の測定（2013年）
出典：名古屋市のウェブ掲載資料（http://www.city.nagoya.jp/kankyo/cmsfiles/contents/0000067/67451/betuzutitennzu.pdf）をもとに作成。

である。名古屋市内では18.9kmにわたって東海道新幹線が走っており，毎年，5か所の地点で測定が行われている。走行速度は地点によって異なるが，図中の⑤地点は時速253kmと測定地点の中ではもっとも速く，ここでの測定結果は71dB（デシベル）であった。この地点の環境基準は75dBであるため，基準を下回っていた。速度を落として騒音を減らすことと，利用者が期待する高速性の間でいかにバランスをとるか，そのせめぎ合いは今後も続く。

　大気汚染や騒音の問題を提起した市民運動により大都市の交通インフラ建設が10年以上にもわたって凍結されたのは，名古屋圏において特筆されるべき出来事であった。1964（昭和39）年開催の東京オリンピックに間に合わせるように，東京では都市高速道路が建設された。阪神間でも高速道路は高度経済成長期のいわば象徴として建設された。第三の大都市圏である名古屋でも，なかば当然のこととして都市高速道路の建設が計画された。しかし建設工事が始められたとき，市民の間から反対運動が巻き起こった（中川，1987）。高度経済成長がピーク時を過ぎ，楽観的な未来論に翳りが差し始めていた時期であった点が重要である。この問題は名古屋市長選挙の争点となり，反対運動を支援した市長が当選したため，その後12年間，工事が凍結されたことで収束した。凍結期間が終了して都市高速道路の建設は再開された。しかし住民が掲げた反対の意思は固く，市街地東部の住宅地では高架式ではなくトンネル式にするなど，住環境保護が優先された。

　濃尾平野という国内でもっとも広い沖積低地で古くから繊維産業が発展してきた名古屋圏では，地盤沈下も大きな社会問題である（大東，2015）。木曽三川の伏流水である地下水を利用して繊維生産に励んできたこの地域では，生産規模の拡大とともに揚水量が増えた。水が抜かれた地下では地盤を維持することができず，不規則に沈下した地盤は工場だけでなく，周辺の住宅地域にも悪影響を及ぼす。この問題の根本的解決は，地下水の汲み上げ規制と工業用水の整備による水の確保に頼るしかほかに方法がない。無料で自前の井戸から汲み上げてきた小規模零細企業にとって，有料の工業用水は生産費の値上げにつながる。自らもその一員であるコミュニティのことを考えると，汲み上げ規制には応じなければならなかった。

　岐阜県の東濃地方から愛知県を経て三重県の中部にかけて，かつて堆積し

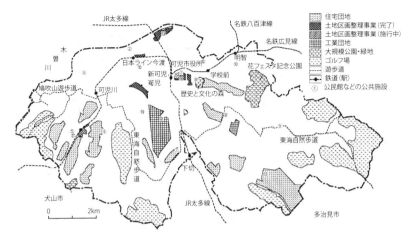

図8-5 可児市における住宅団地，工業団地の分布
出典：可児市，1977，p.18をもとに作成。

た東海層群の中に亜炭層が含まれている。戦前から戦後にかけて燃料資源として亜炭が盛んに採掘された。戦前は戦時体制下で不足する燃料を補うために，また戦後間もない頃は経済成長を促すために石炭を補完するエネルギーとして国も増産を支援した。ところが，そのような時代が終わって都市化や郊外化が進む時代を迎え，思わぬ公害に悩まされるようになった。廃坑跡地で落盤や地盤沈下が起こり，地上の住宅や施設が被害を受けるようになったからである。図8-5は可児市の土地利用を示したものであるが，この市でもこうした災害が各所で発生している。そのたびに土砂の埋め戻しという対処療法がとられているが，十分な記録も残されておらず，抜本的な対策は見送られている。可児は名古屋方面の都市化の影響を受け，丘陵地に広がるかつての入会地が住宅，工場，ゴルフ場などに変わっていった。基盤整備が十分追いついていない箇所も少なくなく，別の問題点も抱えている。

2．社会，経済の発展とコミュニティをめぐる問題の変化

　工業生産を主な原因とする公害問題も，時代とともにその内容が変わっていく。高度経済成長が終わり，石油ショックを経て工業生産の高度化が進むと，公害は工業生産から都市交通を原因とするものへと変化した。増え続け

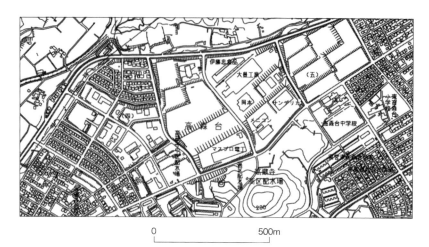

図8-6　高蔵寺ニュータウンのサービスインダストリー地区
出典：春日井市提供の資料をもとに作成．

る自動車が撒き散らす排気ガスと騒音が近隣住民の頭痛の種となった．ただし，排気ガスや騒音で悩む住民も，いったんハンドルを握れば公害を出す側に回る．ここに公害問題の矛盾があるが，抜本的解決は低公害エンジンの開発や騒音が発生しにくい道路環境の整備につきる．実際，その後の研究開発で無公害車や低公害車が販売されるようになり，以前のような自動車公害は影を潜めた．電気自動車や燃料電池車の普及に弾みがつけば，さらに改善される可能性はある．

　かつては工場イコール公害発生源というイメージが持たれやすかった．大都市から工場を追い出す法案が国会を通ったのも，そのような時代においてである．しかし時代は変わり，産業構造の高度化にともない工場の中身も変化してきた．工場立地と周辺の住宅地域の関係も，以前とは大きく変わってきた．たとえば春日井市の高蔵寺ニュータウンでは職住近接の意味もあり，北斜面の住宅に適さない敷地に工場が誘致された．春日井市はサービスインダストリー地区と名づけ，できるだけ工場としてのイメージを出さないようにした（図8-6）．しかし近隣住民はその動きを見逃さず，工場誘致に反対する運動を起こした．紆余曲折があったが，辛抱強く対話を重ねた結果，問題を起こさないかたちでの決着を見ることができた．実際，誘致されたのは公

害を撒き散らす工場とはいいがたく，文字通りサービスインダストリーに近い施設群であった。職住近接というニュータウンの理念に合致する点でも効果があり，税収の減少に悩む春日井市に貢献する存在になった。とくにニュータウンと呼ばれてきた地域では人口数の停滞や減少が危惧されているが，ここにきて，こうした企業群が雇用の場の提供や人口定着に一定限度の役割を果たすようになった意義は大きい。

これまで住宅は工場や自動車を発生源とする公害から被害を受ける立場にあった。ところが市街地の中で中層マンションが，その後は高層マンションがあいついで建設されるようになり，その日陰に入る低層住宅が悪影響を受けるようになった（三浦，2005）。日照権問題だけでなく，マンションに入居する住民との間でゴミ回収や騒音などをめぐり対立も起こるようになった。これは形式的にはコミュニティ内部の問題であり生活の問題であるが，同時に社会的な問題でもある。低層の一戸建て住宅が普通で低密度なコミュニティの中に威圧感のある高層マンションが出現すれば，都市景観にも影響を及ぼしかねない。負の社会的外部性という新たな問題に対して，各地で建設反対ののぼり旗が立つようになった。

バブル経済の崩壊を経て大都市の中心部では地価が下落した。東京，大阪に比べるとバブル期の地価上昇が大きくなかった名古屋でも，地価は下降した（紺野，1988）。国の景気浮揚策で規制緩和が進み，都市中心部では遊休地や未利用地においてマンション建設が進んだ。マンションは都市中心部に限らず，駅前近くや郊外でも普通に建てられるようになり，建設それ自体に反対する雰囲気は消えていった。しかしけっして問題がなくなったのではなく，問題が見えにくくなった。自動車公害と同様，お互い様という雰囲気が社会の中に生まれ，正面切って異議申し立てをするのを憚るようになった。

3．河川流域，里山の生態系維持とコミュニティ

コミュニティは狭く考えれば自治会や町内会など近隣の地理的範囲にとどまる。しかし実質的な生活圏が昔に比べて広くなっている今日，互いに顔のわかる範囲だけがコミュニティとはいえなくなっている。何か問題が起こった場合，狭い範囲だけで解決できるとは限らない。地理的につながった広い

範囲の中で問題の解決に向けて取り組まなければならないのも，現代の地域問題の特徴である．たとえば河川流域に関わる問題は，上流，中流，下流といった河川の一部分を取り上げるのではなく，流域全体を対象として取り組まなければならない．木曽三川をはじめ多くの河川が流れている名古屋圏では，治山治水の思想を実践すべく古くから取り組みが行われてきた．地理的連続性を特徴とする河川流域では，複数のコミュニティが広域的に連携しながら問題解決に当たるケースが珍しくない．

　名古屋圏の東部を南北に流れる矢作川の源流は岐阜県であるが，流域の多くは愛知県の西三河である（図8-7）．上流部では林業が行われている．降水は豊かな森林を育む一方，樹木は保水作用で土砂の流出を抑える役割を果たしている．森林から流れ出る植物性の養分は中流を経て下流部へ流れ至り，

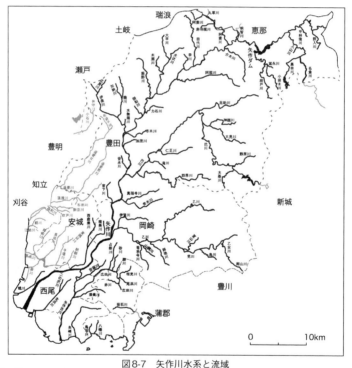

図8-7　矢作川水系と流域
出典：愛知県のウェブ掲載資料（http://www.pref.aichi.jp/kankyo/mizu-ka/jyunkan/03koudoukeikaku/pdf/keikaku_dai2ji/nisi_01.pdf）をもとに作成．

やがて三河湾に流れ込んで魚類を育てる（豊田市森林課，2007）。中流部では農業用や生活用の水を供給する。河岸段丘や洪積台地の上では上流部の堰で取水された灌漑用水が田畑を潤している。上流から下流まで連続的に広がる河川流域の生態系を維持するために，県境を越えたコミュニティ同士が手を結んだ活動が昔から行われてきた。「矢作川モデル」と称される流域一帯を対象とした地域社会活動は，持続性社会の実現が叫ばれるようになる以前から実践されてきた。

　名古屋圏の西部では長良川河口堰の建設が大きな社会問題となった。主要河川の中ではダムのない川として全国的に知られる長良川の河口付近に堰を建設しようとする国に対し，地域社会で異議申し立ての運動が開始された（伊東，2013）。堰建設の目的は渇水期における水量の確保と塩分遡上を抑えるためである。工業用水の増加と農業発展を前提とした計画であるが，社会，経済は変化しており前提がそのまま続くという保証はない。公共事業の一貫性を主張する国側と，河川生態系への悪影響を危惧する地域住民の間の対立は裁判闘争へと発展していった。ダムや堰を建設して水の確保や洪水防止，発電に役立てようとする事業は，経済発展を至上命題とする時期には受け入れられやすい。しかし経済外，市場外におかれる自然環境に対する影響が流域を越えて広がるようになった今日，事業を見直すという柔軟な思考も必要である。

　市街地の比較的近くに自然環境が残されている名古屋圏でも，場所によっては危機的状況一歩手前の問題地域がある。岐阜市郊外，四日市市郊外では産業廃棄物が市街地に近い場所に長年，蓄積され，地域住民との間で問題を起こしてきた。瀬戸市や日進市の郊外では産業廃棄物のほか，産業用資源の採掘が生活空間に悪影響を及ぼしている点が問題とされた。このうち瀬戸市では，愛知県が2005（平成17）年の万国博覧会の会場として想定した海上の森での造成計画が環境破壊を引き起こす恐れがあるとして地域住民が立ち上がった（図8-8）。ここでの運動は里山に親しんできた地元以外の人々からも支持され，結果的に林野を造成地に変えて博覧会終了後は市街地にするという高度経済成長期型の開発が，もはや環境重視社会では受け入れられないことを世界に知らしめた。愛知県が海上の森を万博の会場候補地として選ん

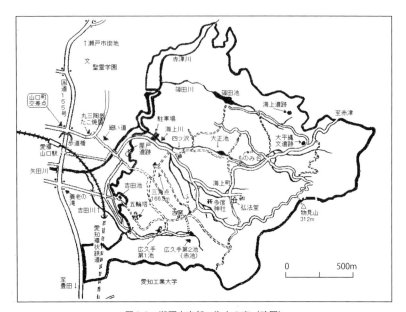

図8-8　瀬戸市南部・海上の森（略図）
出典：探足の会のウェブ掲載資料（http://www.tansokukai.com/index.htm）による。

だのは，かつてこのあたり一帯が尾張藩の山林で明治維新によって国有地になったが，その後，愛知県に払い下げられたという経緯があったからである。県有林は，県民全体の財産という視点が欠けていたように思われる。形式的な議会制民主主義で機能しない部分を直接性の民主主義が補っている点は否定できず，コミュニティの役割は小さくない。

第3節　ボランティア活動，まちづくり，コミュニティを守る活動

1．多様なボランティア活動の実践の動機

　コミュニティ活動は，地域住民が親睦を目的にイベントなどを通して交流したり，生活を脅かす問題に対して反対運動を行ったりするだけではない。コミュニティの内外において社会的貢献をすることもまた，重要な活動である。一般にはボランティア活動と称される地域社会活動が，幅広い分野で繰り広げられるようになって久しい。ボランティア活動はその名のように，自

由な意思にもとづく自発的な活動である。自治体が市民や町民を対象に公平性を念頭に行う行政サービスとは異なり、いわば勝手に一方的に行う善意の活動である。勝手であるがゆえに機動的に動くことができ、柔軟性をもって対応することができる。しかし最低限の統率力や組織力は必要であり、勝手な振る舞いは貢献どころか害悪さえ与えかねない。

　名古屋圏の市や町でも、コミュニティを単位としたボランティア活動は盛んに行われている。国がボランティア活動を促す法的整備や財政支援の方策を示すようになり、一気に広まっていった。活動を主に担っているのは、中高年層の女性である。第一線を定年で退職した60代以上の男性の参加者も多い。活動の中身は多種多様であるが、社会的弱者を相手にしたものが比較的多い。たとえば高齢者の多い養護老人ホームへの慰問やそこでのケア補助、市のデイケアセンターで高齢者の入浴を手助けするサービスなどである。車椅子バスケットチームの世話をしたり、目の不自由な人々に市の広報を録音してカセットテープを貸し出したりするサービスに携わるボランティアもいる（林, 2002）。図書館で幼児向けに絵本の読み聞かせを行うグループもいる。自治体の中には行政サービス、社会サービスとしてたとえば社会福祉施設を

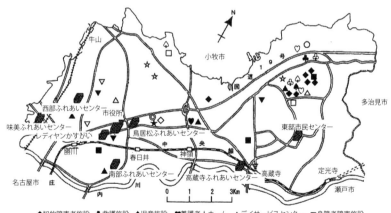

図8-9　春日井市でボランティアを受け入れている福祉関係施設
出典：林, 2002, p.117をもとに作成。

市内や町内に配置するだけでなく，ボランティアを受け入れてサービスが向上するようにしているものも少なくない（図8-9）。

　ボランティアがある程度まとまって活動するには，どこかに拠点があるのが望ましい。情報の収集や交換，連絡のやりとりを円滑に行うのに，センターが拠点としての役割を果たすからである。実際，こうした拠点やセンターを市の施設として設けている自治体も少なくない。自治体には，自治体として本来，提供すべき行政サービスがある。しかしそのマンパワーと財政力を考えると，地域社会で求められているサービス需要を満たすことは到底できない。せめて各種のボランティア活動が拠点となる場所を提供し，活動がしやすいようにサポートする。こうしたコミュニティと自治体が一体となった活動が，社会的弱者には必要である。

　ボランティア活動を実践している人々にヒアリングして聞こえてくるのは，活動を通じて自分自身が救われているという声である。一見，矛盾しているように思われるが，弱者を手助けすること自体が自身の生きがいの一部になっているという思いがある。今日まで無事生きてこられたことに感謝し，社会に対する恩返しのつもりでボランティア活動を行っているという人が少なくない。交通費の支給もなく，文字通り手弁当で弱者の手助けをしている。無私の心としか言いようがないが，そのような人々が身近なコミュニティにいることは間違いない。地震，津波，水害に遭って苦労している人々を手助けするボランティアはマスコミなどで取り上げられやすい。しかし日常的に，数多くの人々が自らの時間を削って弱者を手助けしている事実は，あまり知られていない。

２．地元の歴史的資源を再発見してまちづくりに生かす

　ボランティア活動として「まちづくり」に参加している人々は少なくない。ただし，まちづくりが具体的に何を意味しているのかはっきりせず，曖昧なまま言葉だけが先行している気がしないでもない。まちは文字通り町や街であり，これを造ったり創ったりするのが，「まちづくり」の意味であろう。そこには地理的範囲としての「まち」があり，何物かを生み出したり加えたりするイメージがある。まちは少なくとも都市全体ではないし，民間企

業が利益追求目的で経済活動を行うといったイメージも想定しにくい。ただし規模の小さな事業所がコミュニティを相手に小規模なビジネス，すなわちスモールビジネスを行うといったイメージは含まれている。

　つまりはコミュニティに属する人々が力を合わせ地元の生活空間の改善に取り組んでいる姿である。もともと生活空間は個人の家を取り巻く周辺環境全般を指しており，ただ単に個人の家を繕うだけでは質は良くならない。通路や街路を挟んで並ぶ家々，ところどころに立つ道路標識や看板の類い，車道と歩道を区別するブロック石，マンホールや雨水溝，下水溝など，要するに街角に見えているものすべてが人々に不快な思いを起こさせないのが望ましい。これらのいくつかは自治体が責任をもって行う道路環境整備の範疇に属するが，住宅の景観や看板表示などは諸個人の裁量範囲でどうとでもなる。良くなるのも悪くなるのも，コミュニティメンバーの意識と行動次第である。何も手を加えなければ荒れ放題になり，治安の悪化や不動産評価の低下などを招くであろう。

　こうした状態をよしとせず，むしろ生活空間をいま以上により良くしたいという思いを共有して取り組みを始めたコミュニティが各地にある。個人の力では限界があるこうした取り組みを，コミュニティのメンバーが一緒になって進めようとしている。道路掃除の類いは各地にあるが，そのレベルを

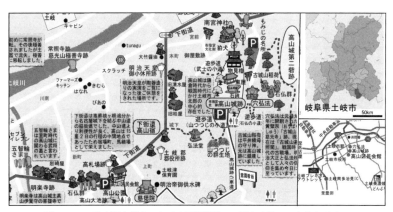

図8−10　岐阜県土岐市における下街道沿いの歴史を生かしたまちづくり
出典：高山城高山宿史跡保存会のウェブ掲載資料（http://www.tokitakayama.com/）をもとに作成。

超えて何物かを生み出そうとする。そのためには手掛かりになるものが必要である。現在でこそ，何の特徴もない通りやまちであるかもしれない。しかし，そこには過去から現在に至るまちの歴史があり物語がある。歴史的遺産は生活空間を改善するための手掛かりになる可能性がある。

　たとえば岐阜県土岐市の高山地区では，旧下街道がまち中を通っていることに目をつけ，歴史的遺産を手掛かりに通りの景観整備に取り組んできた（図8-10）。旧宿場時代に使われた常夜灯をヒントに歴史的シンボルを再現したり，集会所を近世風の建物に建て替えたりした。さらに，地元に残されていた戦国期の無縁仏の由来を調べ上げ，近くの池に映る紅葉をライトアップして訪問者の目を楽しませる催しにも取り組むようになった。地域住民総出のこうした取り組みが市や県によって評価されるまでになり，数千万円規模の助成金を得て整備事業を本格化させることにも成功した。

　高山地区では，戦国期の城跡や旧宿場の歴史が以前から語り継がれてきた。しかしおぼろげな歴史を本格的に調べたり，その成果を広めたりしようとする人がこれまではいなかった。地元出身の女性と結婚した相手がこうした歴史に興味を抱き，集めた内外の史料をもとに地元の歴史を復元することに成功した。いわば部外者による個人的探究心から始まった事業が賛同を集め，本格的なまちづくりが始まった。地元には陶磁器生産の地場産業があり，同業者，同年会，子供会，檀家など種々の共同体的組織も活動を続けている。これらの力を合わせることで，まちづくりを進めるための総合力が発揮される。最近では，JR東海とタイアップしてウォーキングイベントを開催するなど，対外的な存在感も高まってきた。

3. 自然の脅威や犯罪からコミュニティを守る試み

　現代のコミュニティは，さまざまな害悪を外部から受けるようになった。災害や犯罪などは昔からあり，いまに始まったものではない。しかし近年は，地球温暖化も一因かとささやかれる巨大台風，ゲリラ豪雨，竜巻などによって少なからぬ影響や被害を受けるようになった。もっとも災害には相対的側面があり，以前であれば人は住まなかった低湿地帯や丘陵斜面に住宅地ができ，結果的に被害を受けるようになるというケースも少なくない。人間の側

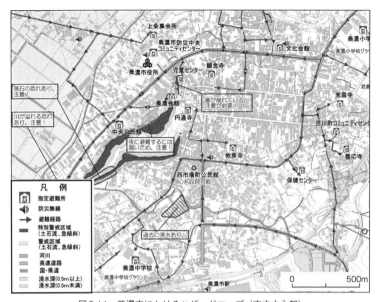

図8-11 美濃市におけるハザードマップ（市内中心部）
出典：美濃市のウェブサイト掲載資料（http://www.city.mino.gifu.jp/archives/hazardmap/01_mino1.pdf）をもとに作成。

の都合で災害にあう可能性・危険性を高めてしまった。こうした災害から身を守るには，家屋の補強をしたり，緊急避難グッズを常備したりするなど個人的な努力は必要である。しかし河川洪水や高潮など個人の力では及ばないものもある。そのような場合は，コミュニティやそれを含む地区，自治体などが一体となって対策を講ずる必要がある。各地でハザードマップの作成や集団避難訓練などが実施されるようになったのは，人々の間でこうした集団的な危機意識が浸透してきた現れである（朝日新聞社，2013）。

　図8-11は，岐阜県美濃市の中心部におけるハザードマップを示したものである。ダムのない川として知られる長良川の中流にある美濃市は，長良川とその支流である板取川の合流付近に発展してきた歴史がある。両河川はその上流側で谷間を縫うように蛇行して流れている。大量に雨が降れば河川の水位は急上昇し市街地にも脅威が及ぶ。和紙生産が盛んに行われ，かつては長良川の舟運も大いに利用された。古くからの市街地は河岸段丘上に形成されてきたが，その背後には丘陵が迫っている。狭い平地を利用して生業が営

まれてきた歴史的都市を河川洪水や山崩れから守るには，日頃から潜在的な危険性を市民一人一人が意識しておくことが必要である。ハザードマップの情報をコミュニティ全体で共有し，緊急時には共同で行動することが重要である。

　名古屋圏は濃尾地震や伊勢湾台風といった強烈な災害を過去に体験してきた。しかしそうした災害も体験者がなくなれば，過去のものとして忘れ去られてしまう。比較的最近の例ではとしては，2000（平成12）年の9月に大きな被害を出した「東海豪雨」がある。南太平洋で発達した台風の影響を受けて大量の雨が短時間で降ったため，各地の河川が増水して被害が出た（名古屋市消防局防災部防災室編，2001）。とくに被害を大きくしたのは，庄内川の洗堰を越流した水が流れ込んだ新川での破堤であった。庄内川が増水して名古屋市側に危険が及ぶ恐れがあるときは，西側の新川に水を流すことが江戸時代から行われてきた。そうした仕組みが「差別的」であるという議論もあるが，先人の知恵として伝統的に継承されてきた歴史があることは否定できない。結果的に新川と庄内川に挟まれた西批杷島町一帯は，近年，経験したことがないほど甚大な洪水被害を受けてしまった。全国各地から災害ボランティアが集まり，その援助もあってコミュニティが思いのほか早く復興できたのは幸いであった。

　コミュニティが直面する害悪は自然からの脅威だけではない。治安の悪化が進み，種々の犯罪に地域住民が巻き込まれる事例が多くなった。都市化にともなう人口の増加，情報化の進展，ネット社会の拡大などコミュニティの内外で犯罪が起こりやすい環境が生まれてきた。犯罪もまた個人の努力だけでは防ぎきれない面がある。とくに居住地付近での犯罪行為はコミュニティ全体で防ぐ姿勢や体制をとらなければ，防ぐことができない。こうした課題は名古屋圏に限られた話ではないが，各地にはそれぞれ固有の事情があるため，地域に合った仕組みが考えられてよい。一例として四日市市で始められた青色灯を付けた監視車による地域防犯運動を挙げることができる。人命とも関わる犯罪抑止をコミュニティ独自で取り組むのは容易ではないが，ここでの事例は参考になる。

　通称「青パト」と呼ばれる青色の点滅灯を付けた自動車に乗って地域を巡

回する運動が，近年，各地で行われるようになった。その最初の取り組みは四日市市のコミュニティであり，2004（平成16）年から始まった。同市には現在，24の団体からなる地域防犯協議会があり，毎月，会議を開いて情報交換を行っている。ことのおこりは会員からのアイデアで，単なる夜回りではなく，警察のパトカーに似た自動車で地域を警戒したらどうかというものであった。現行制度のもとでは民間の自動車が回転灯を付けて走行することは認められていない。長い協議が重ねられた結果，市長が地域防犯活動推進員を委嘱するという条件のうえで，赤ではなく青の回転灯を搭載した自動車による巡回が認められた。自動車は基本的に個人所有の自家用車であるが，新車然とした威厳が求められる。制服の着用や防犯カメラの設置など犯罪防止に有効と思われる仕組みはいろいろ考えられる。青パトは全国的に採用する事例が増えており，一定限度の効果はあると推察される。

コラム8
都市地理学と都市社会学の狭間　－地理学社会論－

　地理学と社会学はお互いに近い関係にある。都市地理学と都市社会学の関係はもっと近い。地理学から自然的要素や空間的要素を差し引いたら社会学になると言ったら言い過ぎであろうか。それくらいこれら2つの学問は近い関係にあるが，やはり違う部分も多い。自然や空間にとらわれないだけ，社会学はテーマを広げたり深めたりすることができる。地理学はどこか土地や地面といったものを引きずっており，それらがいわば制約となって研究の枠を狭めるように作用している。気候や地形などの自然を無視したり，場所や空間にとらわれたりせずに議論を進めることができない。逆にいえば，そうした制約があるからこそ，工夫のしどころもあるといえる。場所や空間を限ってしまえば，現象を説明するための材料は限定される。限られた空間の中でいかに数少ない材料を用いて説明するか，その腕が試される。

　地理学には社会地理学という分野もあるため，初学者には混乱を招いてしまうかもしれない。ほかはあまり見ず社会にだけ注目すれば，何をどのように明らかにしようとしているのか，その違いも見えてくる。場所や空間によって限定された社会を問題にするのが地理学すなわち社会地理学であり，社会学はそのような枠にはとらわれない。同じ社会でも，場所や空間とは切り離せない社会を地理学

は問題にする。そこには場所や空間が社会に対して何らかの働きかけをしているという思いがある。たとえば、距離が離れていれば付き合い方は疎遠になりやすく、逆に近ければ付き合いの密度も濃い。住宅は社会生活の拠点であるが、眺望のいい高台と水はけの悪い低湿地では地価も異なり住民の社会経済的属性も異なる。つまり、社会や社会活動の濃淡や強弱には場所や空間が深く関わっていると地理学者は考えている。

　そもそも社会とは、生きていくための人の集まりである。人間、ひとりでは生きていけないので、他の人々と一緒に行動せざるをえない。モノやサービスを生み出すことは他の人の役に立つことであるが、自らもその恩恵に浴したいために、それらを互いに交換することを思いつく。交換を貨幣を媒介して行えばスムーズにいくし、分業で生産能率を高めれば、よりよいモノやサービスを大量に産むことができる。そのような仕組みを企業組織で運営し、交換を市場を介して行っているのが資本主義社会である。経済はそのような社会の一部であり、社会の方が広い概念である。経済でカバーできない部分は、本来の社会が前面に出て引き受ける。もともと社会が行っていた部分を、効率的な仕組みを考え出して生産するようになったのが経済や産業だと考えればわかりやすい。

　企業の社会的責任や企業の社会的貢献といった言葉が近年、盛んに語られる。企業のアリバイづくりや罪滅ぼしのように思われている節もあるが、経済活動が社会的基盤の上で行われている以上、企業としてもその立場をより強固にするのは得策である。社会は、経済活動に直接、参加していない人々をもその構成員としている。組織、未組織は関係ない。組織された社会は、組織された経済と同じように有効に力を発揮することができる。ボランティア組織は一見、弱そうに見えるが、人助けをしたいという熱い気持ちで結ばれた絆は思いのほか強固である。組織は人為的な規則や制度があれば十分に動くというものではない。同じ思いが貫いた組織でなければ、本来の力を発揮することはできない。

　社会地理学は都市地理学の一分野として、都市という場所や空間に限定されたところの社会集団を対象として研究を行っている。普段は企業などで働いている人も、職場を離れれば一人の社会人としての立場に立たされる。同じ人が1日の時間の何割かを経済活動に関わり、その他の時間を社会の中で過ごす。企業の中にも社会はあるため、結局、生きている限り、われわれは社会から切り離されることはない。都市地理学、社会地理学は、都市で行われている社会的活動を場所や空間による規制や枠組みを意識しながら、また隣接学問である都市社会学の成果も援用しながら研究している。

第9章　生活文化，地域文化，ものづくり文化

第1節　文化の定義と生活の中の文化，文化活動

1．文化の定義と都市における文化の空間的パターン

　都市地理学で文化を取り上げる意義はどこにあるだろうか？この疑問に答えるには，そもそも文化が何であるかがわかっていなければならない。文化ほど多義的で定義しづらいものはない。あまりに当たり前に用いながら，其の実，深く考えていないのも文化という言葉の特徴である。このようなときは語源に当たるのがよく，文化，culture＝土地を耕すこと，がひとつのヒントを与えてくれる。土地や土壌は人間が暮らしていくのに必要な場所や空間であり，そこを暮らしやすいように耕すことが文化だという。耕すとは農耕のことであるが，耕して育った農作物，花や実はさしずめ文化的産物であろう。土地や土壌は文化を語るさいに重要なアイテムやキーワードである。土地に埋め込まれたもの，土壌が肥やしとなって育った成果など，場所にまつわる諸々の要素が文化の背後にある。

　語源から考えた文化はある場所を他の場所と区別する要素であり，そこで生活する人々を特徴づけるあらゆる特質でもある。衣，食，住をはじめ，言語，民族，宗教などがすぐに思い浮かぶが，同じ民族でも性，年齢，職業，趣味などでさらに区別される。文化という概念はよく海の中に浮かぶ氷山にたとえられるが，海の上に顔を出しているのはほんの一部にすぎない。海面下にあって外からは見えない要素も多く，一面を見ているだけでは十分とはいえない。このことは逆にいえば，多くのことが文化という言葉で表現できるということである。文化という重宝な言葉で代用しているともいえる。深く考えずに「文化」が頻用されるのは，このような背景からである。

　さてそこで，文化と都市地理学との関係であるが，文化が場所や空間と関わっていることから，都市の中の特定の場所や空間を他と区別するときに文化が生きてくる。極端にいえば，一人の人間は文化的要素の塊である。個人

を特徴づける要素は無数にあり，この世に生を受けてから今日まで，文化的要素を蓄え続けてきた結果が現在の存在そのものといえる。しかしこれはやや極端に見た場合であり，社会的動物である人間は家族，企業，団体という組織の一メンバーとして固有の共通文化をもっている。家族にあっては血筋や家柄としての文化，企業であれば企業理念や組織としての文化，団体なら共通の目標や理想像といったものから逃れることができない。

　こうした文化的枠組みは，個人の意識や行動に影響を与える。意識が態度を決めさせたり，指針が行動に走らせたりする。その結果，他の文化的集団とは異なるパターンが外部に現れる。外に向けて滲み出た空間的パターンは都市地理学が好んで取り上げる対象である。都市地理学は都市の中でいかなる文化的パターンが生じているのか，また，その背景や原因はどこに由来するのかを追究する（Pacione, 2009）。純粋な文化活動として表面に現れる場合もあるが，経済活動や社会活動の中に入り込んでいる場合も少なくない。逆にいえば，都市における経済活動や社会活動を理解するさい，文化的視点からのアプローチが有効であるということである。

図9-1　三重県北勢・中勢・南勢地方の方言
出典：三重県のウェブサイト掲載資料（http://www.pref.mie.lg.jp/KEIMACHI/HP/keik/keikaku/syo/-P55.pdf）をもとに作成。

図9-1は，三重県における方言の分布を示したものであり，県内がいくつ
かの方言グループに分かれていることがわかる。言葉は文化を育み伝える基
本的手段であり，同じような自然的，人文的環境の中であれば同じ言葉で意
思疎通を図る。伊勢湾に注ぎ込む河川流域が連なっている北勢，中勢，それ
とは分水嶺で背中合わせの関係にある伊賀，志摩・南勢・南牟婁郡は，それ
ぞれ異なる方言グループである。山地・山脈，河川，海岸線といった自然的
要素が人々の生活圏を区切り，結果的に同じ生活圏では同じ言葉を話すよう
になったと考える。そもそも三重県と愛知県・岐阜県の地域言語の違いの背
後には，木曽三川と，3つの川を1か所に集めさせている養老断層をともな
う構造盆地的運動の存在がある。三重県の北・中伊勢方言と志摩・南伊勢方
言の境界線は，中央構造線の方向と一致している。こうした事実を付き合わ
せて考えると，文化を生む土地や土壌の基盤ともいえる自然地形と文化が密
接な関係をもっていることがわかる。

2．食習慣，住宅様式に見る生活の中の文化

　文化は生活や産業をはじめ多くの分野に入り込んでいるため，それだけを
取り出すことは簡単ではない。衣，食，住は生活の基本であり，人はこれら
を自分の好みに合うかたちで得ようとする。しかし資本主義経済のこの世界，
その多くは市場を介して手に入れるしかない。企業は消費者の好みをあらか
じめ調査し，それに適した商品やサービスを提供しようとする。そのさい決
め手になるのが，消費者の文化的特質である。消費者が好む嗜好性の多くは
文化的特質によって決まる。消費者自身，普段，とくに意識することはない
が，身体の中に潜む好みの傾向が選択行動を決めている。同じような嗜好の
持ち主は，同じようなものやサービスを求めるため，それに応じて提供する
場所が決まる。

　食は個人の文化的嗜好が現れやすいアイテムである。嗜好は時間的積み重
ねと空間的協調性を通して形成されていく。幼い頃からの食習慣や地域食の
影響が食の好みを左右する。たとえば名古屋圏は，独特な味噌文化をもって
いることで知られる。米や麦でつくる味噌ではなく，大豆を主原料とする赤
味噌が多くの食材と合わせて調理される。家庭で日常的に食される料理の延

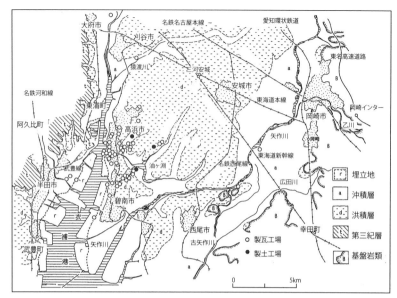

図9-2 碧南地方における瓦生産と地質条件との関係
出典：須藤，1999，p.49をもとに作成。

長が外食産業にまで広がり，赤味噌文化圏の形成へと広がっていった（服部，2015）。これはほんの一例にすぎず，これ以外にも食にまつわる文化的特質は各所にみとめられる。興味深いのは，ローカルな食の文化性が市場開拓とともに広がっていくという現象である。俗に「名古屋めし」と称される名古屋起源の料理が，近年，全国的に知られるようになった。テレビのグルメ番組やコチコミによって物珍しさが紹介され，名古屋圏の外に向かって広がっていく。料理自体の訴求力とマスコミなどの広報力が一体化したとき，ローカル食は脱ローカル食となる。

　住も食と並んで場所や空間の文化性が現れやすい。交通が発展した今日は，建築資材を遠方から運んでくることは可能である。工業製品としてあらかじめ生産した建材を輸送して短期間で組み立てるプレハブ建築も現在では珍しくない。しかし農村部へいくと，現在でも地元でとれる木材や竹材にこだわり，在来型の建築法で住宅を建設することが行われている。名古屋圏では周辺部に林業産地もあるが，安価な輸入材の利用が一般的な今日，地元産の高

級木材はあまり使用されない。愛知県の碧南地方では瓦の生産が地場産業として続けられてきた（図9-2）。利用者に地元産の三州瓦という意識はあまりないかもしれないが，鬼瓦など独特な伝統的スタイルには特徴がある。この地域一帯で瓦の生産が行われるようになったのは，良質な粘土に恵まれていたからである（須藤，1999）。主な出荷先は地元名古屋圏と関東，北陸地方である。関西，中国への出荷が少ないのは，西日本にも淡路瓦，石州瓦など有力な産地があるからであろう。

　瓦との関連でいえば，岐阜県美濃市のうだつ民家のように，火除け目的から富の象徴へと転化した化粧瓦の乗った日本家屋も，ひとつの地域文化を表現している。和紙の生産と販売で富を蓄えた豪商たちが競うようにうだつを屋根のうえに上げたのは，火除け目的を超えて個性を発露したいという精神があったからである。デザインの異なるうだつが通りに並ぶことにより，地区全体に独特な雰囲気が現れる（坂口，2009）。屋根瓦だけでなく，石組みや土塀のかたちや色など，地域によって特徴のある建築スタイルは多い。これらの多くは何らかのかたちで地元資源と関わりをもっており，それをベースにさらに地元の伝統技術が組み合わさって地域文化を表象する建築物になっている。

　プレハブ建築が隆盛の今日，住宅を工業製品の延長とみなす考え方は，もちろん成り立つ。しかし，プレハブはプレハブで，ひとつの生活様式，建築様式を表現している。伝統的住宅が受け入れられた時代とは異なる別の時代を表象する住まいのかたちとして存在する。ただし，同じような電化製品や自動車を組み合わせて所有し，似たような消費行動をしている都市住民にとって，自らの意思で選択した住宅も，所詮は住宅会社のマーケティングの中にしかないこともまた事実である。商品化された住宅文化もまた文化であることに変わりはなく，われわれはいつ，どこで暮らしても文化的枠組みから外れることはできない。

3．文化的活動の継承と新たな取り組み

　名古屋は芸どころとよくいわれる。お茶，お花をはじめ習い事をする人が多く，文化的活動が盛んであると解されている。このことを実証するには習

い事の参加人口やカルチャーセンターの数などを調べる必要がある。そうした実証的検討とは別に，習い事を盛んにさせる名古屋圏の事情について考えてみる。習い事をしている人の多くは女性であり，子供の場合は親とくに母親の影響を受けて始める場合が多い。習い事は教養や技能の一部であり，人間形成にとっても好ましい。ただし習い事を続けるには時間とお金が必要であり，これらが揃わなければ実現できない。名古屋を中心とする愛知県は1人当り県民所得が全国的に高い方に入っている。したがってお金の面では問題はないと思われる。ただし，お金に余裕があるといっても，それだけで習い事が始まるわけではない。

　習い事は多くの場合，伝統の継承である。文化的な価値や様式を自ら取り込む行為であり，そこにはある程度の協調性が求められる。教養やたしなみは，成人してから役に立つことが少なくない。とくに技能は生活の糧を稼ぐようになったとき，威力を発揮する。ある意味で実利的とも思われる生きるための戦略を子供の頃から刷り込むことは親の責務と考える風潮が名古屋圏には根づいている。近年，親の収入が子供の進学を左右することが社会的に問題にされている。塾通いはいまや常態化しており，地域差はないように思われる。しかしこれについても，塾に通わせるという資金的余裕がなければ，実現できない。この点で名古屋圏の1人当り所得分布は一様ではなく，したがって塾に通える児童・生徒の分布には地域差がある。

　習い事や塾通いとは別に，学校や地域で行われる部活動や同好会活動もある。コミュニティ単位でボランティアが面倒を見る同好会活動には地域差がある。ボーイスカウトやガールスカウト，あるいは柔道，剣道などは全国的に広まっている。名古屋圏で興味深い事例として，西三河地方で理科クラブなどの活動が盛んなことである。背景には自動車生産とそれに関連する産業の厚い集積があり，地域全体で理系志向の風土が根づいている。身近なところに機械や道具に触れる機会がある。子供たちが将来，自動車産業で活躍するようになれば産業振興といった点でも貢献できる。そこまで深い見通しがあってのことかはわからないが，ものづくりの風土が広がっていることは明らかである。

　歌や踊り，ダンス，音楽は典型的な文化表現活動である。こうした活動は

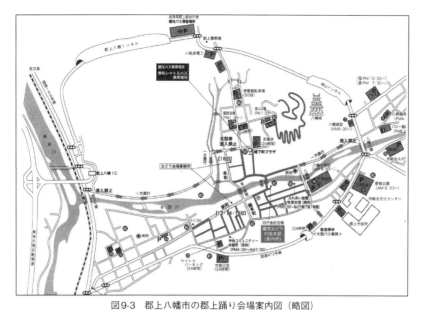

図9-3 郡上八幡市の郡上踊り会場案内図(略図)
出典:郡上おどり運営委員会事務局のウェブ掲載資料 (http://gujoodori.exblog.jp/iv/detail/index.asp?s=14272777&i=201108%2F04%2F00%2Fd0172100_1449546.jpg) による。

名古屋圏に限らず世界中どこでも行われているが,地域と強く結びつくことで特徴あるパフォーマンスになる。愛知県の奥三河地方に伝わる伝統的な花祭りは,鎌倉時代末期から室町時代にかけて熊野の山伏や加賀白山の聖によって伝えられたといわれる。毎年,冬至の前後に10日間にわたり太陽の復活を願って行われるこの祭りは,民俗文化的に高い評価を得ている(中村,2003)。同じ祭りでも岐阜県郡上地方に伝わる郡上踊りは,誰でも参加できる大衆踊りとして知られる(図9-3)。ルーツは中世の念仏踊りや風流踊りにあるとされるが,江戸時代に郡上藩主が四民融和を図るために奨励したことが今日の隆盛につながった(郡上おどり史編纂委員会編,1993)。盆踊りは各地にあるが,観光客も交えて皆が自由に踊りの輪の中に入って踊る例はそれほど多くない。ちなみに郡上八幡市の観光客数(2008年)は岐阜県内では岐阜市,高山市についで3番目に多い642万人であり,うち宿泊客数は47.4万人であった。宿泊客の36.8%は7〜8月に集中しており,郡上踊り目当ての観光が多いことがわかる。

花祭りや郡上踊りが伝統的な祭りや踊りであるのに対し，歴史の浅い現代風の祭り，すなわちフェスティバルやダンス・踊りもある。2003（平成15）年に名古屋のテレビ局・テレビ愛知が主催して開いた世界コスプレサミットは，日本と世界のコスプレーヤーが一堂に会して交流を深めるためのイベントである（山田，2010）。2006（平成18）年から外務省が後援するようになったのは，日本のアニメーションが世界市場で高い評価を得て多くのファンを獲得することに成功し，日本文化の紹介に大きく貢献するようになったからである。2007（平成19）年にはビジット・ジャパン・キャンペーンの中に組み込まれ，以来，多くの参加者を毎夏，名古屋に呼び入れるようになった。2015（平成27）年の来場者は8月1〜2日の2日間で24.8万人であった。同じ8月の下旬には，やはり名古屋の都心で，にっぽんど真ん中祭りが開催される（松宮・加藤，2013）。祭りの開始は1999（平成11）年とこれも新しく，地元の学生がYOSAKOIソーラン祭りをモチーフとして取り組んだのが始まりである。コンクール形式で各地から踊り手のグループが集まり，久屋大通公園を主会場に繰り広げられる。2015（平成27）年の参加グループは200チーム，総勢2.3万人と多く，3日間の来場者数は約200万人であった。コンベンションビューローを立ち上げて都市観光に力を入れている名古屋市にとって，世界コスプレサミットやにっぽんど真ん中祭りは，内外から多くの観光客を呼び込むのに欠かせないイベントである。

第2節　地域文化を軸にした食や雑貨のビジネス展開

1．文化と経済の結びつきと地域資源の観光サービス化

　「文化と経済の結婚」といわれても，何のことかわからないかもしれない。これは，1980年代以降の世界において文化の占める地位が高まり，文化と経済が深い関係を結ぶようになったことを意味する（Coe *et al.*, 2007）。ではなぜ文化の重要性が高まったのか。それは，石油ショック後の世界的不況を乗り越えるために多品種少量生産が経済の主流を占めるようになったことが大きい。種類を増やさなければ消費者の目を引くことができず，文化のもつ多様な力が注目されるようになったのである。文化性を商品の中に取り込む

ようになった。1980年代末に東西冷戦体制が崩壊したことも大きな背景要因である。資本主義対社会主義というイデオロギーの違いで区別していた時代は終わり、それまで押さえ込まれていた民族性や個性を前面に出した商品がもてはやされるようになった（林、2008）。資本主義の優位性をことさら強調した機能性重視の製品より、文化的香りの感じられる製品が受け入れられるようになった。

　経済活動はこのように文化のもつ多様性を利用しようとしたが、その一方で文化もまた経済の力を借りようとした。この場合の文化はモノやサービスとしての文化であり、具体的には書籍、音楽、映像などである。モノはモノでも情報として取引されるコンテンツであり、サービスとして分類した方が適切かもしれない。収入の増加で可処分所得が増え、モノからサービスへ人々の支出対象が変化した。これを見越した情報産業は、各種コンテンツを商品化して売り出すことを考えるようになった。コンテンツを消費者に売り込むにはマーケティングの心得がなければならない。情報ビジネスを成功させるために経済の力を利用したのである。

　こうして文化と経済は、いつの間にか持ちつ持たれつの関係になっていった。1990年代中頃に始まったインターネットの利用とその後の普及は、コンテンツの取引方法を大きく変えた。紙媒体やCDのかたちで伝えられた文字、記号、音楽、映像は、ディジタル情報としてネットワーク上で配信されるようになったからである。一方、経済の分野では情報化の進展でグローバル化が加速し、世界市場を舞台に競争を展開する局面へと移行していった。もともとモノやサービスはどこか特定の場所で生まれ、そこの場所性を内部に秘めながら取引相手の元へ送り届けられる。取引が成立するには場所性が受け入れられなければならないが、場所性がそのままのかたちで常に受け入れられるわけではない。文化を売り物にしたモノやサービスがグローバル市場で真に受け入れられるためには、ロカリティを突き抜けた普遍性をもっていなければならない。物珍しさだけでは世界に通用しない。

　各地に残されている伝統的な街並みやそこで歴史的に継承されてきたお祭りは、ロカリティを目に見えるかたちで伝えている。とくにその対象の中に見るべきものあると判断されると文化的資源として取り上げられ、観光サー

ビス化が始まる。図9-4は高山市内の伝建地区内保存会と景観保存区域内保存会の分布を示したものである。1975（昭和50）年に発足した伝統的建物群保存地区の指定制度は，日本各地に残されてきた伝統的様式をそなえた建物の集団としての価値を認め保存することがその目的である。制度発足の2年目に高山では第1次指定があり，その後も追加選定が行われていった。地区の指定はいわば国によるお墨付きであり，本来の意図を超えて観光資源としての評価が高まり，高山の観光客数は増加した。指定を受けるには基準が満たされていなければならないため，歴史的，文化的価値を維持しようという

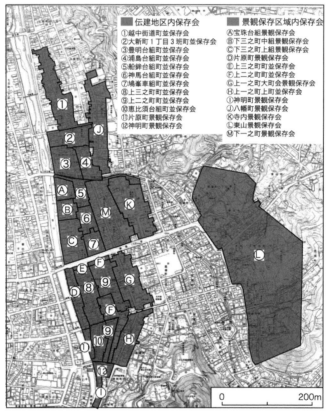

図9-4　高山市における伝建地区内保存会と景観保存区域内保存会
出典：高山市のウェブサイト掲載資料（http://www.city.takayama.lg.jp/_res/projects/default_project/_page_/001/002/176/rekimatikeikaku3.pdf）をもとに作成。

動機づけになる。ここでは，維持されてきた潜在的な観光資源が指定によって顕在化し，集客資源として経済的利益を生むメカニズムが働いている。

2．食品産業のブランド志向と実用性重視の食品・菓子，B級グルメ

　土地を耕すことが語源の文化は，土壌によって育てられた農産物そのものといってよい。土壌から吸収した養分によって構成されており，正真正銘の文化的産物である。米，果実，日本酒，ワインなどでは，産地と加工地の名称が価値を表している。消費者は生産地を確認する手段として，産品に貼り付けられたラベルのブランド名を記憶する。ブランド名を前面に掲げながら，農産物やその加工品を販売する戦略もまた文化を利用した経済の一形態である。名古屋圏でもこうした事例は各地にあり，いまや覚えきれないほどの産地ブランドがスーパーの食品コーナーに溢れかえっている。もともと農業や農産物加工業は，地元の市場を相手に生産を行ってきた。ところが市場拡大が進められた結果，広い範囲にわたって農産物や加工品が出回るようになり，それにともなってブランド名も広まっていった。

　和菓子はその一例であり，元は地元でとれた素材を用いてつくられていた菓子類が全国のデパートや専門店でも売られるようになった。伊勢神宮前の餅，名古屋城下の羊羹・ういろう，大垣の湧水仕立ての水まんじゅう，恵那山近くの栗きんとんなど，知名度の高い菓子類は少なくない（図9-5）。いずれも歴史があり，加工法にも工夫の跡が感じられる。和菓子である以上，味わいがもっとも重要であるが，消費者は和菓子の来歴や秘められた物語性に心を惹かれる。バブル期に売り上げを伸ばすため地元外に原料を求めた和菓子もあったが，ブランド性を高めるために現在は地元産の原料仕様にこだわるメーカーも少なくない。先に述べた栗きんとんの場合，一時は東京のデパートなどでも販売していたが，現在は地元産の栗を用い，販売先も限定するようになった。和菓子は本来，同じ場所での製造・販売が基本であろう。2007（平成19）年秋，売れ残り品を翌日の販売分として再利用していた事実が報じられて窮地に陥った三重県の有名和菓子メーカーが話題になったことがある。この企業はしばらくの間，餅の生産を自粛していたが，ブランド維持には公正な努力が欠かせないことを学んだのち，販売を再開した。

263

第9章　生活文化，地域文化，ものづくり文化

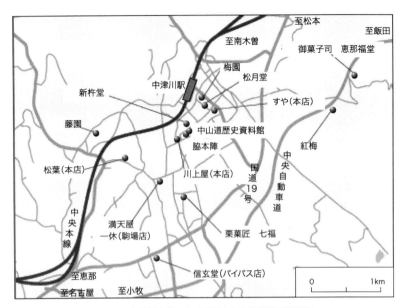

図9-5 中津川市内における栗きんとん販売の菓子店
出典:Shupoのウェブ掲載資料(http://shupo.jr-central.co.jp/gifu/taste/eat/080917_3.html)をもとに作成.

　全国的に名が知られた有名和菓子がある一方,ローカルカラーを持ち味にして売り出そうとしている食品もある.いわゆるB級グルメの類いであり,素朴な味わいで気を引こうとしている.手羽先,五平餅,稲荷ずし,味噌焼そば,朴葉味噌などがその代表で,いずれも地元でとれた素材を用いていることを強調する.素材それ自体は全国どこにでもあるものであるが,それをいかに工夫して独特な味覚,食感,見た目に仕上げるか,まさにその組み合わせに他地域とは異なるオリジナリティが感じられる.このほか,伊勢湾でとれたエビや魚を加工して食品にした事例も豊富で,まさに産地の特色を生かした加工食品群である.
　近年,大手スーパーはナショナルブランドに対抗して自社開発のプライベートブランドの商品に力を入れている.ナショナルブランドは広告・宣伝に莫大な資金を投じ,大量生産で商品をつくっている.主に幼児や子供が相手の菓子業界でも大手メーカーはブランドを背に全国市場に商品を流している.これに対し,中小零細な菓子メーカーが生産した駄菓子を集め,卸売と

一部小売を行っている場所が名古屋市西区新道にある（町田，2008）。かつては国内で最大規模の駄菓子問屋街として栄えていたが，2000（平成12）年に中京菓子玩具卸売市場は閉鎖された。しかし現在もなお営業している店舗もあり，昭和の雰囲気を漂わせている。名古屋駅に近いのは，全国各地の菓子店を相手に駄菓子を卸売するのに適していたからである。B級グルメ，プライベートブランド，駄菓子には，ブランド商法とは一線を画す，地味ではあるが実用性に裏打ちされた商品としての趣がある。

3．喫茶店文化，実利性を重んずるビジネスの圏外への展開

「喫茶店文化」，この言葉も名古屋圏でよく聞かれる。喫茶店はコーヒーや紅茶を飲みながら気のおけない仲間同士で会話を楽しんだり，商談をまとめるために取引先の担当者と話をしたりするためなどに利用される（大竹，2010）。仕事の合間に休憩の場として喫茶店に入ることもあろう。これだけなら特段珍しくもないが，名古屋圏には早朝から「モーニングサービス」と称して昼近くまで，コーヒー以外にトースト，サラダ，ゆで卵などを割安価格で提供する喫茶店が少なくない。過剰サービスとも思われる接客スタイルが昔から広まっており，喫茶店同士がサービス内容を競う「激戦地域」さえある。自治体や業界団体も，まちおこしや地域活性化の有力な方策として評価し，支援体制さえ打ち出している。とくに一宮を中心とする尾張北部では「モーニングサービス」の文化が根強い（図9-6）。繊維産業が盛んであった頃，ビジネスの商談の場所として喫茶店がよく利用されたことがきっかけといわれるが，真偽のほどは明らかではない。アメリカ西海岸風の洒落たコーヒーチェーンが人気を博している昨今であるが，ローカルな伝統的スタイルを維持する喫茶店がしっかりと溶け込んでいる地域もある。

喫茶店文化の原点は，お茶を飲みながら会話をするというところにある。当初は日本茶を飲んでいたであろうが，やがてコーヒーを飲む習慣が浸透し始め，喫茶店で有料でふるまわれるようになった。コーヒーも食の嗜好性と同様，人によって好き嫌いがあり，好まない人はわざわざ喫茶店で飲もうとはしない。しかし，親しい仲間同士の間で会話を楽しみたいと思えば，喫茶店での四方山話にも加わる。早朝から朝食代わりのボリューム満点のメ

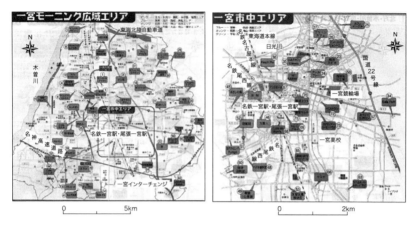

図9-6　一宮市内におけるモーニングサービス喫茶店の分布
出典：Yahoo JAPANのブログのウェブ掲載資料（http://blogs.yahoo.co.jp/kinpachu_sensei/GALLERY show_image.html?id=60440196&no=3）をもとに作成。

ニューが提供されれば，喫茶店へ通う回数も多くなる。喫茶店は生活空間の中のひとつの場であり，ここに来てコーヒーをすすったり，世間話に興じたり，はたまた商談を進めたりする生活スタイルそのものが，地域文化なのである。

　名古屋圏を東海三県と考えれば，総人口は1,100万人くらいになる。愛知県だけで740万人ほどあり，ひとつの市場圏を構成している。ここでビジネスを立ち上げてそのスタイルを確立させ，より広い市場をめざして圏外に進出していく企業は少なくない。名古屋圏というひとつの文化圏の中で培われたビジネススタイルが本当に価値のある評価に耐えられるものであれば，圏外でも成功するであろう。先に述べた喫茶店文化から生まれ，全国展開を着々と進めているコーヒーチェーンがある。洒落た都会的センスではなく，むしろ土着的ともいえる地元密着スタイルが，圏外でも評価されている（高橋，2013）。これとは別に，カレーの味にこだわり，愛知発のカレーチェーンとして全国展開している企業もある。数あるラーメンチェーンの中にあって低価格なファストフードとして広い客層から支持を得ている企業もまた，名古屋が発祥の地である。

　表示された価格以上の内容を盛り込むスタイルは，喫茶店のモーニング

サービスによく表れている。見栄を省き実利性を重んずる気風が名古屋圏の風土の中に組み込まれており，種々のビジネススタイルとして顔を出す。日本経済が低成長の道を歩みだし，デフレ，不況が広がっていくまえから，名古屋圏では中古品マーケットが育っていた。環境問題，資源節約，資源再利用が声高にいわれるようになるまえからのビジネスであり，時代がこうしたビジネスに追いついてきたともいえる。装飾品や雑貨品などでブランド志向が強い名古屋圏では，中古ブランド市場も成り立つ。所得格差の拡大は市場の細分化を招き，取引を複雑化させる。中国をはじめとする海外からの観光客も含めて，幅広い人々の間で種々のブランド品が取引されているのも，名古屋圏の特徴である。

第3節 ものづくり文化の伝統を引き継ぐ製造業

1．ものづくりに文化的価値を加えた産業観光

名古屋圏の産業面での大きな特徴は，やはり「ものづくり」である。ものづくりも，まちづくりなどの言葉と同様，厳密な定義をすることなく曖昧なままで使われることが多い。ものはモノ，製品とりわけ工業製品であり，製造業によって生産される。ただし一部は現在でも職人や名人といわれる人々が手づくりで生産している工芸品などの類いもある。実は現代でこそ大型の機械や装置を用いて大量に生産されているが，当初は職人や工具が文字通り素手で加工して生産していた時代もあった。その頃の職人気質や職工の心意気は近代工業化とともに消えてしまった。しかし，なかにはその頃の伝統を引き継ぎ，現代の工業製品の中に取り込んでいる事例もある。企業文化の大元はそれほど簡単には変化しない。

多くの地場産業地域では，日常的に使用する食器や雑器が昔から生産されてきた。日常的に使うため，その形態，デザイン，色彩，手触りなどが使い勝手や機能性とともに重視される。飽きのこない心を和ませる製品であれば，雑器といえども重要な生活のアイテムである。名古屋圏では陶磁器，繊維，木工品をはじめ多くの日用雑器が各地で生産されてきた。それらの生産地は現在でも生産を続けているが，社会，経済の変化にうまく対応できなければ

存続することは容易ではない。たとえば陶磁器の場合，料理を盛り付けるという単純明快な目的は昔から少しも変わっていないが，食器を使う人の生活スタイルは大きく変わってきた。手にした食器が生活スタイルという文化性にうまく馴染んで溶け込みその一部になることを，消費者は望んでいる。消費者の文化的特性は多様であるため，それらに適した食器を提供していかなければならない。

　陶磁器は，形状，色彩，文様，手触りなど，製品特性を規定する要素が多い。素人が趣味で製作し焼成して完成させた器でさえ，使用する分にはなんら支障はない。それだけ参入しやすい産業であるが，逆にいえば，大企業としては発展しにくい産業でもある。複雑な部品をたくさん組み合わせてひとつの製品にする工業製品とは異なる。かつて分業体制のもとで高度な加工・造形・加色技術を駆使して高級食器を生産していた大企業も，現在は食器生産の割合を減らし工業用セラミック製品の生産に主力を移している。外食習慣の普及，紙製のコップや皿の使用増加で国内市場が縮小して

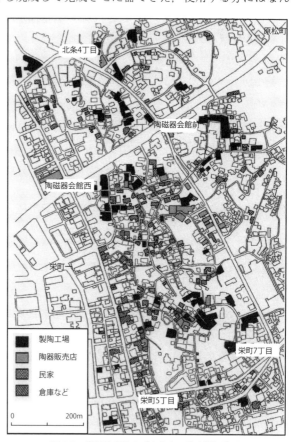

図9-7　常滑焼産地の「やきもの散歩道」地区
出典：市田　圭，2008, p.153をもとに作成。

いるうえに，海外から安価な食器が大量に流入してきている。こうした現状を打破するには，原点に立ち返り，食器使用者の感性に強く訴えかける製品の開発に取り組む必要がある（林，2010b）。

　図9-7は，常滑焼の産地として知られる常滑市で始められた産業観光の目玉のひとつになっている「やきもの散歩道」を示したものである。地元で焼かれたが市場に出荷されなかった陶器製の土管や甕などを道路に敷き詰めたり擁壁として使用したりした結果，独特な雰囲気の小径が生まれた。当初は観光を目的としたものではなかったが，その面白さがマスコミなどで紹介され，観光客が訪れるようになった。それをきっかけに土産物用に陶器を焼いて売る工房が散歩道に沿って現れ，一帯は飲食・サービスを専門に商う店舗も含めて産業観光地としての性格を示すようになった（坂本ほか，2006）。これと類似の地区は，名古屋圏内の瀬戸焼，美濃焼のほか，他地域にも生まれ

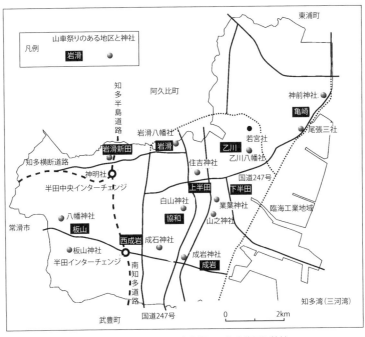

図9-8　半田市における山車祭りのある地区と神社
出典：半田市，2010，p.6をもとに作成。

第9章　生活文化，地域文化，ものづくり文化

ている。共通しているのは，もはや大量生産方式で陶磁器が売れる時代では
なく，手工業的な陶磁器の製造現場それ自体が観光対象になる時代になった
という認識が背景にあることである。

　常滑市と背中合わせの位置関係にある半田市でも，さまざまな観光化が進
められている。津島，犬山，知立などと並び半田は山車の文化を保存してい
る都市として知られている。5 年に 1 度の割合で，その年の 10 月に 10 地区
31 輌の山車が 1 か所に集められ妍を競う様子は圧巻である。以前は神社ご
とに山車を引いていたが，現在はこのような形式で市民や観光客に見せるよ
うになった（図 9-8）。これほど多くの山車が現在でも維持できているという
ことは，祭りを支える人々がおり，そこでの暮らしが成り立つ産業や地域社
会が存在していることを意味する（米山，2000）。半田では，近世以来の長い
歴史があり今では国内有数の企業にまで発展した醸造業に加えて，臨海部に
誘致された現代的工業が多くの雇用機会を提供している。かつてビールを生
産していたレンガ造りの工場も保存されており，酒や酢をつくる醸造工場の
見学と同様，多くの観光客を集めている。陶磁器製の器やそれを使ったグル
メな食事・料理・酒はもとより，それらを生み出す製造工程さえ観光対象に
なる時代に，われわれは生きている。

2．企業の理念や活動に現れる企業文化

　多くの企業は社是や社訓といったものを掲げ，従業員にその内容を理解し
守るように指導している。企業を運営していくさいにその基盤ともなる基本
的な理念は，企業にだけ求められるものではない。大学などの教育機関や市
町村などの行政機関でさえ，理念を内外に表明している。教育機関の場合は
スクールカラーと呼ばれ，入学希望者が受験のさいに参考にする外部情報と
して機能している。役所の場合は最高責任者である市長や町長の考え方で色
づけされた施策の方向性が，市や町の特徴として滲み出る。こうした理念，
カラー，特徴は文化的背景として構成員の意識や行動に影響を及ぼす。これ
らは直接的，間接的な制度的枠組みとして構成員を取り囲み行動を規制する。
　社是や社訓はただ紙に書いて掲げるだけでなく，日々の業務の中で具体的
に実践することで実質化される。組織の組み方，生産の仕方，連絡の取り方

など，企業活動の各場面でその方法が詳細に取り決められ実践される。その取り決めにしたがって行われた生産・販売活動の総体が，その企業の生産額や売り上げとなる。使用する機械，道具，文房具，現代ならパソコンや携帯電話など，たとえ初期状態は同じであっても，どのように組み合わせて用いるか，調整しながら使用するかによって，おのずと個性が現れてくる。企業組織の内部にいる構成員にとっては当たり前のことでも，外部から見れば特殊なように思われることもある。これが当該企業全体を覆うように作用している企業文化である（佐藤，2009）。

　中小規模の企業が発展していく過程で新製品を生み出したり，新分野に踏み出したりすることは珍しくない。そのような場合，子会社や別会社として本体から分離し，専業メーカーとして送り出す。しかし，たとえ企業として独立しても人間関係や資本関係を通して本体企業と別企業は結びつきを失っていない。つまりグループとして企業群をなし，互いに刺激し合いながら成長への道を進む。製造業から出発し，発展の過程で関連企業を生み出していった企業が少なくない名古屋圏では，いくつかの企業グループが存在する。これらの企業グループは，それぞれグループ全体の結束力を維持するための理念を共有している。理念は文化的結束性を維持する役目を果たし，グループ全体のカラーを対外的に発信している。企業文化は生物学でいう DNA 遺伝子にたとえられることが多いが，まさに人や資本の関係を通して互いに結びつくグループ企業は共通の DNA 遺伝子を内包しているといえる。

3．製麺機，製畳機メーカーから工作機械メーカーへの進展

　名古屋圏には「東洋のシンシナティ」と呼ばれる地区がある。名古屋市から北へ向かって国道 41 号を走り，犬山扇状地の扇央と思しきあたりに立地する工作機械メーカーの集まりがそれである。本場アメリカのシンシナティはかつて世界の工作機メーカーの中心地と知られ，現在もなお生産を行っている。その日本版がこの名古屋圏にあるのは，名古屋圏一帯で生産活動を行っている機械工業などに対して工作機械を供給するためである。何よりもまず地元の製造業を支えるために生まれた。その後は他産地の機械工業はもとより，世界中の企業を相手に工作機械を販売するようになった。マザーマシン

とも呼ばれる工作機械は，機械を生産するための機械すなわち旋盤機械である。現在の旋盤はコンピュータでコントロールされながら動くため，NC（Numeric Control）旋盤と呼ばれている。

現在は企業規模が拡大したため岐阜県の美濃加茂や可児などにも工場を設けているが，これらの工作機械メーカーはいずれも名古屋で誕生した（図9-9）。そのルーツはうどんをつくる製麺機や畳を織る製畳機のメーカーである。いずれも創業者は名古屋以外の出身で，戦前，名古屋に来て製麺機や製畳機の製造に勤しんだ。うどんは日本の伝統食であり，畳も日本家屋の重要なアイテムである。これらを製造する機械は現在も生産されているが，工作機械は特定の製品を製造するための機械ではない。どんなものでも製造でき

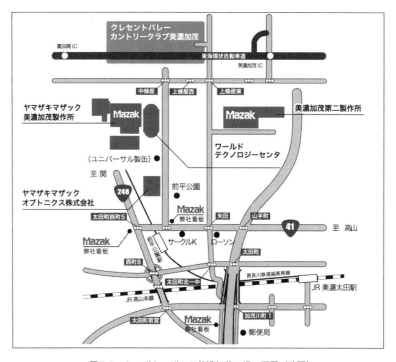

図9-9　ヤマザキマザック美濃加茂工場の配置（略図）
出典：ヤマザキマザックのウェブ掲載資料（https://mazakfiles.blob.core.windows.net/web-site/file/c13b3d17ba854b5d8c980abe29257032/minokamo.pdf?sv=2012-02-12&st=2015-11-02T08%3A49%3A12Z&se=2015-11-02T08%3A51%3A12Z&sr=b&sp=r&sig=CFQFl%2B5keDKCh5mYhE3Y1MyliVBPjoNW5HSYo3jFgnU%3D）による。

る汎用機という点に特徴がある。この分野に参入すれば取引先は飛躍的に拡大するが，一般の消費者が使用したり目にしたりする製品ではないため馴染みがないかもしれない。

　うどんも畳も，長い目で見ると市場の広がりは限られている。そこから脱するためには次なる有望な市場をめざす必要がある。実際，これらのメーカーは進むべき方向を切り替えた。興味深いのは，自動織機から自動車生産に乗り出したメーカーとの間に共通点があるという点である。いずれも機械から機械への展開であり，先行するアメリカ企業を手本としながら，それを乗り越えていった。自動車の場合，モデルはデトロイトにあり，また工作機械の場合はシンシナティにあった。日本企業が得意とする先行モデルに学び，日本流の改善を繰り返しながら，やがて本場の企業を追い越していくというストーリーがここでも見られた。

　製麺機から工作機械のメーカーへと大きく発展した企業は，企業理念として①伝統の継承と革新性の追求，②快適生活を支える価値ある製品の生産，③家族愛の3つを掲げている。小さな町工場から始まり，地域社会の中で育っていった企業という思いを現在のトップが強く抱いている。トップが創業者の子孫という点は自動車企業の場合と似ており，家族愛を企業内の幹部や従業員にも理念として説いている点に，この企業の社風が現れている。大企業として成長した現在でも家族的協調性を重視し，誠実に業務に取り組み，取引先や社会から信頼を得ることが何よりも優先されるとしている。これに対し，製畳機から世界的な工作機メーカーになった企業は海外展開した時期が早く，現在は世界74か所にテクノロジーセンターやテクニカルセンターを設けてアフターケアサービスにつとめている。名古屋市内には創業者が収集した美術品を展示した美術館を設けるなど，対外的存在感も大きい。現在のトップは創業者の家系出身者である。製造業であれば当然かもしれないが，2社ともに優れた工作機械を生産することで世界や社会の発展に貢献するという強い自負心を表明している。世界に通用する高い技術力がすべてに優先するという強い信念が企業文化の基盤になっている。

コラム9
文化の基盤をなし行動を規制する暗黙的コード　ー地理学文化論ー

　地理学には文化を対象に研究を行う文化地理学の伝統がある。研究者の数はあまり多くないが，古今東西，各地の文化現象を取り上げ地理学の視点から論じてきた。地理学の伝統ゆえか，景観，風景，土地利用といった目に見えるものを主な対象として論ずることが多かった。海外旅行がまだ珍しかった頃，外国の観光地や大都市の景観・風景を自国に紹介することに価値があった。自分の住んでいる国や都市とは異なる風景，古代や中世の都市の遺構や遺跡を見ることそれ自体に意味があるように思われた。ところがその後，海外旅行も自由に行けるようになり，海外から企業も進出してきて，外国の風景を紹介したり，海外旅行記などを著したりすることのありがたさが少なくなってしまった。テレビをつければ，世界各地の風景が映し出され，まるで海外旅行をしたかのような気にさえなる。欧米先進国はもとより，普通ではまず行くことはないと思われるアフリカの奥地や極地方で暮らす人々の生活シーンさえ，茶の間で見ることができる。

　かつては一部の富豪か海外研究者などしか見ることのできなかった外国の事物が普通に見られるようになり，文化地理学の性格も変わらざるを得なくなった。文化はなにも海外にだけあるのではない。自国にも自分の足元にも文化はあり，それらに対して新たな視点からアプローチしようという機運が高まってきた。文化の再定義の必要性や再認識の重要性に気づき始めた。文化は景観や風景など可視的なものに限定されない。そのような景観を生み出している気候や地形・地質などの特性，社会，経済，政治などの仕組みにまで立ち入らなければ，文化を本当に理解したことにはならない。理解が可視的，皮相的なレベルにとどまっているかぎり，文化は単なる鑑賞の対象でしかない。研究分野においても，場所ごとに異なる文化現象を紹介しているにすぎない。

　文化は鑑賞の対象ではなく，身体的な体験そのものである。日常的に行われている社会活動や経済活動は，さまざまな制度にしたがい，その枠に沿って行われている。日常生活の場面では，いかなる慣習やしきたりにしたがって衣服を身につけたり食事をしたりするのがよいか，参照すべき暗黙的コードがある。無意識ではあるが，この暗黙的コードに照らし合わせながら，われわれは日々，行動している。職場へ行けば，その企業の理念や社是のようなものがあり，それを具体化した就業規則にしたがって業務が遂行される。こうした制度は地球上のどこにでも存在する。それは自然環境や社会・経済的条件の組み合わせから生まれたものであり，歴史的に世代を超えて引き継がれていく。これが文化である。文化を

このように考えると，古代エジプトのピラミッドやパリのエッフェル塔などテレビや絵葉書などでお馴染みの景観も，これまでとは違ったように見える。巨大な墓がつくられた当時の政治体制や社会組織，高い鋼鉄の塔の建設を可能にした技術力，資金力，労働力など，景観の背後にあって人間行動を動かしてきた種々の制度に目が向かう。

　われわれが気づいているか否かには関係なく，文化はあらゆるところに存在する。自分が属している文化的集団や日常的に無意識に参照している文化的コードに対しては，明確な関心は抱かない。異なる文化に接することで，人はその違いに気づかされ，大いに興味を抱く。観光旅行への動機は未知の文化に触れたいと思う心であり，実際にその場に身を置いて体験することで文化理解の入り口に立つことができる。未知の体験には怖さともなうが，好奇心はこれに勝り，人々の心を魅了する。そして考える。なぜ，ここではこのような衣装をまとい，このようなものを食べ，またこのようなスタイルで暮らしているのかと。疑問を抱くことは，その文化が成り立っている土壌や風土を知ることだけでなく，自らが属している文化を自覚的に意識することでもある。文化を相対化して考える。これが異文化理解の始まりであり，多文化共生の基本でもある。伝統的な文化地理学は，1980年代を境にその様相を大きく変えた。「文化論的転回」(cultural turn) により，文化地理学研究は新たなスタートを切った。

275
第9章　生活文化，地域文化，ものづくり文化

第10章 都市計画の歴史，社会経済的背景と将来

第1節 都市計画の社会経済的背景と複眼的視点

1．都市計画と都市地理学，地理学の総合性

　計画とは，いまはそこにないが，いずれはそこに置きたい，あるいは現在はそのようになっていないが，近い将来はそのようにしたいと，思い描くことである。これを都市の場合に即していえば，現状を変えて望ましい状況へとつくり変えるプラン，すなわち都市計画である。現在から未来へという前方向の時間の中で考えるのが計画であり，過去から現在へという歴史とは逆の時間軸である。地理学は過去の歴史と現状に関わることが多く，未来に投影した時間軸で考えることはあまりない。しかし，過去や現在のない未来はない。時間的連続性を考えれば，たとえ未来のことであっても，これまでに経過した時間を無視することはできない。それどころか，計画は往々にして過去や現状の反省の上で練り上げられるものである。依って立つものがなければ，計画は単なる夢想に終わってしまう恐れがある。

　名古屋圏に限らず，どの地域でもまず上位計画があり，その下にサブとなる計画が位置づけられる。つまり都市計画は国土計画や県土計画の一部として存在する。計画はまた一個人，一家計，一企業のレベルを超えた集合的，広域的性格をもっており，一度決められたら，それにはしたがわざるを得ない。もちろん，都市計画は議会での議決を経て最終的に決定されるため，途中で意見を述べたり異議を唱えたりすることはできる。しかしもともと多種多様な人々が住んでおり，様々な企業や団体が集まっているのが都市である。どこかで折り合いをつけ，譲り合いながら最終的に計画としてまとめ上げなければ，都市は前へは進まない。計画がなければ混乱状態に陥るのは必定である。熟議を積み重ね総力で知恵を出し合いながら計画はつくらなければならない。

　都市計画を実施するには公的な資金を必要とする。個人，家計，企業は自

前で資金を準備して住宅や工場，事業所，オフィスなどを建てる。都市計画はそれらが入る空間を用意するために立てられるが，空間は単なるスペースではない。公共的な生活基盤や生産基盤が十分備わった空間でなければ，あとから建てられる住宅や事業所は円滑に機能しない。都市計画は未来を予測し都市をその方向に誘導する役割を果たす。すべての誘導が正しく，あとから建てられる住宅や事業所がすべてその方向に向かうとは限らないが，少なくともスタート時点では矛盾のない内容でなければならない。

　市街地発展の時代が続き，社会や経済も変化していくと，現状を新たに改変する必要性が生じてくる。郊外に新興住宅地域を計画するのとは違うタイプの再開発のための計画を構想しなければならない。現況の問題点や課題を整理し，周辺地域との関係を再点検する必要が生ずる。ここは都市地理学の研究成果が生かされる局面である。土木や建築の視点からの分析だけでなく，社会，経済，文化，政治などの要素も含めた総合的な分析を行いその成果をまとめる。都市の中の個々の地域はそれだけで存在しているのではない。近隣周辺とつながりをもって機能していることを考えると，再開発される地域の今後あるべき姿がおぼろげながら浮かび上がってくる。図10-1は，小牧市の中心市街地の整備計画を示したものである。尾張平野から続く東の台地

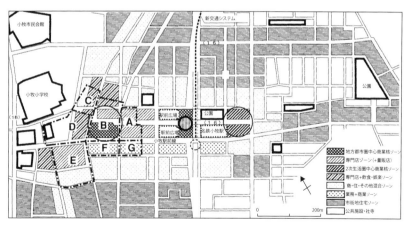

図10-1　小牧市中心部における土地利用計画図
出典：小牧市編，1996，p.12をもとに作成。

第10章　都市計画の歴史，社会経済的背景と将来

上に位置する小牧は，徳川家康が名古屋に城を築くさい候補地のひとつとして考えたほど都市の立地条件には恵まれている（千田，1989）。歴史的には商業中心地として，近年は交通の要衝として発展してきたが，近隣に多くの商業・サービス施設が生まれ，中心部の伝統的商業地は停滞傾向が免れない。名鉄小牧線の駅前を貫く通りを軸に，生活利便性の向上をめざした市街地整備を進めるために，こうした計画図が描かれた。

2．都市計画を考えるさいの社会経済的背景

　現代日本の都市はまぎれもなく資本主義社会の中に存在する。しかし，明治維新以前の近世は封建時代の身分社会であり，現代の社会，政治体制とは違っていた。その時代に形成された都市や市街地の上に現在の都市が存在するという重層性を考えると，都市は時代の空間的枠組みにしたがって変わっていくといわざるを得ない。近世封建時代にはその時代の空間的ルールがあり，現代資本主義には固有の空間配置の決まりがある。計画はこれらのルールや決まりに則りながら定められる。近世社会ではタブー視された構想でも，現在なら何ら抵抗なく受け入れられ計画に組み込まれることはある。たとえば中国，朝鮮半島で現在も支持されている風水思想に近い考え方が，近世日本にもあった。近代においてさえ，住む人が心身ともに健康に暮らせる条件を重視する風水の考えを参考に建てられた住宅もある。

　このように，都市計画には時代の社会政治体制とそのもとで支配的な思想の影響を受けるという側面がある。イギリスで生まれたニュータウン構想は近代以降の産物であるが，都市と農村の共存を理想とするイデオロギーが根底にあった（樋口，1983）。産業革命後に拡大した都市にそなわる利便性を実感しつつも，同時に，都市がもたらす社会悪の存在も認めざるを得ない。農村への憧憬が忘れられず，小規模な都市と近隣農村を結びつけることで理想郷が実現できるという思いで構想された。ニュータウン構想は，都市に集まった中・低所得者層向けの公共住宅として第二次世界大戦後，各地で建設された。日本では高度経済成長期に生まれた中間層を対象に，大都市郊外に日本型のニュータウンが建設されていった。

　日本のニュータウンは，都市と農村の共存を念頭に置いたものではなかっ

た。大都市で急増する人口を周辺部で収容し，そこから中心部へ通勤させる計画をもとに場所を探して建設された。空間に恵まれた郊外にありながら中層団地を機械的に並べて建設していったのは，建設費用を節約するためである。当時は財政に十分余力がなく，経済的合理性が優先された。こうしたニュータウン建設の歴史から読み取れるのは，都市計画はその時代に優勢な思想とともに，財政的制約にもしたがわざるを得ないということである。計画思想を下敷きに職業的プランナーが具体的な図面を引き，財政当局が建設資金計画を練り上げたあとで，建設は正式に始められる。

　計画が実行されて建設事業が終了し，さらにその後，時間が経過していけば，やがてその事業は過去の産物となる。事業に関する文献資料が残されていれば幸いであるが，残されていない場合は，都市の中に刻まれた痕跡がなによりも計画事業のあらましを知る手掛かりとなる。都市地理学では歴史的な都市構造を理解するために，こうした痕跡を手掛かりとする。それらを読み解くことで，過去に実行された都市計画の思想や意図を明らかにする

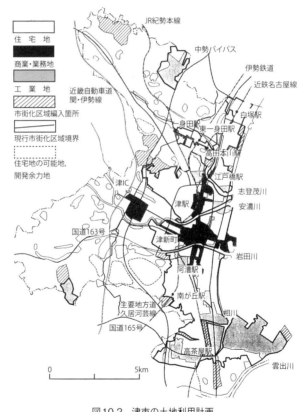

図10-2　津市の土地利用計画
出典：津市編，2000, p.2-14をもとに作成。

279
第10章　都市計画の歴史，社会経済的背景と将来

ことができる。そこでしばしば気づくのは，過去の都市計画の影響が現代に
まで及び，都市の現状を少なからず規定しているという事実である。現在を
生きるわれわれは，過去の都市計画の延長線上で生活しているともいえる。
都市計画の歴史的永続性を感じないわけにはいかない。

　図 10-2 は，江戸初期に徳川家康の命を受けて現在の津市に城を築き城下
町として発展していく基礎をつくりあげた藤堂高虎の居城・津の現状を示し
たものである。伊予の国から転封した高虎は築城の名手であったといわれて
おり，明応地震（1498 年）で崩壊した安濃津の町の北 1km の地に新たに城
下を築いた。城下町特有のカギ型の通路ではなく，まっすぐ伸びる道路が直
交する合理的な構造を採用したため，伊勢や伊賀に向かう街道は津城から直
線状に伸びている。大門と呼ばれる商業地区も築城当時から現在まで引き継
がれており，そのような意味では近世初期の都市構造が現在まで変わらず続
いてきたということである。近代になって一時期，県庁が四日市に置かれた
こともあるが，再び取り戻し，政治・商業の都市として発展してきた。伊勢
湾沿いの工業地区も限定的であり，石油コンビナート地帯の形成で大きく変
わった四日市とは対照的である。

3．先駆的交通手段の導入による動きやすい都市の実現

　東京圏や大阪圏に比べ移動を自動車に依存する割合が大きな名古屋圏で
は，公共交通の整備に対してあまり力が入っていないといわれる。しかし実
際は，自動車交通の抑制を念頭に置きながら名古屋市や名古屋圏全体の交通
計画が練られている（青木，2005）。徐々にではあるが，駅前広場の整備や乗
り換え箇所の改善が進められるようになった。とくに都市中心部の利便性が
再評価されるようになり，主要駅の設備改善も進んで駅前にマンションが建
つようになった。エレベーターやエスカレーターを設置したり，鉄道の線路
を高架橋や地下通路で横断できるようにしたりするなど，バリアフリー対策
も進められている。身体が不自由な人も健常者と一緒に都市の中を移動でき
るという状態は，都市計画思想の革新がなければ実現できなかった。

　自動車で移動する人と徒歩の人，健常者と体の不自由な人など，条件の異
なる人々が共存できる都市空間を実現することは理想であろう。違いはこれ

だけではない。男性，女性，子供，大人，高齢者，民族や言語の異なる人々など，違いはほかにもある。これらの人々がともに大きな支障もなく都市の中を移動できる空間にするために，都市計画でできることを考える。都市構造がわかりやすいことは最低限必要な条件であろう。そのためには必要な標識やサインを要所要所に掲げ，スムーズな移動ができるようにしなければならない。治安の良さも必要である。近年，多くの都市では各所に防犯カメラが設置され，犯罪抑止に力を発揮するようになった。歩きやすい都市は外からの来訪者を引きつける。都市観光の観点からも重視すべきであろう。

　名古屋圏は自動車交通が優勢な地域として知られるが，ガイドウェイバス，中央走行のバスレーン，リニアモーターカーなど，一部の公共交通分野では先進的な取り組みがなされてきた（酒井，2002：長崎，2005）。全国初となる地下鉄の環状運転も2004（平成16）年から名城線で始められた。こうした一連の前向きな取り組みは評価できるが，1970年代に名古屋市内の路面電車を全廃して道路をすべて自動車に譲り渡したのは悔やまれる。しかしこれもまた，その時代に大勢を占めた計画思想のなせるわざであったかもしれない。近年，世界の主要都市では現代的な路面電車LRTを導入する動きがある（金森・森川・倉内，2010）。日本でもこの流れに追随する都市が現れており，路面電車を全廃した名古屋でもLRT導入を求める声はある。豊橋の路面電車は現役で役目を果たしているが，岐阜では存廃をめぐって社会的に大きく取り上げられたが結局は廃止された。計画を長期的視点から考えるのは容易ではないが，短期的な時勢に流されない複眼的で柔軟な姿勢が都市計画には求められる。

　図10-3は，名古屋市の東側に隣接する長久手市における土地利用計画図である。2012（平成24）年に市制を敷いたばかりの若い都市であるが，歴史的には小牧・長久手の戦い（1584年）の名でよく知られている。近年は名古屋からの都市化の影響を受けて農村的雰囲気は消え，とくに市域の西側は名古屋市東部の市街地と一体化した都市的空間への変貌ぶりが著しい。名古屋市外であるため地下鉄の延伸ができず，2005（平成17）年の愛知万博の交通手段として建設された東部丘陵線（リニモ）が市域を東西に貫く幹線交通路としての役割を果たすようになった。名古屋と西三河北部を連絡する交通手

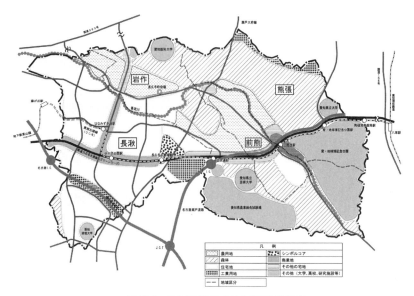

図10-3　長久手市における土地利用構想図
出典：長久手市のウェブサイト掲載資料(https://www.city.nagakute.lg.jp/keikaku/toshiseibi/documents/1genkyou.pdf) をもとに作成。

段は自動車に限られていたため，東側終点の八草駅で愛知環状鉄道と連絡する日本初の常電導浮上式リニアモーターカーを走らせる東部丘陵線の果たす役割は大きい。長久手市の土地利用計画もこの幹線交通路をどのように生かすかで変わってくる。

第2節　都市計画の歴史と都市発展，土地区画整理事業

1．近世名古屋城下町の都市計画

　名古屋圏で規模がもっとも大きな都市は名古屋である。城下町起源のこの都市は計画都市でもある。都市がスタートしたまさにその当初から計画にしたがって建設されていった珍しい都市でもある。都市建設の主な目的は，関ヶ原の戦い以後も西国に残る勢力から新たに江戸に開いた幕府を守るためである。つまり防衛拠点としての役割を果たすことであった。徳川家康は，候補として挙げた小牧，那古野，古渡の中から那古野を選んだ。那古野に築いた

城は名古屋台地の北西端に位置している。台地の北側と西側は低湿地であり，崖は城の防衛にも適している。二重の堀をめぐらせて守りをさらに強固にした。城郭の南側に町人地を配し，その南側を寺町とした。寺町は城下町の東側にも設けたが，寺は合戦のさい防御壁としての役割も果たす。湿地帯と崖と寺の土塀で城下町を防衛しようとしたのである。

　町人地は碁盤割と呼ばれたように，東西南北方向に走る道路によって区画されていた（平出ほか，2001）。当初は99の区画があり，道路に沿って民家が建ち並んだ。1区画は縦横1丁（町）ずつの正方形で，民家の背後は空地であったり会所が建てられたりした。これらの民家はかつての城下町・清洲からの移住者によって建てられた。家康のまえの豊臣秀吉や織田信長の時代に栄えた清洲は，当時，その規模を誇っていた。しかし家康は水害に遭いやすいことを理由に清洲を廃城とし，住民をすべて那古野の地へ引っ越しさせた。いかにも計画にしたがって建設された都市らしく，住民もまた計画的に移り住まわされたのである。名古屋で「清洲越し」とは，もっとも古いという意味である。尾張地方には律令時代に国府のあった国府宮や，真清田神社の一宮，熱田神宮の熱田など歴史の古い集落はあるが，名古屋城の築城以降，名古屋がこの地方の盟主としての地位を得た。

　江戸城や大坂城と比べると，名古屋城の位置はいかにも海から遠い。そこで家康は名古屋台地の西の端に沿うように運河を開削させた。堀川と呼ばれたこの運河がなければ名古屋の城下町を維持することはできなかった（西別府，2011）。米，魚介類，薪炭，肥料，木材など日常生活に欠かせない物資を大量に運ぶ手段が十分でなかった当時，堀川の舟運は非常に重要な役割を果たした。堀川沿いには木材を取引する市場や加工のための作業所や小屋，卸商人の店や蔵が建ち並んでいた。尾張藩の造船所もあった。計画的に設定された道路や運河をもとに城下町の市街地は形成され，幕末には人口10万を数える近世都市として完成の域に達した。

　近世までの名古屋の市街地は名古屋台地（熱田台地）の上に限られていた。その形状は逆三角形で北側が広く南側は細く尖っていた（図10-4）。この形状は台地の形状とほぼ一致しており，市街地の形成が地形的条件の影響を強く受けていたことがわかる。名古屋城とその南側の碁盤割は東西南北の方形

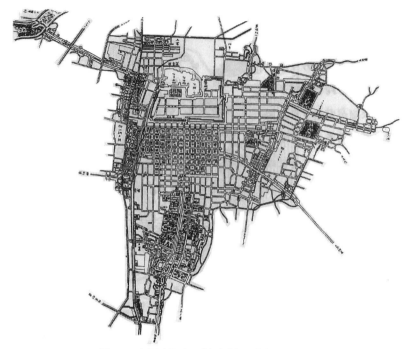

図10-4　江戸時代（18世紀中期）の名古屋市街地
出典：名古屋市編，1959による。

プランに則っているが、東と南の寺町では地形の制約から碁盤割が維持できなかった。西側でも堀川の川筋は正確な南北方向ではないため、中心部の碁盤割とは連続していない。要するに、名古屋の城下町プランを計画したとき、台地や河川の制約条件にはしたがわざるを得なかった。いまひとつ注目すべき点は、城下町の出入り口付近で城下町の道路と出入りする道路がどのように結ばれているかである。大垣・岐阜方面へ向かう美濃街道や多治見へ向かう下街道は東西南北とは無関係である。岡崎・飯田方面へ向かう駿河街道は方形プランを乱すように、南東方面から城下町に入ってきていた。城下町プランは地形的条件だけでなく、周辺部との連結条件の影響も受けていたのである。

2．鉄道駅の都市計画への影響と港湾の計画的建設

　都市建設のスタート時から計画思想にしたがって建設されていった名古屋は，明治期以降も新たな計画理念のもとで建設が続けられた。都市中心部の碁盤割状の道路を周辺部にまで延伸し，台地以外の低地や丘陵地に市街地を広げた。運河を交通手段として利用する思想は，新堀川の改修や中川運河の開削によって受け継がれた。名古屋は道路の幅が広いことで有名であるが，これにはルーツがある。名古屋築城から60年ほどが経過した1660(万治3)年，大火があり碁盤割中心部の市街地が消失した。その反省から主要街路を拡幅することで延焼を防止する対策がとられた。これが広小路が誕生した経緯であり，3間の道路が13間に広げられた。このほかにも道幅の広さを示す意味で四間道と呼ばれる道路が堀川に沿って設けられた。通常は2～3間の道路幅が4間もあってほかより広かったのである。

　近世にはなかった機械的な移動手段として鉄道が名古屋を通るようになり，都市計画は新たな局面を迎えることになった。都市間を結ぶ最初の鉄道である武豊線は，都市計画とはほとんど関係なく敷設された。途中駅である名古屋駅は広小路通の真西に設けられたため，これは近世の都市計画にしたがったと考えるこ

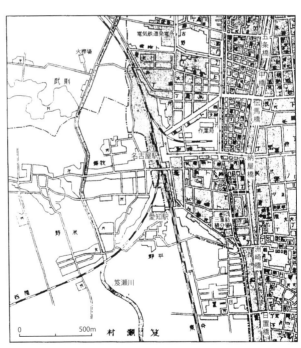

図10-5　名古屋駅周辺の市街地（明治39年頃）
出典：「名古屋市全図」，1906年刊行をもとに作成。

ともできる（図10-5）。武豊線が東海道本線に変わってからは，名古屋駅が起点となって中央本線が建設されたり，市内を走る路面電車が敷設されたりした。近世までの都市計画が名古屋城を中心に立てられたのに対し，近代の都市計画はそれまでの計画を踏襲しつつも，新たに中心となる鉄道駅を配慮しながら考えられていった。尾張藩の象徴であった名古屋城は一時期，天皇が宿泊する離宮として利用され，広大な城内は名古屋鎮台や師団の用地となった。追い出されたかたちで愛知県庁や名古屋市役所は碁盤割の東側に集まり，この官庁街へ向けて最初の路面電車が名古屋駅から走り始めた。西の玄関口である名古屋駅に対し，東側の玄関口として位置づけられたのが千種駅である。都市間を連絡する鉄道の主要駅が都市計画上，重要な意味をもつようになった（林，1997a）。

鉄道と並んで港湾もまた，近代名古屋がその後，大きく発展していくのに欠かせない交通インフラであった。ここでも計画理念が重要な意味

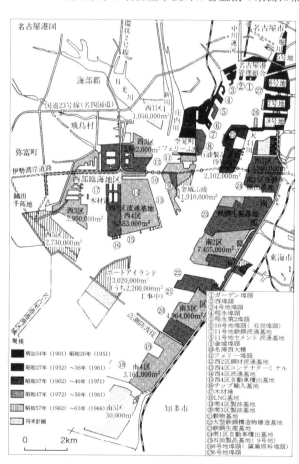

図10-6　名古屋港の拡張過程と埠頭配置
出典：名古屋港管理組合編，1989をもとに作成。

をもっており，都市発展を導く役割を果たした。横浜や神戸のような深水条件に恵まれない名古屋では，遠浅の海底を浚渫して航路を確保しなければならなかった。港湾建設計画は二転三転し，最終的な建設計画図に到達するまでに時間を要した。建設計画にしたがって建設を進めていく過程でも台風襲来や政治的な反対運動にあい，難渋を余儀なくされた。地形的悪条件を乗り越えて開港にこぎ着けたが，背後地の工業発展が急激で港の拡張を迫ったため，港湾事業は継続された。戦前だけで5回にわたって名古屋港の整備事業は計画的に進められた。開港前から始められた浚渫と埋め立ての事業は現在も続けられている（図10-6）。

3．土地区画整理事業を受け入れ実施してきた風土

　名古屋圏の居住環境が東京圏や大阪圏に比べて恵まれていることは，本書の中ですでに述べた。それは1人当たりの居住面積が広いという意味であるが，こうした状況は自然に生まれたとは思われない。むろん，農村部の多い岐阜県や三重県の方が，都市の多い愛知県よりも1人当たり居住面積は広い。それゆえ広さで計測した居住環境は，農村的であればあるほど恵まれているといえる。しかし本当の意味で居住環境が優れているためには，ただ単に居住面積が広いだけでは不十分である。道路，上下水，電気，ガスなど現代的な都市生活が満喫できる条件が揃っていてはじめて高い評価がえられる。そのためには，生活のためのインフラ環境を充実させる必要があり，当然，資金を必要とする。

　土地区画整理事業，まさにこれこそが名古屋市をはじめ名古屋圏の多くの都市において居住環境の水準を引き上げ，また経済活動の推進にも寄与した一大事業である（沼尻，1995）。当初は耕地整理事業として始められ，必ずしも市街地の基盤整備を目的としたものではなかった。しかしその後は市街地の改良事業や郊外開発のための事業として精力的に推し進められた。名古屋圏でこれほど盛んに土地区画整理事業が進められた要因として，土地に対する執着心の強さと，行政主導事業に対する従順さを挙げることができる。都市計画名古屋地方委員会で活躍した石川栄耀という卓抜した技術指導者のリーダーシップを挙げることもできよう。いずれにしても，先祖伝来の土地

を白紙に戻し，計画的に線を引き直してまったく新しい街をつくるという一大事業に大多数の人が応じたことは間違いない。そうでなければ，この事業は遂行できないからである。

　土地に対する強い執着心と，土地区画整理事業で求められる敷地の一部提供は，一見すると矛盾しているように思われる。土地を財産と考えれば，一部とはいえ所有地を減歩で減らすことはマイナスである。しかし実際には，たとえ敷地面積は減っても事業終了後の地区全体の地価は上昇するため，損失にはならない。幅員の広い直線状の道路や公園，学校用地が生まれ，生活はしやすくなる。減歩で1か所に集約した土地を保留地として売却することで，事業費の一部を捻出することができる。行政からの事業費支出もあり，長い目で見れば地区全体にとってプラスが多い。こうしたメリットを実感した実施地区の住民から話を聞いた賛同者が集まって組合をつくり，つぎつぎに事業は広まっていった。名古屋の都心部のように都市発祥のときから計画的につくられた場所とは異なり，農村部は自然発生的な地区のままできたものが多い。そのような地区を歴史に逆らうかのように変えてしまうことに対しては反対もあったと想像される。しかし，これほど大規模に土地区画整理事業が実施されてきた事実をまえにすると，これもまた背後に名古屋圏特有の風土があったと考えざるを得ない。

　土地区画整理事業を実施すると，ほとんどの地区では土地の評価額が上昇する。生活するための基盤条件が良くなるため，当然の結果といえよう。変化は地価の上昇だけでなく，商業・サービス施設やアパート・マンションなどの新規立地による市街地の一新というかたちで起こる。旧来からの居住者も移転地に住宅を建設して生活するようになるため，まったく新しい町に生まれ変わるといってもよい。その結果，これまでの地域社会は大きく変わり，転入者との社会的関係という新たな関係が生まれる。こうした事態は土地区画整理事業を計画した段階で予想されたことでもある。事業実施は道路やガス・電気，上下水道の整備というハード面の整備だけでなく，地域社会の再編というソフト面での大きな変化を見越して計画される。名前は土地区画整理であるが，実際は地域社会再編をともなう事業である。

　図10-7は，豊橋市における土地区画整理事業の施工状況を示したもので

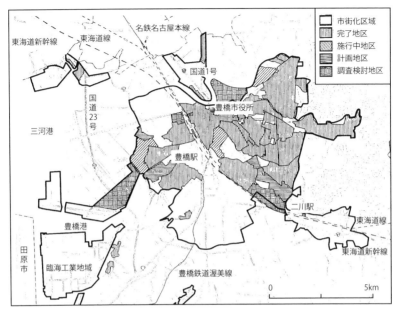

図10-7 豊橋市における土地区画整理事業
出典：豊橋市，2003，p.183をもとに作成。

ある。同市の土地区画整理事業は1927（昭和2）年から始められ，現在まで34の地区で実施されてきた。現在もなお5地区で事業が進行中である。このうち事業面積がもっとも大きかったのは戦災復興にともなうものであり，292.3haであった。これは市長が施工者として行われたもので，ほかに豊橋市が施工者であったものが6地区ある。残りは組合施工の区画整理事業であり，このことから地区住民の総意がなければ事業が進まないことがわかる。土地区画整理事業の大半は市街化区域に属している。以前は市街化調整区域であったところで土地区画整理事業が行われた場合，終了後は市街化区域になることが多いからである。現在の市街化区域の45.4％は土地区画整理事業を実施したところであり，事業実施がいかに市街化につながっているかがわかる。愛知県全体の平均は29％であるため，豊橋は土地区画整理事業の実施が盛んな都市といえる。

第3節 交通インフラ,工業構造の高度化,企業文化の力

1.名古屋港の存在感,セントレアの苦悩,リニア中央新幹線の可能性

　都市計画の視点から見て,名古屋圏は今後どのような道を歩んでいくのであろうか。日本の国際競争力は近年,急速に低下してきたといわれる。これまでは旺盛な工業活動によって国の発展を支えてきたが,中国をはじめとする新興国で工業生産が盛んに行われるようになった現在,世界全体に占める日本の工業生産の存在感は以前の比ではない。しかしそのような中にあって,製造業出荷額で全国一の地位を30年以上にもわたって保持している愛知県をはじめ,名古屋圏はものづくりの伝統をいわば死守するかたちで守ってきた。このことは,東京,横浜,名古屋,大阪,神戸のいわゆる5大港の中で貿易総額,黒字額ともに名古屋港がトップの座に君臨していることにも表れている。とくに黒字額の5.0兆円(2012年)は第2位の横浜港(3.1兆円),同じく第3位の神戸港(2.3兆円)を大きく上回っている。東京港(－3.7兆円),大阪港(－1.4兆円)が輸入港であるのに対し,同じ大都市圏の港でも名古屋港は輸出に大きく特化している。しかしその名古屋港でも,頼みの綱の自動車輸出が今後,大きく増えていくという見通しは立てにくい。製品輸入量は増えることあっても減ることはないため,どこまで貿易黒字を維持できるか不透明感はぬぐいきれない。

　図10-8は,名古屋港の機能別ゾーンを示したものである。現在は港湾のもっとも北東寄りになってしまったガーデン埠頭が,名古屋港発祥の地である。ここを中心にその両側の臨海部で埋め立てを繰り返しながら,つぎつぎに埠頭が建設されていった。第二次世界大戦後の高度経済成長期に,知多半島の付け根に相当する東側の浜辺で埋め立てが進み,臨海工業地帯に変貌していった。その後,コンテナリゼーションの進展に対応するために西側で埋め立てを進め,コンテナ専用埠頭が生まれていった。現在は,飛島,弥富,鍋田の各埠頭でコンテナが取り扱われているが,以前は金城埠頭でも行われていた。港湾は貿易構造や産業構造の変化に対応していかなければ生き残れない。かつて中央埠頭と呼ばれたガーデン埠頭一帯は,現在は外洋クルーズ

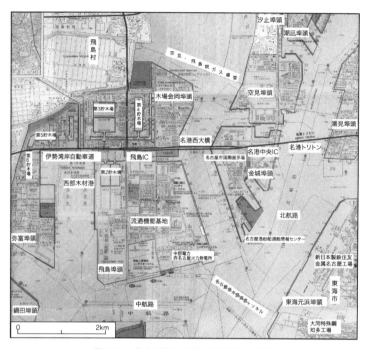

図10-8　名古屋港中央部付近の埠頭の配置
出典：名古屋港管理組合，2015年，パンフレット「名古屋港図」をもとに作成。

船を迎える埠頭として機能している。

　中国や韓国では，工業生産が盛んになるのと同時に製品輸出額も拡大していった。国際的な定期航路は東アジア向けのウエートを増し，釜山や上海がハブ港としての存在感を高めている。日本に立ち寄る定期航路の本数は削減され，国内の港湾にかつてのような活気は感じられない。国は危機感を募らせ，港湾への投資を東京湾と大阪湾の港に集中する「選択と集中」の政策をとることを決めた。海外向け貨物を関東，関西の主要港湾に集め，規模の経済を発揮して国際的なイニシアチブを握る「国際戦略港湾構想」である（西口・水上，2010）。またもや名古屋圏は国の政策対象から外されたという気がする。国際空港の建設でも成田，関空がいち早く先行し，ようやく3番目にセントレアが開港した。しかも民間の資本と経営を当てにした事業であり，特段，政策面で目をかけたようには思えない。関空では24時間運用と第2

滑走路がすでに完了しており,関東では羽田空港の国際化に力が入れられている。一時はハブ空港さえ夢見たセントレアは,開港10周年を迎えて人や貨物を集めるのに苦労している(三浦,2008)。第2滑走路の建設は具体的テーブルの上には乗っていない。

　空と海の交通インフラが苦戦を強いられるなか,陸のインフラのうち鉄道については,名古屋圏は大きな可能性をもつようになった。名古屋駅に本社を置くJR東海が独自にリニア中央新幹線を建設する計画を実施に移したからである。完成すれば,名古屋駅を出発したリニアモーターカーは,わずか40分で品川駅に到着する(図10-9)。時間距離だけで考えれば,名古屋から見て品川は現在の豊田あたりの近さになる。逆に東京から見れば,名古屋は横浜か,さいたまあたりにまで近づく。この近さが何を意味するかいまだ実感できない部分もあるが,2つの大都市圏がこれほど強固に結ばれるという状況は,当然のことながら日本の歴史においてこれまでなかった。現在でも2時間くらいで結ばれているため,それほど大きな変化ではないようにも思われるが,心理的な近接感は想像を超えるであろう。

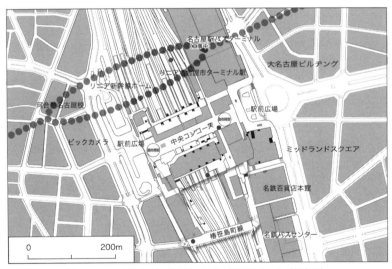

図10-9　JR東海名古屋駅のリニア中央新幹線ホーム(想定図)
出典:名古屋市,2014年,「名古屋駅周辺まちづくり構想　概要版」掲載の資料をもとに作成。

注目すべきは，関西や中国方面から新幹線で東京へ向かう人々が名古屋駅でリニア中央新幹線に乗り換えるということである。これは逆の場合についてもいえるが，名古屋駅での乗り換え時に途中下車で名古屋に立ち寄る乗客も少なくないであろう。過去には山陽新幹線が岡山までしか開通していなかったとき，岡山が大きな賑わいを見せたという事例がある。東北新幹線が上野発であったときの上野の賑わいもこれに似ている。いずれも賑わいは一時のことであったが，多くの来客を迎え入れるチャンスであることは間違いない。そうした意味で，リニア中央新幹線が実際に走り出すまでの間，開通後の青写真をめぐって議論が高まるであろう。

2．ものづくりの伝統を継承した工業構造の高度化

　名古屋圏の都市が今後どのようになっていくか，その未来を予測するのは簡単ではない。しかし産業の動向がそのカギを握っていることは明らかであり，産業によってもたらされる雇用の機会とそこから生まれる所得が都市の運命を左右する。このことは過去から現在まで，個々の都市がどのような道筋を経て発展してきたかを見れば想像できる。基本的には日本列島の中央にあって大きな平野や台地に恵まれ，稲作と地場の資源を生かしたローカルな産業の勃興で都市の基礎が築かれた。近代以降は，新たに導入された科学や技術の力を生かし新産業の創出に力が入れられた。そのさい，人口がほかより多くすでに地域の中心都市になっていた旧城下町・名古屋が拠点となって新産業が生まれたという点は注目すべきである。「糸」「土」「木」の3つのルーツが名古屋に集結しながら新たな進化を開始した。その後は名古屋から周辺部へ生産の場所が拡散していく動きが生まれたが，初期の近代工業化に果たした名古屋の存在は大きかった。

　戦後，産業の発展は伊勢湾臨海部や内陸工業団地を拠点に進んでいった。港湾や高速道路網の整備が産業の新たな進展を後押しした。先行する愛知県の後を追うように岐阜県や三重県でも工業化が本格化し，名古屋圏はいつしか「ものづくり王国」の異名をとるようになった。内陸県でハンディの多い岐阜県では県が音頭を取り，情報産業を立ち上げる事業も始められた。愛知県から転入してきた金属・機械工業なども地元に根づき，工業後進県のイメー

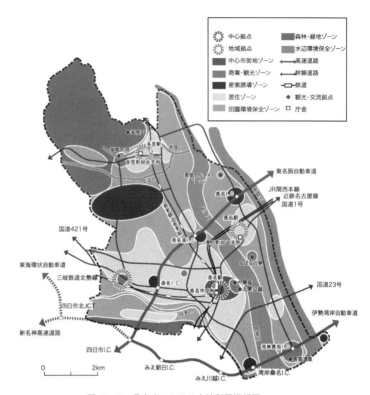

図10-10　桑名市における土地利用構想図
出典：桑名市のウェブサイト掲載資料（http://www.city.kuwana.lg.jp/index.cfm/25,45569,c,html/45569/20150327-131340.pdf）をもとに作成。

ジは徐々に拭い去られていった。三重県では臨海部の石油化学コンビナートの形成をきっかけに工業化の道が開かれた。関東や関西からの投資が電気，電子，半導体部門を中心になされたことが大きかった。地理的に関西に近い三重県は大阪を拠点とする企業の生産現場としての性格もある。

　図10-10は，桑名市における土地利用構想図を示したものである。鋳物業やハマグリなど水産業の町として知られてきた桑名の現在の製造業は，電子部品・デバイスや業務用機械といった業種によって担われている。製造品出荷額等では三重県全体の4.8％を占めるが，付加価値額ではそれより大きく8.4％を占める。このことは桑名の製造業が付加価値の高い製品を生産していることを物語る。実際，図10-10の中で産業誘致ゾーンと記されている場

所には半導体の富士通三重工場や産業機械部品の NTN の複数の工場が立地している。川崎，大阪に本社を置くこれらの大企業は，土地や労働力を求めて進出してきた。揖斐川右岸の城下町にして東海道の宿場町でもあった桑名は，郊外に大規模な住宅団地をつくって名古屋方面からの人口を受け入れてきた。平成の合併では揖斐川対岸の旧長島町と一緒になったため，都市の性格がさらに多様になった。

3. 価値のある工業製品づくりを支える基盤

　日本の国土計画が社会，経済の変化を受けて更新されるたびに，名古屋圏の位置づけも微妙に変わっていった。「多極分散型」から「地方創生」に至るまで，国土計画は産業の地域間格差に気をくばる姿勢は示してきた。しかし実態は「東京一極集中」の強化が進むばかりで，計画の実効性は疑わしい。名古屋圏は初期の計画段階から三大都市圏のひとつとして位置づけられてきた。輸出指向型工業の集積で存在感を高め，工業生産では大阪圏より上位に位置するまでになった。第4次全国総合開発計画では，東海三県と名古屋市でそれぞれ研究学園都市の地域指定が行われた。研究開発型産業は次世代を担う可能性の大きな産業である。すぐに成果が期待できるという類いのものではないが，苗床だけは用意されているといえる。

　名古屋圏の主な製造業企業はほとんど海外展開をすすませている。名古屋圏の中だけで産業を論ずるのはすでに時代遅れであり，グローバルな視点から考える必要がある。海外に生産拠点を置く企業の地元での活動は，高付加価値製品の生産，研究開発・製品開発，企業全体の統括などへと移行していく。モデル工場，マザー工場として次世代対応型の実験や試験も行われよう。国際的な労働分業体制を踏まえたヘッドクォーターとしての役割が求められる。一方，成熟した国内市場を見渡すと，ここでも質の高い本当の意味で価値のある製品が求められていることがわかる。変わりやすい多様な需要に柔軟に対応するには，海外生産ではできない機敏性が必要である。これまでなかった革新的な生産方法を編み出し，競争力を強めなければならない。

　図10-11 は，衣浦湾に面する碧南市における都市計画図を示したものである。市西側の臨海部には工業地帯が広がっており，これが同市の産業において

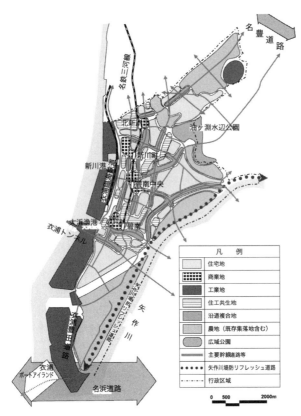

図10-11　碧南市における都市計画
出典：碧南市のウェブページ掲載資料（http://www.city.hekinan.aichi.jp/keieika/seisaku/sougoukeikaku5/sougoukeikaku_toshisangyou.pdf）をもとに作成。

て重要な位置を占める。一番南側には中部電力の碧南火力発電所があり，国内最大級の石炭火力発電機5基が電力を生み出している。その北側にはトヨタ自動車衣浦工場があり，約3,000人が自動車用のトランスミッションを生産している。自動車関係の工場はこのほかに豊田自動織機碧南工場，アイシン辰栄本社港南工場などがある。前者は自動車エンジンの生産，後者は自動車用の樹脂成形・塗装事業，プレス事業を行っている。さらにこれらとは別にステンレス鋼を生産している日新製鋼衣浦工場が1977（昭和52）年から操業している。同社は全国に8か所の工場を有し，多くの機械工業が必要とする高品質なステンレス板を供給してきた。衣浦臨海部に立地しているこれら工場群は，名古屋圏のものづくりを基盤的側面や中間部品の側面から支えている。

　衣浦湾に面した低平な土地が卓越する碧南では，漁業，農業，醸造業が伝統的な生業として営まれてきた。それが1970年代に臨海工業用地が生まれ

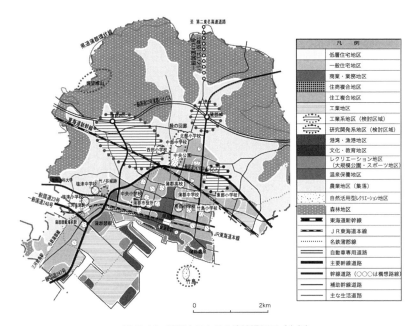

図10-12 蒲郡市における地域構想図（中部）
出典：蒲郡市のウェブページ掲載資料（http://www.city.gamagori.lg.jp/uploaded/attachment/27573.pdf）をもとに作成。

たのをきっかけに，現代的な工業や発電所が表に出るようになった。臨海部の工業発展はここだけでなく，図10-12に示すように，東三河の蒲郡市でも見られる。背後に丘陵地が迫る蒲郡では海岸部で都市形成が進んだが，三河湾を埋め立てて生まれた工業用地で新たな工業化が進められている。木材工業主体の以前の利用状況から，アイシンエィダブリュ蒲郡工場，積水ナノコートテクノロジー本社工場，ニデック工場など横文字名の企業工場へと，主役が移ってきた。これらの工場では，トランスミッション，カーナビ，機能性フィルム，眼科医療機器など高度な品質が求められる高付加価値製品が生産されている。とくにニデックは地元・蒲郡に本社を置き，市内に複数の工場を配して眼鏡・医療関係の工業製品を生産する先端企業である。三河湾に面する蒲郡は，漁網からテニスやバレーのネットへと時代に合わせて製品を変えてきた歴史をもつ。伝統的産業を進化させて新製品を生み出していく旺盛な企業家精神は，ここ蒲郡にもみとめられる。

4．都市の歴史を左右する企業，都市を支える文化の力

　海外では名古屋の知名度は低いが豊田は皆よく知っているということを耳にすることがある。もっともこの場合は，都市としての豊田ではなく，企業や自動車の名前としてのトヨタ（TOYOTA）である。それゆえ名古屋圏という名称も国内では通用しても，海外では無名扱いかもしれない。このことは，人の認知において都市名と企業名が別次元のものとみなされていることを示唆していて興味深い。トヨタという名前は自動車を世界市場へ送り出すことで広く知ってもらえるが，豊田という都市を輸出することは，当然のことながらできない。都市はあくまで企業を受け入れている容器であり，企業は必要とあらば容器から飛び出していく。容器そのものをほかへ移すことはできない。ここにはグローバル時代における自治体・地域と企業との微妙な関係が映し出されている。自治体や地域は，利益を求めて地球上のどこへでも出ていける企業のような行動はできない。

　あらためて都市地理学の学問としての役割を考えると，都市という地球上の特定の場所や空間の成り立ちに注目する一方，都市へ出入りする人，モノ，情報の動きにも目を凝らす学問である。人，モノ，情報が集まらなければ都市にはならないので，結局は同じ対象を別の角度から見ているといえる。人，モノ，情報の集積や出入りの多いところほど器も大きく，それは大都市や大都市圏と称される。名古屋圏は幸いそのような地位を獲得したが，それは人，モノ，情報の集積や移動が多かったからである。それを可能にした交通・通信インフラや生産・生活基盤の面的拡充が時間をかけて進められてきたことはいうまでもない。どの都市にも歴史があるが，近代以降は資本主義市場で利益を追求する企業の活動が都市の歴史を左右する働きをしてきた。たとえば，西三河の小藩にすぎなかった挙母で自動車が生産されるようになって以降，この地域一帯が劇的に変化していった過程を見れば，いかに企業が都市の歴史を大きく塗り替えていくかが理解できる。

　しかし，いまや世界一多くの自動車を生産するようになった企業も，中枢管理部門は発祥の地である豊田と圏域の中心都市・名古屋に構える姿勢を崩していない。国内の主力工場が名古屋圏に集まっていることを考えれば，本

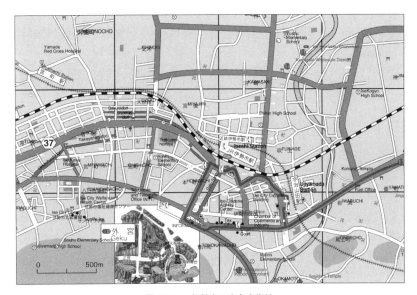

図10-13　伊勢市の中心市街地
出典：伊勢市観光協会のウェブ掲載資料（http://www.ise-kanko.jp/download/mapofise/p01.pdf）をもとに作成．

社機能を圏外に出す必要性はないのかもしれない．生産，販売のグローバル化が進んでいる今日，本社の位置を国内スケールで論ずるのは，あるいは的を射ていないのかもしれない．かりにこの企業の本社が圏外へ出れば，地域に与える影響は非常に大きいであろう．影響は経済的意味においてよりも，むしろ社会的意味においてである．企業は独力で今日の姿を獲得したかのように見えるが，実際は器である都市の土壌に支えられ養分を吸収しながら成長していった．この世の中に純粋な経済はなく，存在するのは社会，文化，政治的要素と強く絡み合った経済である．「企業城下町」という比喩的表現は単なる比喩ではなく，事実の一面を表している．

　企業集積が都市の姿を変えていく事例は数多い．しかしその一方で，企業とはあまり縁がなく，むしろ経済以外の力が働いて都市が維持されている事例もある．名古屋圏でいえば岐阜県の高山，三重県の伊勢などである（図10-13）．これらの都市では近世江戸期の天領時代に培われた歴史的文化，あるいはそれ以前から国家的スケールで保護されてきた宗教的文化が，いまも

なお多くの人々を惹きつけている。企業と都市や地域の結びつきとは異なる，民衆と都市との間の歴史的関係が地域を支えている。こうした関係も観光業という経済活動があってはじめて維持できるため，資本主義の枠内にあるという意味ではさきの企業都市と同じである。歴史や文化でさえ資源になる資本主義社会の中で，われわれは生きている。

コラム10
地理学の社会的発言力と政策的提言　－地理学計画論－

　地理学は伝統的に未来を語ることを避けてきた。応用的研究にも消極的であったといえる。未来学や応用科学は地理学とは違う別の学問の領域にあり，そこには踏み込まないという一種の不文律があった。しかし学問の社会的責任を考えると，アカデミックな領域にばかり閉じこもっているわけにもいかない。では地理学の学問的成果を背景に，地理学はどのような未来像を社会に対して示すことができるのか，あるいはいかなる応用的，実践的方法が提示できるのか。それに答えるには，地理学が社会をどのようにとらえているか，また社会をいかなる方向にもっていこうとしているか，それを示さなければならない。社会のとらえ方は，歴史的に変わってきた。地理学が変わったというより，対象である社会そのものが変化していったため，地理学も変わらざるを得なかったというのが実態に近い。地理学には自然的側面もあり，そのためか，イデオロギー・フリーすなわち，思想や哲学などとは関係がないという見方が以前はあった。しかし，少なくとも人文地理学は，イデオロギーとはまったく無関係の中立的学問とはいえない。研究者はそれぞれ個人的思想をもっている。

　個々の思想や信念に違いがあるとしても，都市や地域がより好ましい姿になっていくことを願うという点では，どの地理学者の思いも同じであろう。そのためには都市や地域を計画的に変えていく必要がある。何も手を打たずに放置すれば問題がますます悪化することは目に見えている。地理学は道路を建設したり橋を架けたりすることはできない。しかし，どこに道路をつくり橋を架けたら交通が便利になって都市や地域が発展するかは予想できる。予想は過去に起こった事実を調べることで，その手掛かりが得られる。過去の事実を積み上げることには地理学は慣れている。そこから導き出される傾向を踏まえながら向かうべき方向を考える。計画は過去の失敗から学び，失敗を繰り返さないよう配慮することから始まる。ニュータウンや企業団地は，無秩序な住宅や工場の密集がいかに外部不

経済を生んだかという歴史的事実の反省の上に打ち立てられている。

　計画はまた政策や資金がなければ実現しない。多くの計画は何らかの政策のもとで立てられ，具体的内容が決められていく。どの政策を優先すべきか，民主主義社会にあっては，選挙による民意を反映したものでなければならない。専制君主が独裁的につくらせた都市も，たしかに計画的に建設されてはいるが，そのようなことは今日では不可能である。選ばれた政策を実現するのにふさわしい計画案が専門家の手によってつくられ，実行に移されてゆく。ただし，政策を実行するための資金がなければ，計画案は絵に描いた餅でしかない。計画案の優劣を競うだけのコンペやコンクールなら許されるが，実現を期す計画であれば，資金計画も同時に用意しなければならない。

　こうした一連の流れから地理学は遠い位置にあるように思われる。政治学，財政学，都市計画学など，それぞれの専門家が活躍する領域に，地理学が口を挟むのは気がひける。しかし，このような姿勢はあまりにも自己抑制的，消極的ではないだろうか。政策立案の段階や計画案を考える局面で，地理学者が独自の見解を述べる機会は少なくないように思われる。実際，自治体による都市計画の作成や地域計画の審議会などの場で，主体的役割を果たしている地理学者は少なくない。都市や地域の課題を解決するためにはどのような政策が有効であり，具体的プランの中に何を盛り込むべきか，それを判断するための学問的資源を地理学はもっているからである。

引用文献

愛知環状鉄道20年史編纂委員会編（2008）：『愛知環状鉄道20年史』 愛知環状鉄道

愛知県地方計画委員会編（1982）：『愛知県地方計画－'80年代から21世紀へ向けて〈第5次〉』 愛知県

愛知県地方計画委員会編（1989）：『愛知県21世紀計画：第6次愛知県地方計画』 愛知県

愛知県地方計画委員会編（1998）：『新世紀へ飛躍～愛知2010計画』 愛知県

愛知県編（1986）：『第5次愛知県地方計画 61-63推進計画－地域づくりの重点課題と主要事業－』 愛知県

愛知県編（1993）：『愛知県営水道・工業用水道三十年史』 愛知県企業庁

愛知県編（2005）：『愛知用水二期事業支線水路工事誌』 愛知県

愛知地域学習研究会編（1989）：『愛知県の町や村 II』 荘人社

愛知東邦大学地域創造研究所編（2012）：『中部における福澤桃介らの事業とその時代』（地域創造研究叢書）唯学書房

愛知用水公団・愛知県編（1961）：『愛知用水史』 愛知用水公団

青木康邦（2005）：「公共交通転換に向けての名古屋市の取り組み」『運輸と経済』 第697号 pp.38～46

赤羽一郎（1983）：『常滑－陶芸の歴史と技法』 技報堂出版

朝日新聞社（2013）：『日本列島ハザードマップ－災害大国・迫る危機』 朝日新聞出版

朝元照雄（2010）：『台湾の経済発展－キャッチアップ型ハイテク産業の形成過程』 勁草書房

鯵坂 学・丸山真央・上野淳子【他】（2015）：「都心回帰」時代の名古屋市都心部における地域コミュニティの現状：マンション住民を焦点として」『評論・社会科学』 第113号 pp.1～106

安積紀雄（2005）：『営業倉庫の立地分析』 古今書院

阿部亮吾（2003）：「フィリピン・パブ空間の形成とエスニシティをめぐる表象の社会的構築－名古屋市栄ウォーク街を事例に」『人文地理』 第55巻 第4号 pp.307～329

飯塚昭三（2006）：『燃料電池車・電気自動車の可能性』 グランプリ出版

石垣富子（1968）：「名古屋市における都心地域の研究－特に地域限界の決定について」『地理学報告』 第30号 pp.35～40

石川勝也・石川恭子（2003）：「中部の産業遺産(15)JR武豊線の鉄道遺産(1)」『産業遺産研究』 第10号 pp.66～85

石黒正紀・林 上・吉津直樹（1973）：「名古屋大都市圏のサブエリア設定に関する研究」『人文地理』 第25巻 第5号 pp.31～58

井谷善惠（2009）：『オールドノリタケの歴史と背景－近代陶磁の至宝』 里文出版

市田 圭（2008）：「愛知県常滑市の近代産業景観にみられる色彩の継承」 名古屋大学環境学研究科修士論文

市南文一（1978）：「社会・経済的地域特性と地区間通勤人口流動とからみた名古屋大都市

圏の地域構造」『地理学評論』　第51巻　第7号　pp.545～563

伊藤徳男（1988）:『名古屋の街－戦災復興の記録』　中日新聞本社開発局

伊藤安男（2009）:『台風と高潮災害－伊勢湾台風』（シリーズ　繰り返す自然災害を知る・防ぐ〈第8巻〉）　古今書院

伊藤安男（2010）:『洪水と人間－その相剋の歴史』　古今書院

伊東祐朔（2013）:『終わらない河口堰問題－長良川に沈む生命と血税』　築地書館

伊藤禎樹（2014）:『伊勢湾地域古代世界の形成』　アットワークス

稲垣　稜（2003）:「大都市圏郊外のニュータウン出身者の移動行動－高蔵寺ニュータウンを事例に」『地理学評論』　第76巻　第8号　pp.575～598

井上喜久男（1991）:「尾張陶磁(2)－近世の瀬戸物生産」『愛知県陶磁資料館研究紀要』第10号　pp.56～65

岩崎公弥（1984）:「近世西三河地域における木綿流通の地域的展開」『歴史地理学紀要』第26号　pp.15～32

岩崎充博（2011）:「探訪　機械遺産の動態展示－トヨタテクノミュージアム　産業技術記念館」『繊維機械学会誌:せんい』　第64巻　第5号　pp.309～314

岩間信之（2011）:『フードデザート問題－無縁社会が生む「食の砂漠」』　農林統計協会

上田　昌（2000）:『日本大正村奮戦記　じいさん・ばあさんが町をおこした』　近代文芸社

浦田楠雄（1980）:『コンテナリゼーションと標準化』　成山堂書店

江口　忍（2006）:「モノづくり理想郷　強さの秘密は"学歴不問"」『週刊東洋経済』　第6013号　pp.70～72

江崎雄治（2006）:『首都圏人口の将来像－都心と郊外の人口地理学』　専修大学出版局

大垣市編（2001）:『大垣市マスタープラン』　大垣市

大垣市編（2008）:『大垣市史〈輪中編〉』　大垣市

大崎　晃（2012）:「近世木曽山林業の本伐仕出と商業資本：尾張藩林政享保改革前の仕出元締庄屋と材木商人」『徳川林政史研究所研究紀要』第47号　pp.17～39

大竹敏之（2010）:『名古屋の喫茶店』　リベラル社

大竹敏之（2015）:『名古屋めし』　リベラル社

大塚俊幸（2014）:「大都市圏郊外駅前地区におけるマンション居住世帯の日常生活行動：JR中央線勝川駅周辺を事例として」『人文学部研究論集』　第31号　pp.117～139

大野一英・林　鍵治（1986）:『鉄道と街・名古屋駅』　大正出版

大府市編（1989）:『大府市の商工業のあらまし』　大府市商工業振興対策協議会

大森一宏（2015）:『近現代日本の地場産業と組織化－輸出陶磁器業の事例を中心として』日本経済評論社

大矢佳之（2013）:「トヨタ自動車の創立期に見る挙母工場の立地要因(4)工業用水と河川水系を中心に」『東海学園大学研究紀要．社会科学研究編』　pp.19～49

岡本耕平（2000）:『都市空間における認知と行動』　古今書院

小川雅人・毒島龍一・福田　敦（2008）:『現代の商店街活性化戦略』　創風社

沖　利夫（1959）:『名古屋小売市場四十年史』　名古屋市経済局

奥野一生（2003）:『日本のテーマパーク研究』（ソフィア叢書）　竹林館

小田切徳美（2014）:『農山村は消滅しない』(岩波新書) 岩波書店

落合克吉（2007）:「世界発見・日本発見(30)知られざる犬山の魅力を探して−観光地と村里 」『地理』 第53巻 第3号 pp.104 ～ 108

柿野欽吾（1988）:「円高と地場産業−瀬戸陶磁器産地の場合」『中小企業季報』 第69号 pp.2 ～ 15

鹿島 洋（2004）「四日市地域における石油化学コンビナートの再編と地域産業政策」『経済地理学年報』 第50巻 第4号 pp.310 ～ 324

片平信貴編（1965）:『名神高速道路−日本のアウトバーン誕生の記録』 ダイヤモンド社

嘉藤良次郎・桑原 徹（1967）:「名古屋市付近の新第三系・第四系」『地質学会見学案内書』 日本地質学会

加藤淳子（1987）:『街道を歩く−愛知とその周辺』 中日出版社

金丸弘美（2002）:『伊賀の里 新農業ビジネスただいま大奮闘』 NAP

金森 亮・森川高行・倉内慎也（2010）:「LRT導入が中心市街地活性化に及ぼす影響分析−名古屋市への統合型交通需要予測モデルの適用にて」『都市計画論文集』 45号 pp.835 ～ 858

可児市編（1977）:『景観基本都市計画』 可児市

亀田忠男（2013）:『自動車王国前史−綿と木と自動車』 中部経済新聞社

刈谷市史編纂編集委員会（1990）:『刈谷市史』 刈谷市

苅谷智大・姥浦道生・石坂公一（2011）:「コミュニティ自治組織への行政による人的支援の実態と課題に関する研究」『都市計画論文集 』 第461号 pp.979 ～ 984

川本文彦（1997）:『街道への誘い−ふるさと守山物語』 風媒社

岸 茂夫（2013）:「岐阜・ソニー美濃加茂 1人の労働者も路頭に迷わせない」『労働総研クォータリー』 第91号 pp.17 ～ 19

岸野俊彦（2002）:『尾張藩社会の文化・情報・学問』 清文堂出版

郷土文化研究委員会編（1981）:『山なみ遙か商の道−中馬街道』 土岐青年会議所

日下英之（1987）:「尾張藩政期の瀬戸地方」『愛知県陶磁資料館研究紀要』 第6巻 pp.2 ～ 10

郡上おどり史編纂委員会編（1993）:『歴史でみる郡上おどり』 八幡町

久保倫子（2015）:『東京大都市圏におけるハウジング研究−都心居住と郊外住宅地の衰退』 古今書院

公文 寛（2000）:『夢をはぐくむ家庭教育−公文式がめざすもの』 くもん出版

桑原 徹（1975）:「濃尾傾動盆地の発生と地下の第四系」『愛知県地盤沈下研究報告書』 愛知県環境部

桑原 徹（1988）:「第四系 東海地域 濃尾平野地域」 日本の地質編集委員会編 『日本の地質5 中部地方II』 共立出版社

古池嘉和（2007）:『観光地の賞味期限−「暮らしと観光」の文化論』 春風社

小出保治（1951）:「枇杷島市場を通してみた名古屋の商圏−藩政時代−濃尾平野を中心とする経済地域の研究−1−」『商業経済論叢』 第25巻 第2号 pp.163 ～ 194

高阪 謙次（1973）:「名古屋城下町の都市構造について」『山口大学教育学部研究論叢. 第

1部、人文科学・社会科学』　第22号　pp.13 〜 23

購買行動研究会編（2007）：『消費者の購買行動の変化と小売業の進化－購買行動研究会報告書』　生協総合研究所

国際開発コンサルタンツ編（1994）：『一宮都市計画に関する基本的な方針　全体構想』一宮市

越中久春（1983）：「商店街近代化の課題と展望」『名古屋商工』　第39巻　第2号　pp.2 〜 14

五代　彰（1977）：「樹林から木材へ－17－尾張藩時代の木曽山の林政」『建築界』　第26巻　第11号　pp.84 〜 86

小林健太郎（1965a）：「東国　商業」藤岡謙二郎編　『日本歴史地理総説　中世編』　吉川弘文堂

小林健太郎（1965b）：「大名領国成立期における中心集落の形成－尾張平野の事例研究による検討」『史林』　第48巻　第1号　pp.87 〜 125

小林若菜（2015）：「イオンモール大高店における専門店構成と消費者の購買行動に関する研究」　中部大学人文学部歴史地理学科卒業論文

小牧市編（1996）：『小牧市　甦る街　小牧』　小牧市

近藤哲生・林　上編（1994）：『東海地方の情報と文化』　名古屋大学出版会

近藤隆雄（2003）：「サービス概念の再検討」『経営・情報研究』　第7号　pp.1 〜 15

紺野一彦（1988）：「地価下落を読む－東京・大阪・名古屋徹底調査　土地・マンションはどこまで値下がるか」『Next』　第5巻　第1号　pp.116 〜 113

酒井貞吉（2001）：「名古屋ガイドウェイバス・ゆとりーとライン」『鉄道と電気技術』　第13巻　第2号　pp.18 〜 21

坂口香代子（2009）：「美濃和紙あかりアート展－秋の夜長にうだつの上がる町並みで繰り広げられる「美濃和紙とあかり」の競演 」『中部圏研究 :調査季報 』　第168号　pp.81 〜 93

坂本紳二朗・松浦健治郎・浦山益郎（2006）：「愛知県常滑市「やきもの散歩道地区」の観光まちづくりにおける店舗集積に関する研究」『都市計画論文集』　第41号　pp.1025 〜 1030

酒川　茂（1984）：「通学区域研究の意義と問題点 」『地理科学』　第39　第1　pp.37 〜 41

佐藤　和（2009）：『日本型企業文化論－水平的集団主義の理論と実証』(慶應経営学叢書)慶應義塾大学出版会

沢井　実（2013）：『マザーマシンの夢－日本工作機械工業史』　名古屋大学出版会

志田　威（2012）：『「東海道五十七次」の魅力と見所』　交通新聞社東海支社

市町村合併・自治体自立研究会編（2009）：『合併を超えて自治体自立へ－東海地域の市町村合併と道州制構想』東海自治体問題研究所

四宮正親（2010）：『国産自立の自動車産業』（シリーズ　情熱の日本経営史〈4〉）　芙蓉書房出版

白井伸昂編（2011）：『愛知県謎解き散歩』（新人物文庫）　新人物往来社

引用文献

末田智樹（2010）：『日本百貨店業成立史－企業家の革新と経営組織の確立』（MINERVA現代経営学叢書）　ミネルヴァ書房

杉田　聡（2013）：『「買い物難民」をなくせ！－消える商店街、孤立する高齢者』(中公新書ラクレ)　中央公論新社

鈴木英雄（2001）：『勧工場の研究－明治文化とのかかわり』　創英社

鈴木安昭（1980）：「東京商工会議所における商業活動調整協議会の創始」『青山経営論集』第15巻　第3・4号　pp.301 ～ 307

須藤定久（1999）：「愛知県三州瓦と原料粘土」『地質ニュース』　第541号　pp.47 ～ 53

須藤定久・内藤一樹（2000）：「東濃の陶磁器産業と原料資源」『地質ニュース』　第553号　pp.33 ～ 41

戦災復興誌編集委員会編（1984）：『戦災復興誌』　名古屋市計画局

千田嘉博（1989）：「小牧城下町の復元的考察」『ヒストリア』　　第123号　pp.36 ～ 52

第3次愛知県地方計画委員会（1970）：『愛知県地方計画〈第3次〉』　愛知県

大東憲二（2015）：「濃尾平野の地盤沈下対策と地下水管理の現状」『地下水学会誌』　第57巻　第1号　pp.9 ～ 17

高崎哲郎（2010a）：『水の思想 土の理想－世紀の大事業 愛知用水』　鹿島出版会

高崎哲郎（2010b）：『評伝 石川栄耀－社会に対する愛情、これを都市計画という』　鹿島出版会

高橋　学（2003）：『平野の環境考古学』　古今書院

高橋勇人（2013）：「コーヒーチェーン スターバックスコーヒー コメダ珈琲店：家でも職場でもない「居場所」を求める消費者」『Chain store age ／ チェーンストアエイジ』第4巻　第9号　pp.50 ～ 53

高山英華編（1967）：『高蔵寺ニュータウン計画』　鹿島研究所出版会

多治見市編（1987）：『多治見市中心市街地活性化基本計画』　多治見市

多田文男・井関弘太郎（1989）：「濃尾平野の地形構造と地盤沈下」『駒澤地理』　第25号　pp.1 ～ 35

田中利彦（2004）：『ベンチャー支援と地域経済振興』　晃洋書房

中日新聞社編（2002）：『なごや十話』　中日新聞社

中部経済連合会交通委員会編（1989）：『名古屋圏における都市交通について－公共交通と自動車交通の望ましい機能分担をめざして』　中部経済連合会

中部空港調査会編（2005）：『空港調査を振り返って－国際拠点空港としての実現を期して：中部国際空港開港記念座談会』　中部空港調査会

中部国際空港株式会社編（2006）：『セントレア未来へ－中部国際空港開港記念誌』　中部国際空港

津市編（2000）：『津市都市マスタープラン』　津市

都築響一（1998）：「博石館(岐阜県)（珍日本紀行〔216〕）」『Spa！』　第47巻　第4号　pp.90 ～ 93

土井喜久一（1989）：「地域についての複数通勤圏の画定」『日本都市学会年報』　第23巻　pp.226 ～ 234

東海総合研究所編（1998）:『東海計画地図－ビジネス発想の大ヒント集』 かんき出版

遠山高志（2001）:『妻籠・明日への道』 妻籠を愛する会

土岐市美濃陶磁歴史館編（1985）:『美濃窯の1300年〈明治・大正・昭和のやきもの〉』 土岐市美濃陶磁歴史館

徳田耕一（2011）:『まるごと名古屋の電車 ぶらり沿線の旅－名鉄・地下鉄（名市交）ほか編』 河出書房新社

戸所 隆（2010）:『日常空間を活かした観光まちづくり』（地域づくり叢書） 古今書院

富澤拓志（2010）:「分工場依存型地域産業の課題」『地域総合研究』 第37巻 第2号 pp.23～36

富田和暁（2015）:『大都市都心地区の変容とマンション立地』 古今書院

豊川用水研究会編（1975）:『豊川用水史』 水資源開発公団中部支社

豊田市森林課（2007）:『矢作川流域森林物語』 豊田市

豊田市総務部編（1982）:『豊田市と自動車工業』 豊田市

豊橋市編（2003）:『豊橋市基本構想・基本計画』 豊橋市

豊橋市編（2014）:『第2期豊橋市中心市街地活性化基本計画』 豊橋市

中川区制50周年記念事業実行委員会編（1987）:『中川区誌』 中川区役所

中川武夫（1987）:「名古屋都市高速道路－市民生活の破壊」『交通権』 第5号 pp.20～23

中川雅之（2008）:『公共経済学と都市政策』 日本評論社

長崎 香（2005）:「東部丘陵線（リニモ）の開業」『Subway』/ 第153号 pp.14～20

中田裕二（2009）:『やっぱり一戸建てに住みたい！－後悔したくないあなたのための家選び』 幻冬舎

中野尊正（1956）:『日本の平野－沖積平野の研究』 古今書院

中村茂子（2003）:『奥三河の花祭り－明治以後の変遷と継承』 岩田書院

中村 精（1983）:「名古屋合板工業史」『アカデミア 経済経営学編』 第80号 pp.97～139

中村栄孝（1971）:『清洲城と名古屋城－織田・豊臣から徳川へ』 吉川弘文館

名古屋港開港百年史編纂委員会編（2008）:『名古屋港100年史』 名古屋港管理組合

名古屋港管理組合総務部振興課編（1981）:『名古屋港と地域経済』 名古屋港管理組合

名古屋港管理組合編（1985）:『名古屋港木材取扱施設調査』 名古屋港管理組合

名古屋港管理組合編（1989）:『名古屋港のあらまし』 名古屋港管理組合

名古屋港史編集委員会編（1990）:『名古屋港史 港勢編』 名古屋港管理組合

名古屋高速道路協会編（1991）:『名古屋高速道路公社二十年史』 名古屋高速道路協会

名古屋高速道路公社40年史編集委員会編（2012）:『名古屋高速道路公社四十年史』 名古屋高速道路公社

名古屋市計画局編（1987）:『名古屋市都市景観基本計画』 名古屋都市整備公社

名古屋市計画局編（1991）:『復興土地区画整理事業のあらまし』 名古屋市

名古屋市経済局編（1989）:『産業の名古屋'89』 名古屋市

名古屋市経済局編（1991）:『産業の名古屋'91』 名古屋市

名古屋市建設局編（1957）：『名古屋都市計画史　上巻』　名古屋市

名古屋市交通局50年史編集委員会編（1972）：『市営五十年史』　名古屋市交通局

名古屋市産業振興懇談会編（1987）：『産業活性化計画』　名古屋市

名古屋市市民経済局編（2001）：『産業の名古屋』　名古屋市

名古屋市住宅局まちづくり企画部編（2011）：『名古屋市歴史まちづくり戦略』　名古屋市

名古屋市消防局防災部防災室編（2001）：『東海豪雨水害に関する記録』　名古屋市

名古屋市中小企業センター編（1978）：『大須地区広域商業診断報告書』　名古屋市

名古屋市博物館編（1990）：『旅と街道』　名古屋市博物館

名古屋市編（1954a）：『大正昭和名古屋市史　第5巻　金融交通編』　名古屋市

名古屋市編（1954b）：『大正昭和名古屋市史　第4巻　商業編下』　名古屋市

名古屋市編（1955）：『大正昭和名古屋市史　第9巻　地理編』　名古屋市

名古屋市編（1959）：『名古屋城史』　名古屋市

名古屋新幹線公害訴訟弁護団（1996）：『静かさを返せ！－物語・新幹線公害訴訟』　風媒社

名古屋宣言刊行委員会編（1992）：『ポスト産業都市への選択』　名古屋宣言刊行委員会

名古屋大都市圏研究会編（1993）：『図説　名古屋圏』　古今書院

名古屋鉄道（1994）：『名古屋鉄道百年史』　名古屋鉄道株式会社

名古屋都市センター編(2006)：『人口減少・環境重視時代における名古屋の都市行政のあり方に関する基礎研究：名古屋都市圏における名古屋市の位置づけ』　研究報告書　第69号

成瀬　洋（1984）：「熱田層・熱田面および濃尾傾動地塊運動についての一考察」『大阪経大論集』　第158号　pp.17 ～ 39

成瀬　洋（1985）：「河成堆積平野の種々相－濃尾平野」　貝塚爽平・成瀬　洋・太田陽子編　『日本の平野と海岸』　岩波書店

西岡久雄（1993）：『立地論』増補版　大明堂

西口晴紀（2008）：「空港商業に新しい価値を創造する中部国際空港「セントレア」」『SC Japan today』　第411号　pp.17 ～ 19

西口美津子・水上裕之（2010）：「わが国の国際戦略港湾構想に関する一考察」『日本航海学会誌』　第174号　pp.5 ～ 11

西枇杷島町史編纂委員会編（1964）：『西枇杷島町史』　西枇杷島町

西別府順司（2011）：『名古屋港と三大運河－水運から見た名古屋開府400年』　中日出版社

西村昌夫・加藤靖慶（1979）：「大都市近郊の小都市の開発をめぐる諸問題－愛知県尾張旭市の場合」『名古屋学院大学論集．社会科学篇』　第16巻　第1号　pp.235 ～ 278

日刊工業新聞名古屋支社編（1989）：『デザインが企業を変える』　日刊工業新聞社

日本経済新聞社編（1990a）：『銀行　再編・淘汰の時代－生き残るのは誰か』　日本経済新聞社

日本経済新聞社編（1990b）：『大店法が消える日』　日本経済新聞社

日本林業経済新聞社編（1963）：『日本の合板工業』日本林業経済新聞社

沼尻晃伸（1995）：「戦間期日本の土地区画整理事業と都市計画－名古屋市の事例を中心として」『土地制度史學』　第38巻　第1号　pp.287 ～ 300

野俣光孝（2015）：「運輸政策トピックス 昇龍道プロジェクトの推進：中部北陸9県連携による訪日外国人誘致促進」『運輸政策研究』 第18巻 第2号 pp.38 ～ 43

野元弘幸（2003）：「日系ブラジル人の子ども・大人たちを支える教育協同の輪－愛知県豊田市保見団地でのとりくみ」『教育』 第53巻 第3号 pp.54 ～ 59

服部由美（2015）：「愛知・名古屋の味噌・酒醸造業：和食の「無形文化遺産」登録，「地理的表示」保護制度と共に」『知財ぷりずむ：知的財産情報』 第155号 pp.11 ～ 20

馬場俊介（1991）：「愛知の埋立－濃尾平野南部の干拓と名古屋港築港」『土と基礎：地盤工学会誌』 第39巻 第1号 pp.29 ～ 36

林 上（1974）：「地域間自動車交通流からみた名古屋大都市圏の機能地域構造」『地理学評論』 第47巻 第5号 pp.566 ～ 589

林 上（1979）：「名古屋市を中心とする小売業の地域的動向」『名古屋商工』 第35巻 第21号 pp.2 ～ 18

林 上（1985）：「瀬戸地域における陶磁器産業の地域的分布」 小林 茂編『瀬戸陶磁器業の研究－その伝統性と近代化－』 名古屋学院大学 大学院事務室地域科学研究所

林 上（1986）：『中心地理論研究』 大明堂

林 上（1989）：「名古屋市都心部における事務所ビルの立地と入居事業所の集積分布」『地理学評論』 第62巻 第8号 pp.566 ～ 589

林 上（1991a）：『都市の空間システムと立地』(現代都市地理学〈1〉) 大明堂

林 上（1991b）：「名古屋市における繊維産業の発展過程と立地現況」『日本文化の構造と異文化変容システム』 名古屋大学教養部 pp.187 ～ 230

林 上（1997a）：「近代初期名古屋における交通体系と都市構造」『情報文化研究』 第5号 pp.173 ～ 197

林 上（1997b）：「近代名古屋における港湾の建設と港湾業務の展開」『情報文化研究』 第6号 pp.97 ～ 114

林 上（2000a）：『近代都市の交通と地域発展』大明堂

林 上（2000b）：「近代名古屋における電鉄事業の地域的展開」『情報文化研究』 第12号 pp.53 ～ 80

林 上（2001）：「岐阜県土岐市における伝統的商業地区の衰退とその対策」『情報文化研究』 第13号 pp.37 ～ 63

林 上（2002）：「愛知県春日井市における市民ボランティア活動の地域的展開」『情報文化研究』 第16号 pp.103 ～ 124

林 上（2003）：「大都市における中量軌道システムHSSTの開発と事業化の過程」『日本都市学会年報』 第37巻 pp.214 ～ 219

林 上（2004）：『現代都市地域論』 原書房

林 上（2007）：『都市交通地域論』 原書房

林 上（2008）：『社会経済地域論』 原書房

林 上（2010a）：『現代社会の経済地理学』 原書房

林 上（2010b）：「国際見本市への出展やデザイン開発を重視した陶磁器の地域ブランド

形成」『日本都市学会年報』　第43巻　pp.13 〜 19

林　上（2012a）:『現代都市地理学』　原書房

林　上（2012b）:「名古屋港におけるロジスティクス指向企業の立地」『港湾経済研究』
　　第50号　pp.43 〜 54.

林　上（2013）:「大都市主要鉄道駅の進化・発展と都市構造の変化：名古屋駅を事例として」
　　『日本都市学会年報』　第46巻　pp.33 〜 42

林　上（2014）:『都市と経済の地理学』　原書房

林　上（2015a）:『都市サービス空間の地理学』　原書房

林　上（2015b）:「自動車生産・販売のグローバル化にともなう 愛知県内諸港の自動車輸出・
　　輸入の変化」『港湾経済研究』　第53号　pp.69 − 80.

林　上・伊藤善和（1976）:「愛知県一宮都市圏における中心地の地域構造」『人文地理』
　　第28巻　第6号　p.589 〜 620

林　上・新美陽子（1998a）:「愛知県における救急医療体制と救急医療情報システムの地
　　域的展開」『情報文化研究』　第7号　pp.71 〜 96

林　上・新美陽子（1998b）:「愛知県における救急医療サービスの空間的供給システム」
　　『経済地理学年報』　第44巻　第3号　pp.165 〜 185

半田市編（2001）:『半田市ふるさと景観』　半田市

樋口　清（1983）:「ニュータウンの思想とデザイン」『地理』　第28巻　第9号　pp.7 〜
　　14

日野正輝（1996）:『都市発展と支店立地−都市の拠点性』　古今書院

平出義則・園田賢吾・兼田敏之（2001）:「名古屋都心部・碁盤割地区における空間利用の
　　推移に関する分析」『日本建築学会計画系論文集』　第543号　pp.195 〜 200

福田泰雄（1993）:『土地の商品化と都市問題』　同文舘出版

藤田佳久（1995）:「豊川下流域における霞堤の成立条件およびその改廃と土地利用−豊川・
　　霞堤の研究−1−」『愛知大学綜合郷土研究所紀要』　通号40　pp.91 〜 121

藤本建夫（1992）:『東京一極集中のメンタリティー』（Minerva21世紀ライブラリー〈1〉）
　　ミネルヴァ書房

朴　恵淑編（2013）:『四日市公害の過去・現在・未来を問う−「四日市学」の挑戦』　風
　　媒社

馬　静（2006）:「名古屋で開かれた第10回関西府県連合共進会（1910年）−『実業之日本』
　　の記事などを中心に」『東海近代史研究』　第27号

牧野内猛（1988）:「第四系　東海地域　概説」　日本の地質編集委員会編　『日本の地質5
　　中部地方II』　共立出版社

町田　貞・太田陽子・田中真吾・白井哲之（1962）:「矢作川下流域の地形発達史」『地理
　　学評論』　第35巻　pp.29 〜 48

町田雅子（2008）:「名古屋の文化を支える駄菓子。「菓子撒き」から「大人買い」へ」『週
　　刊東洋経済』　第6143号　pp.132 〜 133

松原義継（1966）:「名古屋の臨海工業地域」　伊藤郷平監修『愛知県の地理』　光文館

松原義継（1995）:「美濃の堤防は、尾張御囲堤より3尺低かるべしの世評は、信憑性があ

るのか」『名古屋地理』　第8号　pp.1～3

松宮　朝・加藤 歩（2013）:「にっぽんど真ん中祭りと愛知の祭り文化」『人間発達学研究』
　　　第4号　pp.65～70

松村久美秋（2000）:「東海地域研究学園都市のゆくえ」『都市開発研究』　第5号　pp.41
　　　～56

松村秀一（1999）:『「住宅」という考え方－20世紀的住宅の系譜』　東京大学出版会

三浦昌生（2005）:「商業地域におけるマンションの日照問題の現状と課題」『設備と管理』
　　　第39巻　第6号　pp.31～36

三浦孝夫（2008）:「負のスパイラルにどう歯止めをかけるか 貨物が出ても増えないセン
　　　トレア積み」『Cargo』　第25巻　第5号　pp.2～5

水谷眞理編（2015）:『豊川海軍工廠の記録－陸に沈んだ兵器工場』第二刷復刻改訂版　こ
　　　れから出版

水谷研治（2005）:『世界最強 名古屋経済の衝撃』（講談社プラスアルファ文庫）　講談社

宮崎義一（1988）:『ドルと円－世界経済の新しい構造』（岩波新書〈37〉）岩波書店

宮下一男（1993）:『臥雲辰致－ガラ紡機100年の足跡をたずねて』　郷土出版社

宮地英敏（2008）:『近代日本の陶磁器業－産業発展と生産組織の複層性』　名古屋大学出
　　　版会

山崎　健（1984）:「オフィス立地研究の動向と課題」『人文地理』　第36巻　第1号
　　　pp.22～38

山田健一朗（2010）:「コミュニケーションツールとしての「コスプレ」－『世界コスプレ
　　　サミット2009』見聞記」『Juncture : 超域的日本文化研究』　第1号 pp.246～248

山本耕一（1986）:『美人の町・犬山』　沢田造景研究所

吉井妙子（2015）:『音楽は心と脳を育てていた－ヤマハ音楽教室の謎に迫る』　日経BP社

吉崎誠二:（2011）『行列ができる奇跡の商店街』（青春新書INTELLIGENCE）　青春出版
　　　社

吉田貞雄（1994）:『新・安売り哲学－価格破壊時代へのチャレンジ』　中経出版

吉田史郎（1990）:「東海層群の層序と東海湖盆の古地理変遷」『地質調査所月報』　第41
　　　巻　第6号　pp.303～340

四日市港管理組合編（2000）:『四日市港開港百年史』　四日市港管理組合

米山俊直（2000）:「都市祭礼と地域社会の活性化－半田市の山車まつりを例として」『生
　　　活学』　第24号　pp.24～41

和木保満（1987）:『天翔ける鋼－大同特殊鋼と石井健一郎』　中部経済新聞社

鷲巣　力（2008）:『公共空間としてのコンビニ－進化するシステム24時間365日』（朝日選書）
　　　朝日新聞出版

渡部新三（1989）:「名古屋都市圏の公共交通史の変遷」『土木学会論文集』　第407号
　　　IV－11 pp.1～10

Berry, B. and Parr, J. (1988): *Market Centers and Retail Location :Theory and Applications.*
　　　Prentice Hall, Englewood Cliffs, New Jersey. 奥野隆史・鈴木安昭・西岡久雄訳（1992）:『小

売立地の理論と応用』大明堂

Bird, J. (1977): *Centrality and Cities.* Routledge and Kegan Paul, London.

Chorley, R.J. and Haggett, P. (eds.) (1967): *Models in Geography.* Methuen, London.

Christaller, W. (1933): *Die zentralen Orte in Süddeutschland : eine ökonomisch□geographische Untersuchung über die Gesetzmäßigkeit der Verbreitung und Entwicklung der Siedlungen mit städtischen Funktionen.* Gustav Fischer, Jena. 江沢譲爾訳（1971）：『都市の立地と発展』大明堂

Coe, N. M., Kelly, P. F. and Yeung, H. W. C. (2007): *Economic Geography: A Contemporary Introduction.* Blackwell Publishing, Malden, Massachusetts.

Graham, S and Marvin, S. (1997): *Telecommunications and the City: Electronic Spaces, Urban Places.* Routledge and Kegan Paul, London.

Hanink, D. M. (1997): *Principles and Applications of Economic Geography.* John Wiley, New York.

Harvey, D. (1985): *The Urbanization of Capital: Studies in the History and Theory of Capitalist Urbanization.* Blackwell Publishers, Oxford. 水岡不二雄監訳（1991）：『都市の資本論－都市空間形成の歴史と理論－』青木書店

Hayter, R. and Patchell, J. (2011): *Economic Geography: An Institutional Approach.* Oxford University Press, Oxford.

Horwood, E. and Boyce, R. R. (1959): *Studies of the Central Business District and Urban Freeway Development.* University of Washington Press, Seattle.

Knox, P. and Pinch, K. (2006): *Urban Social Geography: An Introduction.* Pearson Education. 川口太郎・神谷浩夫・中澤高志訳（2013）：『都市社会地理学』改訂新版（大学の地理学）古今書院

Pacione, M. (2009): *Urban Geography: A Global Perspective.* 3rd edition. Routledge, London.

Yeates，M. H. (1998): *The North American City,* 5th edition. Longman, New York.

図表一覧

第1章　図1-1　東京，大阪への電話発信率（1991年）
　　　　　図1-2　平野とその周辺の地形（第四紀層）
　　　　　図1-3　矢田川累層堆積期（鮮新統中〜後期）の古地理（想像図）
　　　　　図1-4　尾張傾動地塊の模式図
　　　　　図1-5　濃尾平野の地形
　　　　　図1-6　名古屋周辺の地形
　　　　　図1-7　犬山市中心部における市街地の地形条件
　　　　　図1-8　中世の尾張平野における村落市場
　　　　　図1-9　西三河西部地域の地形面区分
　　　　　図1-10　東濃西部・瀬戸地域における窯業産地
　　　　　図1-11　岐阜市長良川周辺の新旧比較
　　　　　図1-12　豊川の霞堤と豊川放水路
　　　　　図1-13　江戸時代における枇杷島市場への青物出荷圏
　　　　　図1-14　一宮都市圏における集落の階層的分布（1970年）

第2章　図2-1　近世の主要な交通路と都市
　　　　　図2-2　熱田から桑名への海上絵図
　　　　　図2-3　現在の名古屋市域内における旧街道
　　　　　図2-4　名古屋〜多治見間の下街道と中央本線建設計画ルート（1894年頃）
　　　　　図2-5　江戸時代の三重県北勢・中勢・南勢地方の領域
　　　　　図2-6　名古屋市市街地の発展過程
　　　　　図2-7　名古屋港第1期工事計画図
　　　　　図2-8　中川運河の開削計画
　　　　　図2-9　名古屋とその周辺の道路（明治10年頃）
　　　　　図2-10　近代名古屋における工業の新規立地過程
　　　　　図2-11　名古屋市内の製材・製函工場と貯木場（1933年）
　　　　　図2-12　明治期・名古屋における集落の分布
　　　　　図2-13　明治期・名古屋の市街地（1909年頃）
　　　　　図2-14　豊川海軍工廠とその跡地利用

第3章　図3-1　名古屋市における戦災消失箇所と復興土地区画整理施工区域
　　　　　図3-2　名古屋市の戦後復興と合併した周辺市町村
　　　　　図3-3　名古屋市における各種土地区画整理事業の展開
　　　　　図3-4　愛知県による桃花台ニュータウンの全体計画
　　　　　図3-5　愛知県が開発した工業用地（1982〜88年）
　　　　　図3-6　都市計画審議会第5号答申路線（1961年）

	図3-7	都市計画審議会第14号答申路線（1972年）
	図3-8	リニアモーターカー東部丘陵線のルートと海抜高度
	図3-9	名古屋圏の主な鉄道交通（1992年）
	図3-10	名古屋市の都市高速道路計画路線
	図3-11	伊勢湾岸道路，第二東名・名神自動車道計画図
	図3-12	名古屋港における埠頭と機能
	図3-13	名古屋港に対する貨物輸出依存状況の変化
	図3-14	中部国際空港の立地選定候補地
	図3-15	航空機製造工場から中部国際空港への製品輸送ルート
	図3-16	濃尾平野における地盤沈下状況
	図3-17	愛知用水第2期事業計画図（略図）
	図3-18	中部電力の発電所と送電線の分布（2001年）
	図3-19	名古屋圏におけるガス供給範囲
第4章	図4-1	愛知県における製造業発展の系譜
	図4-2	愛知県の工業用水事業
	図4-3	岡多線の開業と愛知環状鉄道の建設計画
	図4-4	豊田市における工場の分布
	図4-5	名古屋市における主要工場と工業集積地域（1983年）
	図4-6	輸出入コンテナ貨物の港湾別利用状況（2013年）
	図4-7	瀬戸市・尾張旭市における製品別陶磁器生産事業所の分布
	図4-8	名古屋圏における研究開発型プロジェクト
	図4-9	名古屋市都心部におけるオフィス事業所の分布（1984年）
	図4-10	名古屋市都心部における企業・銀行・オフィスなどの分布（1987年）
	図4-11	小牧市における倉庫の分布（2002年）
	図4-12	名古屋圏における主要製造業の分布
	図4-13	刈谷市の都市構造
	図4-14	岐阜県可児市の中核工業団地
	図4-15	大垣市のソフトピアジャパンにおける企業配置
	図4-16	三重県におけるフラットパネルディスプレイ産業の分布
第5章	図5-1	近代初期・名古屋の市街地構造（明治20年代）
	図5-2	名古屋市・南大津通の改修前（左図）と改修後（右図）
	図5-3	近代・名古屋における食品小売市場と卸売市場の分布（1937年）
	図5-4	近代・名古屋市内の商店街分布（1930年代）
	図5-5	豊橋市中心市街地における商業地域
	図5-6	愛知県一宮市の繊維卸売業団地
	図5-7	名古屋市内における卸売業の分布（1970年代）
	図5-8	愛知県における主な大規模小売業の店舗分布（2013年）

	図5-9	土岐市駅前における商店街の空き店舗
	図5-10	大須を中心とする名古屋市内の主要商業地域の概況
	図5-11	名古屋市における大型小売店舗と商店街（1985年）
	図5-12	名古屋市における商業中心地の分布
	図5-13	名古屋市における学区別小売業販売額シェアの変化
	図5-14	多治見市内の商店街
	図5-15	愛知県内にあるモール型ショッピングセンターの店舗レイアウト事例

第6章　図6-1　名古屋市における産業別就業者数の推移
　　　　　図6-2　名古屋市におけるソフトウエア事業所の分布
　　　　　図6-3　愛知県における第2次，3次救急医療機関の配置（1997年）
　　　　　図6-4　稲沢市における一般診療所・歯科診療所の分布
　　　　　図6-5　瀬戸市中心部における陶磁器関連の観光サービス施設
　　　　　図6-6　春日井市の介護サービスセンターでボランティア活動をする人の居住分布
　　　　　図6-7　名古屋市における金融機関の店舗分布（愛知銀行の場合）
　　　　　図6-8　中部国際空港（セントレア）の4階スカイタウン
　　　　　図6-9　三重県伊賀地域の地形環境と自然公園
　　　　　図6-10　日本大正村の施設配置

第7章　図7-1　名古屋駅を中心とする住宅地価
　　　　　図7-2　高蔵寺ニュータウンの住宅地と施設配置
　　　　　図7-3　大垣市の住宅戸数密度
　　　　　図7-4　伊勢湾台風による決壊箇所と浸水状況図
　　　　　図7-5　鉄道によるパーソントリップのゾーン間，ゾーン内移動割合（2001年）
　　　　　図7-6　名古屋市の小学校区（2007年）
　　　　　図7-7　名古屋市におけるコンビニエンスストアの分布（2006年）
　　　　　図7-8　岡崎市中心部の施設配置
　　　　　図7-9　大府市の都市構造
　　　　　図7-10　一宮市の市街化調整区域内マンション
　　　　　表7-1　高校生の卒業後の進路状況（2008年）

第8章　図8-1　名古屋城下町の土地区画（17世紀初頭）
　　　　　図8-2　尾張旭市におけるコミュニティ施設の配置（2004年）
　　　　　図8-3　高蔵寺ニュータウンにおける小学校の統合過程
　　　　　図8-4　名古屋市内を走行する東海道新幹線の速度・騒音の測定(2013年)
　　　　　図8-5　可児市における住宅団地，工業団地の分布
　　　　　図8-6　高蔵寺ニュータウンのサービスインダストリー地区
　　　　　図8-7　矢作川水系と流域

	図8-8	瀬戸市南部・海上の森（略図）
	図8-9	春日井市でボランティアを受け入れている福祉関係施設
	図8-10	岐阜県土岐市における下街道沿いの歴史を生かしたまちづくり
	図8-11	美濃市におけるハザードマップ（市内中心部）
	表8-1	全国と名古屋圏における在住外国人（2006年）
第9章	図9-1	三重県北勢・中勢・南勢地方の方言
	図9-2	碧南地方における瓦生産と地質条件との関係
	図9-3	郡上八幡市の郡上踊り会場案内図（略図）
	図9-4	高山市における伝建地区内保存会と景観保存区域内保存会
	図9-5	中津川市内における栗きんとん販売の菓子店
	図9-6	一宮市内におけるモーニングサービス喫茶店の分布
	図9-7	常滑焼産地の「やきもの散歩道」地区
	図9-8	半田市における山車祭りのある地区と神社
	図9-9	ヤマザキマザック美濃加茂工場の配置（略図）
第10章	図10-1	小牧市中心部における土地利用計画図
	図10-2	津市の土地利用計画
	図10-3	長久手市における土地利用構想図
	図10-4	江戸時代（18世紀中期）の名古屋市街地
	図10-5	名古屋駅周辺の市街地（明治39年頃）
	図10-6	名古屋港の拡張過程と埠頭配置
	図10-7	豊橋市における土地区画整理事業
	図10-8	名古屋港中央部付近の埠頭の配置
	図10-9	JR東海名古屋駅のリニア中央新幹線ホーム（想定図）
	図10-10	桑名市における土地利用構想図
	図10-11	碧南市における都市計画
	図10-12	蒲郡市における地域構想図（中部）
	図10-13	伊勢市の中心市街地

●事項さくいん（50音順）

あ

アーバンブライト　163
アイカ工業　　　　64
アイシンエィダブリュ　297
アイシン辰栄　296
アイシン精機　70, 137
愛知県企業局 112
愛知県地方計画　79, 80, 81, 82, 89
愛知航空機　　　70
愛知製鋼　　　70, 111, 112, 137
愛知電燈　66
愛知時計製造　63, 64
愛知時計電機　64, 70
愛知万博（愛・地球博）　82, 86, 87, 95, 126,
　　196, 281
愛知紡績　　　　59
赤味噌文化圏　256
秋田組　66
浅野吉次郎　　64
旭大隈　70
旭兵器　70
足利氏　39
アセンブリー産業　184
熱海ガス　　　　106
アピタ　161
尼崎紡績　59
アメ横電気屋街　163
荒川車体　117
淡路瓦　257

い

イオン　　　　　161
石川栄耀　　　77, 287
石川島播磨重工業　116
伊勢湾台風　　36, 210, 250
一色氏　39

一宮紡績　　　59
伊藤呉服店　145, 146, 148
イトーヨーカドー　161
稲葉三右衛門　56
犬山ガス　105
イノベーション　180, 182
異文化理解　275
今川氏　39
入会地　207, 239
インターネット　31, 72, 134, 182, 183, 184,
　　187, 217, 219, 231, 261

う

埋立事業　　　79

え

影響圏　8, 49, 211
江戸幕府　45
NC（Numeric Control）旋盤　272

お

欧米列強　50
応用科学　300
OEM　181
大垣ガス　105
大隈鉄工　63, 70
大阪ガス　106
大阪紡績　59
大須大道町人祭　163
桶狭間の戦い　39
織田氏　39
織田信長　39, 283
オフィスオートメーション　182
オリエンタル中村　152
尾張氏　53
尾張徳川家　220
尾張時計製造　63
尾張紡績　59
尾張名所図会　145
温帯モンスーン気候　96

317
さくいん

御嶽山噴火　　　　36

か

海岸線　　　　14, 15, 18, 110, 255
開港場　　　　56, 71
海進現象　　　　14
ガイドウェイバス　　　85, 281
外部不経済　　　　300
外貿公団埠頭法　　　120
外洋クルーズ船　　　290
臥雲辰致　　　　60
河岸段丘　　　22, 62, 138, 243, 249
河況係数　　　　26
花崗岩　　　　24
加工貿易体制　　　90
笠寺ハイテク企業団地　　123
霞堤　　　　26, 27
金森氏　　　　45
鎌倉時代　　　39, 40, 259
からくり時計　　　63
ガラ紡　　　　60, 61
ガラ紡船　　　　61
火力発電所　　　102, 103, 296
河合機械製作所　　　63
灌漑事業　　　　47
環境可能論　　　35, 36
環境決定論　　　35, 36
観光空間　　　　197
勧工場　　　　146, 147
関西水力電気　　　69
関西鉄道　　　　50
関西電気　　　69, 102, 103
関西電力　　　　69
環状道路　　　87, 89, 90
完新世　　　　15
関東大震災　　　60
ガントリークレーン　91, 120
関門（ゲートウェイ）　46

き

議会制民主主義　244

企業家精神　　　58, 297
企業サービス　　178, 179, 180, 182, 184,
　　191, 194, 195
企業団地　　　21, 123, 138, 139, 140,
　　142, 155, 300
企業文化　　267, 270, 271, 273, 290
帰属意識　　　230, 231, 232
木曽電気興業　　　69
喫茶店文化　　　265, 266
岐阜近鉄百貨店　　152
岐阜乗合自動車　　152
九州電燈鉄道　　　69
居住空間　　　20, 174, 175, 219, 220,
　　226, 235
清洲越し　　　229, 283
巨大地震　　　　36
吉良氏　　　　39
金元社　　　　63

く

空間認識　　　　177
空中写真　　　　72
区画整理事業　76, 77, 153, 282, 287, 288,
　　289
郡上踊り　　　259, 260
久野庄太郎　　　98
クリスタラー　　31, 33, 34
クリスタルバレー　141
軍事国家体制　　　49
軍需工廠　　　70, 71
軍需都市　　　70, 71

け

景観保存区域内保存会　262
経済圏　　　　47
経済立地論　　　177
研究開発型産業　82, 295
研究学園都市　124, 295
原子力発電所　102, 103
建築様式　　　257

県庁所在都市　126, 152
県土計画　276

こ

広域中心都市　127, 133
郊外第二世代　207
公害問題　100, 117, 123, 136, 137,
　192, 236, 239, 240
工業再配置促進法　117
工業用水　21, 22, 98, 99, 111 ～ 113,
　238, 243
更新世　15
洪積台地　15, 16, 20, 27, 53, 99, 208,
　243
洪積世　15
構造改革　106, 141
構造盆地　255
構造論的アプローチ　107
合同ガス　105
高度経済成長期　33, 98, 124, 125, 140, 154,
　178, 206, 230, 236, 238, 243, 278, 290
合板製造技術　48
高付加価値化　61, 81
広幅員道路　76, 78, 82
郷里制　38
港湾運送業等統制令　66
国衙領　39
国際戦略港湾構想　291
国際超電導産業技術センター　123
国際デザインセンター　123
国勢調査　212
国土計画　276, 295
コジェネレーション・システム　105
国家総動員法　69
こども未来館　153
碁盤割　283, 284, 285, 286
古墳時代　38
小牧・長久手の戦い　281
コミュニティ　228 ～ 233, 235, 236, 238,
　239, 241 ～ 251, 258

米騒動　148, 149
御用窯　24, 30, 48, 57
御料林　48
コンテナリゼーション　119, 290
近藤寿市郎　98
コンビニエンスストア 132 , 165, 166, 218,
　233
コンベンションビューロー 260

さ

サークルK　166, 167
サービスインダストリー地区 240
サービス空間　178, 193 ～ 197, 199
サービス経済化　123, 128, 175, 224
サイエンスパーク　124
最終氷期　15
財政学　301
サカエヤデパート　148
札仙広福　127, 133
里山　241, 243
三角州　14, 15, 17, 18, 25, 38
産業革命　3, 47, 58, 278
産業技術首都　81
三州瓦　257
三川分流工事　25
産地卸売業　154, 155, 157
三和銀行　125

し

G型自動織機　62
JR東海　82, 85, 126, 127, 143, 175,
　195, 224, 248, 292
JR東海・高島屋百貨店　　175
ジェントリフィケーション　225
市街化区域　224, 289
市街化調整区域　224, 225, 289
市場経済　193, 230, 231
市場取引　44, 107
静岡ガス　106
システム論　106

319
さくいん

時盛社　　　　　　63
自然地理学　　　　11, 13
自然堤防　　　　　20, 72, 208, 220
自然村　　　　　　228
支店経済都市　　　126, 133, 224
地頭　　　　　　　39
自動車専用道路　　87, 90
社会地理学　　　　4
地場産業　　　　　52, 55 〜 57, 108, 137, 139,
　　154, 155, 191, 223, 248, 257, 267
斯波氏　　　　　　39
地盤沈下　　　　　81, 94, 96, 99, 100, 111, 117,
　　236, 238, 239
資本主義　　　　　74, 107, 125, 131, 174, 191,
　　194, 203, 219, 233, 252, 255, 261, 278, 298,
　　300
下田ガス　　　　　106
シャープ　　　　　141
社会学　　　　　　228, 251, 252
社会地理学　　　　251, 252
ジャスコ　　　　　161
ジャストインタイム　166
シャッター通り　　161
十一屋　　　　　　148
住宅様式　　　　　255
集中豪雨　　　　　36, 78
宿場町　　　　　　18, 153, 295
守護　　　　　　　39
首都機能移転　　　182
首都圏　　　　　　93, 127, 128
荘園　　　　　　　39
城下町　　　　　　18, 23, 26, 41, 42, 45, 50,
　　68, 76, 131, 137, 153, 198, 220, 228, 229,
　　280, 282 〜 284, 293, 295, 299
商業活動調整協議会　158, 165, 170
少子高齢化　　　　174, 186, 197, 207, 224
常電導浮上式リニアモーターカー　282
消費地卸売業　　　154
情報社会　　　　　202
情報ネットワーク化　81

縄文海進　　　　　14
昇龍道観光プロジェクト　189
昭和染工　　　　　116
食習慣　　　　　　28, 226, 227, 255, 268
ショッピングセンター　143, 158, 161, 175
　　〜 177, 195, 218, 219, 230
シリコンバレー　　141
新岐阜百貨店　　　152
新交通システム　　87
シンシナティ　　　271, 273
新自由主義政策　　233
新田開拓　　　　　18
新田開発　　　　　22, 47, 97
新田開発事業　　　47

す

燦匠社　　　　　　64
水力発電所　　　　69, 102, 103
スーパーストア　　158
スーパーマーケット　159
スズキ　　　　　　135
住友アルミニウム精錬　116

せ

生活圏　　　　　　255
生活様式　　　　　28, 257
生活用水　　　　　21, 22, 97 〜 99, 111
政治学　　　　　　301
生態学　　　　　　36
生態系サービス　　199
生態圏　　　　　　47, 241
西友　　　　　　　161, 173
勢力圏　　　　　　8, 35, 211
世界コスプレサミット　260
世界デザイン博覧会　123
石州瓦　　　　　　257
積水ナノコートテクノロジー　297
石油ショック　　　80, 116, 117, 118, 121, 125,
　　128, 137, 239, 260
絶対的位置　　　　8, 201

摂津紡績	59
瀬戸電気鉄道	67
繊維産業	21, 29, 56, 58, 59, 60, 100, 122, 155, 191, 224, 238, 265
戦災復興	74, 76, 78, 82, 153, 289
扇状地	14, 17, 18, 21, 25, 38, 208, 220, 271
鮮新世	13
扇端	21, 208

そ

相対的位置	8
曽我ガラス	117
ソニー	139, 140
ソフトピアジャパン	139, 140

た

第一次世界大戦	59, 61, 64, 70
第一次石油ショック	116
ダイエー	173
大規模小売店舗法	165, 169
第三紀	13
第三師団	71
台地	14 ～ 18, 20, 21 ～ 23, 27, 34 ～ 36, 38, 47, 53, 72, 80, 97, 98, 99, 113, 115, 208, 220, 229, 243, 277, 283 ～ 285, 293
第十回関西府県連合共進会	68, 145
大同製鋼	69, 111
大同電力	69
大同特殊鋼	69
第2次救急医療圏	185
第二次世界大戦	18, 22, 33, 49, 74, 96, 108, 109, 136, 137, 167, 278, 290
大日本紡績	59
太平洋戦争	49, 66, 74
大丸百貨店	145
大門百貨店	152
第四次全国総合開発計画	124
駄菓子問屋街	265

多極分散型	295
脱工業化	81, 128, 175, 223, 224
多品種少量生産	260
田淵寿郎	76, 82
多文化共生	275
団塊世代	174, 224

ち

地域教育力	213, 215
地域防犯運動	250
地球温暖化	248
治山治水	242
治水事業	23, 47
地方創生	295
中遠ガス	106
中京都市圏構想	79
中古品マーケット	267
中心地	25, 31 ～ 33, 44, 45, 48, 50, 131, 145 ～ 147, 169, 170, 220, 271, 278
中心地理論	31 ～ 33
中枢管理機能	81
沖積低地	17, 208, 210, 238
中部ガス	105, 106
中部航空宇宙産業振興センター	124
中部配電	69
中部紡績	117
朝鮮戦争	109
町民地	229
地理学機能論	201
地理学計画論	300
地理学形態論	72
地理学構造論	106
地理学行動論	176
地理学社会論	251
地理学生態論	35
地理学制度論	226
地理学文化論	274
地理学立地論	143
沈降運動	13, 14
沈降盆地	11, 13, 14

321
さくいん

つ

津島ガス	105
津島紡績	59

て

帝人	116
TVA事業	98
テーマパーク	191, 198, 199, 200
テキスタイル産業	29
テクニカルセンター	273
テクノロジーセンター	273
テリトリー	9
デュアルシステム	85
デ・レーケ	25
テレビ愛知	260
電気自動車	184, 240
電気製鋼所	69
伝建地区内保存会	262
電車公営論	51
デンソー	137
天領時代	299
電話局区域	9
電話発信率	9, 10

と

東亞合成	70
東亞合成工業	70
東海銀行	125
東海豪雨	36, 250
東海製鉄	98, 111, 117
東海電気	67
東京一極集中	128, 182, 295
東京オリンピック	238
東京電力	101, 102, 103
東京砲兵工廠熱田兵器製造所	70
東京三菱銀行	125
東西冷戦体制	261
陶磁器産業	14, 122, 123, 155, 190
陶磁器まつり	190
道州制	10

統制経済	57
到達範囲	8, 31, 34, 35
藤堂高虎	280
東邦ガス	69, 104, 105
東邦電力	69
東洋工機	117
東洋プライウッド	117
東洋紡績	59
常滑焼	49, 58, 155, 268, 269
都市計画	76, 83, 84, 118, 276, 277 ～282, 285 ～287, 290, 301
都市計画学	301
都市経済地理学	178
都市圏	8, 9, 11, 12, 14, 32, 33, 40, 78, 79, ～81, 85, 87, 93, 125, 126, 128, 129, 134, 137, 155, 156, 204 ～208, 210 ～213, 217, 219, 220, 222, 223,238, 290, 292, 295, 298
都市高速鉄道	82, 84
都市高速道路	76, 87 ～90, 119, 238
都市社会学	251, 252
都市地理学	8, 11, 19, 27, 30, 31, 36, 44, 107, 131, 132, 163, 201 , 211, 228, 251 ～254, 276, 277, 279, 298
都心型マンション	224
豊田喜一郎	61, 70
豊田工機	70
豊田佐吉	61, 62
豊田式織機株式会社	61
トヨタ自動車	62, 92,112, 113, 115, 126, 135, 137, 296
トヨタ自動車工業	111, 112, 113, 114, 115, 117
トヨタ自動車販売	113
豊田自動織機	23, 62, 70, 111, 296
豊田自動織機製作所	62
豊田自動紡織工場	61
トヨタ車体	137
豊田商会	61
豊田商店	61

豊田飛行機	70	日系ブラジル人	235
トヨタ紡織	137	日照権問題	241
豊田紡織	60, 61,137	日新製鋼	296
豊臣秀吉	283	にっぽんど真ん中祭り	260
豊橋丸物	152	ニデック	297
トレーサビリティ	230	日本車輌	64
		日本のデンマーク	23

な

		日本紡績	59
内国勧業博覧会	61, 146	ニューセラミックス	29, 123
中村合板	65	ニューセラミックス産業	29
中村呉服店	148		

ね

名古屋筏	66	燃料電池車	184, 240
名古屋ガス	69		

の

名古屋金利	125, 131	農業用水	21, 22, 78, 98, 111
名古屋港管理組合	66, 92, 120, 121, 286, 291	濃尾地震	36, 250
		ノベルティ	58, 122
名古屋工廠熱田兵器製造所	70	乗合自動車	52, 152
名古屋合板	65	ノンベーシック産業	34
名古屋市工業研究所	123		

は

名古屋市交通局	52, 53	パーソントリップ調査	212
名古屋コンテナ埠頭	120	ハザードマップ	249, 250
名古屋重工	116	花祭り	259, 260
名古屋造船	116	ハブ空港	292
名古屋ソフトウエアセンター	123	バブル経済崩壊	125, 129, 174, 175, 181
名古屋貯木組	66	濱島辰雄	98
名古屋鉄道	44, 52, 152	林時計製造所	63
名古屋電燈	66 ~ 69, 101	バリアフリー対策	280
名古屋電力	67, 68	バロー	159
名古屋時計製造	63	万古焼	49
名古屋発動機	70		

ひ

名古屋ビジネスインキュベーター	123	ピアゴ	161
名古屋ファッション協会	123	B級グルメ	263, 264, 265
名古屋仏壇	65	東日本大震災	102, 174
名古屋紡績	59	ビジット・ジャパン・キャンペーン	260
名古屋めし	28, 256	日立	139
南北朝時代	39		

に

西川屋	159
日露戦争	51, 59, 64, 65, 67

さくいん

ふ

ファインセラミックス	123
ファインセラミックスセンター	123
ファクトリーオートメーション	182
プアット社	62
VRテクノジャパン	140
フィリピン人	235
風水思想	278
フードデザート	233
フォード社	62
福沢桃介	69, 70
福沢諭吉	69
武家地	229
富国強兵策	54
富士製鉄	117
富士通	123, 139, 141, 295
復興調査会	76
復興土地区画整理事業	76, 153
ブランチオフィス	224
ブランチプラント	139, 141
文化地理学	274, 275
文化論的転回	275

へ

平成の合併	295
平野	11 ~ 15, 17, 18, 20, 21, 23, 25, 27, 28, 32, 34, 35, 36, 38, 39, 43, 45, 47, 53, 56, 97, 99, 100, 187, 188, 208, 210, 220, 221, 238, 277, 293
ベーシック産業	33, 34
碧南火力発電所	296
ベビーブーマー	167, 174, 207
ベビーブーム	167

ほ

封建時代	278
豊和工機	63
北陸電力	69
ホストカントリー	235
ほていや	159

穂の国とよはし劇場	153
ボランティア活動	192, 193, 244, 245, 246
ホンダ	135

ま

MAG ROAD	90
マザーマシン	271
まちづくり	42, 67, 75, 228, 244, 246 ~ 248, 267
マックスバリュー	161
松菱百貨店	152
丸栄	152
マルクス主義的経済地理学	225
丸物百貨店	152

み

三重紡績	59
三河仏壇	65, 221
味噌文化	255, 256
三菱重工名古屋航空機	70
未来学	300

む

室町時代	39, 47, 259

め

明応地震	280
名港組	66
明治維新	10, 49, 244, 278
明治時計製造	63
メディカルバレー	141, 142
メンタルマップ	177

も

モータリゼーション	73, 80, 85, 163, 167
モーニングサービス	265, 266
ものづくり王国	217, 253, 267, 293

や

矢作川モデル	243

矢作工業　　　　70
山崎鉄工所（現・ヤマザキマザック）　63
ヤマナカ　　　　159, 161

ゆ

UFJ銀行　　　　125
湧水地帯　　　　21
ユニー　　　　　64, 159, 160, 161, 166, 173,
　176
ユニチカ　　　　116

よ

窯業原料　　　　14
YOSAKOIソーラン祭り　260
四日市公害　　　237
四日市東芝エレクトロニクス　141

り

リーマン・ショック　82, 126
理化学研究所名古屋研究所　124
陸軍造兵廠千種機器製作所　70
リクリエーション空間　197
リコー　　　　　139
立地論学派　　　144
律令時代　　　　283
律令制　　　　　34, 39
律令制度　　　　39
リニアモーターカー　85, 126, 281, 282, 292
リノベーション　207, 226
臨海平野　　　　12

れ

歴史地理学　　　19

ろ

路面電車　　　　51, 52, 84, 148, 151, 281,
　286

●地名さくいん（50音順）

あ

愛西	25
愛知（県）	9, 17, 18, 22, 29, 35, 38, 48, 50, 56, 58, 59, 61, 66, 67, 70, 78 ～ 82, 85, 87, 90, 92, 95, 97, 103 ～ 105, 107 ～ 110, 112 ～ 114, 117, 119, 121, 124, 126, 136, 138 ～ 140, 145, 159 ～ 161, 176, 184 ～ 186, 200, 206, 210, 211, 215, 216, 235, 236, 238, 242 ～ 244, 255, 257 ～ 259, 266, 286, 287 ～ 290, 293
愛智	38
愛知駅	50
愛知環状鉄道	114, 282
愛知高速鉄道東部丘陵線	85
愛知用水	22, 96, 97, 98, 100, 101, 111, 207, 211
あおなみ線	83, 85
阿久比	80
足助	43, 47, 200
熱海	106
熱田街道	43
熱田区	76, 105, 129
熱田口	43
熱田神宮	35, 145, 283
熱田層	15, 16
熱田台地	15, 38, 283
熱田湊	53, 54
渥美	39
渥美半島	21, 22, 97, 98, 161
渥美湾	56
安濃津	280
アフリカ	274
海部	38, 39, 53, 78, 98, 117
海部郡	39, 117
洗堰	250
荒子川	110

新瑞橋	83
安城ヶ原	23

い

飯田	146, 284
伊賀上野地方	35
伊賀国	40
イギリス	58, 62, 278
伊勢神宮	263
伊勢平野	12, 20, 45
伊勢湾	12, 17, 18, 24, 35, 36, 38, 40, 41, 46, 48, 53, 56, 103, 145, 210, 250, 255, 264, 280, 293
伊勢湾岸自動車道	89, 90
イタリア	158
一宮インター	89
一宮（市）	17, 45, 155, 225, 266
一宮氾濫平野	17, 25, 38
伊那街道	43
稲沢市	45, 160, 161, 186, 187
員弁	105
いなべ市	45
犬山城	18
犬山（市）	17, 18, 43, 98, 105, 270
犬山扇状地	17, 18, 21, 25, 38, 220, 271
伊予	280
磐田	105
インド	59, 98, 103, 152
インドネシア	98, 103

う

上田	40, 199
上野町	70, 111

え

エジプト	59, 275
恵那（市）	139, 159, 191, 199, 200, 263

お

近江国	41

326
名古屋圏の都市地理学

大県神社　　　　35
大井　　　　　　42
大垣（市）　　　14, 21, 41, 43, 50, 75, 105,
　　125, 137, 139, 140, 176, 208, 209, 236, 263,
　　284
大口町　　　　　117
大湫（大久手）　442
大阪（大坂）　　9, 10, 13, 14, 35, 49, 50,
　　53, 56, 70, 80, 90, 92, 108, 110, 117, 125,
　　127, 133, 144, 155, 156, 166, 169, 182,
　　189, 198, 224, 241, 290, 294, 295
大阪圏　　　　　4, 5, 10, 12, 81, 98, 209, 211,
　　215, 219, 222, 225, 280, 287, 295
大阪港　　　　　290
大阪大都市圏　　12, 156
大阪平野　　　　12, 14
大阪湾　　　　　13
大須　　　　　　66, 163, 164
大須観音　　　　164
オーストラリア　103
大曽根口　　　　43
大曽根層　　　　16
太田　　　　　　42
大津橋　　　　　157
大府　　　　　　125, 223
岡崎（市）　　　23, 41, 43, 47, 59, 61, 75,
　　113, 114, 119, 125, 132, 152, 221, 237, 284
岡崎街道　　　　43
岡崎平野　　　　11, 20, 39, 45, 56, 221
岡多線　　　　　113, 114
岡山　　　　　　293
沖縄　　　　　　182
奥三河地方　　　259
起　　　　　　　32
音羽川　　　　　39
小幡口　　　　　85
オランダ　　　　25
尾張　　　　　　13, 14, 18, 34, 35, 38 〜
　　43, 45, 47, 48, 53, 58, 59, 80, 92, 97, 104,
　　105, 110, 118, 145, 161, 186, 220, 221,

　　223, 265, 283
尾張旭市　　　　122, 232
尾張一宮　　　　35
尾張傾動地塊　　14
尾張藩　　　　　22, 24, 28, 30, 45, 48, 49,
　　53, 57, 63, 145, 244, 283, 286
尾張平野　　　　21, 34, 35, 210, 277

か
ガーデン埠頭　　290
海上の森　　　　243, 244
海津　　　　　　17
加賀白山　　　　259
各務原台地　　　16, 17
掛川　　　　　　106
春日井（市）　　16, 22, 45, 70, 71, 79, 80, 94,
　　98, 105, 192, 193, 234, 236, 240, 241, 245
春日井原　　　　97
春部　　　　　　38, 39
勝川　　　　　　16, 43, 175
神奈川　　　　　108, 110, 216, 236
金山　　　　　　43, 83, 124, 148
可児（市）　　　105, 138, 139, 236, 239, 272
蟹江　　　　　　17
蟹江三角州 17, 18, 25, 38
加納　　　　　　42
加太峠　　　　　40, 41
蒲郡市　　　　　45, 297
上郷町　　　　　113, 114
上前津　　　　　131, 132
亀山（市）　　　41, 45, 141
加茂　　　　　　39, 117, 138, 139, 200, 236,
　　272
加茂郡　　　　　117
刈谷（市）　　　23, 62, 79, 80, 111, 113,
　　137, 221, 223
刈谷町　　　　　61, 62
川崎　　　　　　295
関西国際空港　　93, 94, 96
関西本線　　　　50

関東平野　　　　12, 14

き

紀伊半島　　　　211
紀州藩　　　　　45
木曽川　　　　　16 ～ 18, 21, 22, 25, 29, 38,
　　39, 41 ～ 43, 48, 67, 69, 78, 95, 97, 98, 103,
　　138
木曽岬　　　　　18
木曽谷　　　　　24, 42, 48
北野桝塚駅　　　113
畿内　　　　　　40, 42
衣浦　　　　　　46, 47, 56, 111 ～ 113, 295,
　　296
衣浦湾　　　　　46, 56, 111, 295, 296
岐阜（県）　　　9, 13, 15 ～ 17, 35, 38, 40,
　　75, 78, 79, 85, 90, 92, 95, 97, 103, 105, 108,
　　117, 119, 121, 125, 132, 134, 137, 138, 140,
　　144, 152, 159, 162, 172, 175, 186, 191, 199,
　　200, 212, 215, 216, 235, 236, 238, 242, 247,
　　248, 249, 255, 257, 259, 272, 281, 284, 287,
　　293, 299
岐阜（市）　　　25, 26, 45, 103, 152, 236,
　　243, 259
岐阜羽島　　　　17
九州　　　　　　48, 69, 93, 126, 133, 156, 182
京都　　　　　　50, 79, 93, 133, 144, 152, 202,
　　216, 236
清洲　　　　　　35, 53, 220, 229, 283
清須市　　　　　45
金城埠頭　　　　91, 120, 121, 290

く

郡上地方　　　　259
郡上八幡市　　　259
熊野　　　　　　259
桑名（市）　　　18, 41, 105, 141, 294, 295

け

京浜港　　　　　121

京浜工業地帯　　110

こ

高蔵寺　　　　　114, 206, 207, 234, 240
高蔵寺ニュータウン　206, 207, 234, 240
幸田町　　　　　45
江南市　　　　　17, 45
国府宮　　　　　283
神戸（市）　　　53, 56, 90, 92, 119, 133, 156,
　　209, 287, 290
神戸港　　　　　53, 210, 290
古大阪湖　　　　13
御器所台地　　　38
国道 1 号線　　　18
湖西市　　　　　61
古知野　　　　　32
木津用水　　　　97
木挽町　　　　　65
古琵琶湖　　　　13, 14
小牧（市）　　　16, 22, 35, 43, 79, 80, 87, 93,
　　98, 105,117, 119, 134, 236, 277, 278, 281,
　　282
小牧インター　　89
小牧原　　　　　97
挙母　　　　　　23, 43, 62, 78, 113, 221, 298
挙母街道　　　　43
挙母面　　　　　23

さ

さいたま　　　　292
材木町　　　　　65
境川　　　　　　23
栄区　　　　　　76
桜通　　　　　　76
笹島貨物取扱所　55
札幌　　　　　　126, 156, 224
佐屋街道　　　　41
佐屋川　　　　　25, 41
三州足助屋敷　　200
山陽新幹線　　　293

し

JRセントラルタワーズ	126
塩津	110
滋賀	14, 92, 121, 144
敷知郡	61
四間道	285
静岡	9, 10, 11, 35, 57, 61, 92, 101
	〜103, 105, 106, 135, 144,189, 235
志段味線	85
設楽	39
枝下用水	23
七里の渡し	18, 41
品川	50, 143, 292
信濃国府	40
志摩	255
清水	63, 106
下田	106
上越市	103
精進川	55, 68
庄内川	16, 24, 25, 28, 38, 43, 49,
	97, 236, 250
新川橋	82
神宮前	52, 263
信州地方	47
新東名（第二東名）高速道路	89, 90
神野新田	97
新堀川	55, 68, 157, 285
新道	265
新名神（第二名神）高速道路	90
新守山	16
新柳町	67

す

鈴鹿（市）	40, 41, 45, 70, 71, 125, 142,
	236
鈴鹿山脈	40
駿河	39, 43, 146
駿河街道	284

せ

西遠地方	35, 61, 135
西濃	90, 103, 137
関ヶ原	41, 282
瀬戸（市）	13, 14, 24, 29, 30, 43, 48, 49,
	52, 57, 58, 67, 75, 87, 90, 98, 105, 122, 155,
	157, 190, 232, 243, 244, 269
瀬戸街道	43
瀬戸内海	13
仙台	126, 156, 224
セントレア	93, 95, 96, 126, 196, 290,
	291, 292
泉北	80

そ

祖父江町	187
ソ連	125

た

大安	105
醍醐寺	39
太平洋	28, 42, 49, 66, 74, 103, 189,
	250
台湾	180
高山（市）	75, 200, 207, 247, 259, 262,
	299
高山地区	248
武豊港	50, 53
武豊線	50, 53, 131, 285, 286
多治見（市）	14, 43, 44, 49, 75, 105, 114,
	119, 162, 172, 173, 284
田原	112, 113
丹陽町	45

ち

地下鉄東山線	76, 182, 183
千種駅	16, 83, 286
知多市	92
知多湾	56
中央構造線	255

中央自動車道	119, 173
中央本線	16, 44, 50, 119, 149, 162, 172, 175, 207, 286
中京菓子玩具卸売市場	265
中京広域都市圏	79
中国	59, 125, 180, 235, 236, 267, 278, 290, 291
中国（日本）	257, 293
中・四国	126, 133, 156
中勢	46, 141, 254, 255
中濃	90, 139
中部地方	13, 27, 121
朝鮮	109, 235, 236, 278
朝鮮半島	109, 278
知立	270

つ

津（市）	105, 152, 279, 280
津島（市）	14, 17, 25, 59, 105, 270
津藩	45
妻籠	200
鶴舞公園	68

て

デトロイト	62
天井川	24
天王川公園	26
伝馬町	145, 146, 147
天理市	141
天竜川	103

と

ドイツ	31, 59
東海環状自動車道	90
東海湖	13, 14
東海（市）	92, 111
東海層群	13, 14, 239
東海地方	11, 104, 224
東海道	40 ～ 43, 46, 153, 295
東海道五十三次	18

東海道新幹線	17, 127, 131, 237, 238
東海道本線	49, 50, 55, 56, 64, 131, 149, 176, 224, 286
桃花台ニュータウン	79, 87
東京	9, 10, 35, 49, 50, 53, 56, 60, 63, 70, 77, 90, 92, 108, 110, 116, 125, 127, 128, 129, 133, 143 ～ 145, 147, 155, 156, 163, 166, 169, 182, 188, 195, 216, 224, 236, 238, 241, 263, 290 ～ 293, 295
東京圏	4, 5, 10, 12, 81, 87, 88, 90, 91, 98, 209, 211, 215, 219, 222, 225, 233, 280, 287
東京港	90, 91, 290
東京大都市圏	12, 156
東京湾	291
東国	40, 42
東山道	40, 41
東大寺	39
東濃	24, 90, 125, 139, 238
東部丘陵線	85 ～ 87, 126, 281, 282
東北	126, 133, 156, 293
東名阪自動車道	89
土岐（市）	14, 49, 162, 172, 247, 248
土岐川	49, 172
常滑（市）	95, 269, 270
飛島	18, 91, 92, 290
飛島埠頭	91
飛島村	92
豊明	98
豊川（市）	26, 27, 38, 39, 70, 71, 79, 97, 98
豊川用水	22, 96, 97, 98, 101
豊田（市）	23, 62, 79, 80, 87, 105, 113 ～ 115, 117, 132, 134, 200, 212, 221, 223, 292, 298
豊根村	103
豊橋（市）	35, 45, 47, 71, 75, 79, 85, 98, 105, 106, 125, 132, 134, 152, 153, 175, 236, 281, 288, 289
豊橋平野	11, 20, 39, 45

豊山町	28, 93
鳥居松台地	38
鳥居松段丘	16

な

中川運河	55, 65, 285
中川区	55, 83, 89
中区	61, 63, 76, 159
長久手町	126
中島	38, 39
長島	18, 295
長島町	295
中山道	40 〜 44, 46, 50, 200
中津川（市）	42, 44, 85, 137, 138, 264
長野県	60, 97, 101 〜 103, 121, 143
長良川河口堰	243
那古野	53, 282, 283
名古屋（市）	4, 8 〜 11, 13 〜 18, 22, 25, 27, 28, 30, 34, 35, 42 〜 44, 47 〜 61, 63 〜 71, 74 〜 90, 92, 93, 95, 98,105, 116, 119, 121, 123 〜 135, 140, 143 〜 152, 155 〜 157, 159, 160, 163, 164, 168 〜 172, 175, 179, 180, 182, 183, 185, 186, 194, 195, 198, 204, 207, 210 〜 214, 218 〜 224, 228, 229, 232, 236 〜 239, 241, 256, 258, 260, 265, 266, 271 〜 273, 278, 280 〜 288, 292, 293, 295, 298
名古屋駅	27, 49, 50, 51, 52, 55, 76, 82, 83, 86, 96, 126, 127, 130 〜 134, 152, 157, 175, 204, 205, 224, 265, 285, 286, 292, 293
名古屋空港	93, 94
名古屋圏	4, 5, 8 〜 11, 13, 14, 19 〜 23, 25, 28, 30, 33 〜 36, 38, 45, 47 〜 49, 51, 56, 58, 59, 63 〜 65, 70, 75, 81, 85, 86, 87, 90, 91, 93, 96 〜 98, 100 〜 102, 107, 108, 110, 111, 116, 119, 122, 124 〜 129, 131 〜 136, 140, 141, 144, 145, 152, 155, 159 〜 163, 166, 167, 169, 175, 177 〜 180, 182 〜 184, 188 〜 190, 192, 194, 195, 198, 199, 203, 204, 207, 209 〜 213, 215, 216,

	219 〜 222, 224, 225, 228, 233, 235, 236, 238, 242, 243, 245, 250, 255 〜 259, 263, 265 〜 267, 269, 271, 276, 280 〜 282, 287, 288, 290 〜 293, 295, 296, 298, 299
名古屋港	18, 30, 41, 50, 54 〜 56, 64 〜 66, 71, 78, 82, 85, 90 〜 93, 96, 110, 111, 117 〜 121, 148, 149, 236, 286, 287, 290, 291
名古屋五口	43
名古屋城	28, 53, 71, 131, 132, 145, 229, 263, 282, 283, 286
名古屋台地	15, 27, 34, 53, 220, 283
名古屋大都市圏	9, 40, 80, 134, 156
名古屋中央卸市場	28
名古屋鎮台	286
名古屋南部臨海工業地帯	22, 111, 116
名古屋モータープール	92
名張	105, 106, 197
鍋田	91, 95, 290
鍋田埠頭	91
奈良県	141
成田国際空港	94, 96
南海トラフ	36
南勢	46, 254, 255

に

新潟県	103
西尾	23, 26
西春日井郡	28
西名古屋港線	85
西日本	58, 182, 216, 257
西枇杷島町	29, 250
西三河	22, 38, 39, 80, 82, 90, 98, 105, 110, 118, 135, 137, 161, 184, 186, 221, 223, 242, 258, 281, 298
日進（市）	98, 125, 141, 243
日本昭和村	200
日本大正村	199, 200
丹羽	38, 117
丹羽郡	117

さくいん

ぬ

額田	39, 61
布引山地	40
沼津	106

の

濃尾平野	11 〜 15, 20, 28, 32, 45, 97, 99, 100, 187, 238

は

博石館	191
葉栗	38, 39
幡豆	39
八田用水	97
羽田空港	93, 182, 292
浜岡町	102, 103
浜名湖	105
浜松（市）	35, 105, 152, 189
阪神港	121
阪神工業地帯	110
半田（市）	117, 269, 270

ひ

ピーチライナー	87
東区	76, 169, 183
東三河	38, 39, 78, 81, 82, 97, 105, 110, 113, 135, 152, 159, 297
久屋大通	76, 260
久屋大通公園	260
兵庫県	103
平田	14
平針	43
広小路	50, 66, 76, 127, 131, 145 〜 148, 151, 153, 285
広島	126, 156, 224
枇杷島口	43
枇杷島市場	28, 29, 149

ふ

フィリピン	48, 235, 236

福井県	121
福岡	93, 126, 156, 224
富士	72, 106
富士川	101
富士宮	106
伏見	127, 130, 131, 132, 157
伏見線	50
伏屋	83
フランス	158
古渡	282
不破の関	40

へ

平和公園	78
平和町	187
碧海	39, 97
碧海台地	23, 97
碧海面	23
碧南地方	256, 257

ほ

宝飯	39
房総半島	211
北勢	46, 90, 103, 135, 140, 141, 254, 255
北陸	69, 216, 257
北海道	48, 65, 93, 126, 133, 156, 182
穂国	39
堀川	48, 53, 55, 64, 65, 68, 145, 151, 157, 283, 284, 285
堀川口	48
本町通	50, 145, 146, 147, 148

ま

牧尾ダム	101
馬籠	200
真清田神社	283
松阪市	45, 236
松本	40

み

三浦半島　211
三重（県）　9, 10, 18, 35, 38, 46, 49,
　56, 59, 78, 79, 87, 90, 92, 95, 97, 103,
　105, 108, 121, 123, 125, 135, 140 ～ 142,
　152, 159, 165, 186, 197, 198, 215, 216,
　235, 236, 238, 254, 255, 263, 287, 293 ～
　295, 299
三河　13, 26, 30, 38, 39 ～ 43, 45,
　47, 58 ～ 62, 80 ～ 82, 90, 92, 97,161,185,
　186, 191, 259
三河海岸地方　47
三河湾　12, 26, 56, 243, 297
三島　106
瑞浪（市）　14, 45, 139, 162
瑞穂区　129
ミッドランドスクエア　126
緑区　89
南大津通　145 ～ 148
南牟婁郡　255
美濃加茂（市）　138, 139, 200, 236, 272
美濃国府　40
美濃市　249, 257
美濃路　43
宮宿　18, 41, 43

む

室生赤目青山　197
牟呂用水　97

め

明治村　199
明治用水　22, 97
名城線　83, 85, 183, 281
名神高速道路　89, 119
名鉄名古屋本線　224
明道町　157

も

本山　83, 202

や

やきもの散歩道　268, 269
八草駅　282
八事　82, 83
矢田川　13, 16, 24, 25, 49, 118,
　149, 183
弥富（市）　18, 92,290
弥富埠頭　91
八名　39
柳ヶ瀬　152
矢作川　22, 23, 26, 38, 61, 62, 67,
　70, 97, 103, 113, 115, 242, 243
山崎川　149
山田38, 39, 260

よ

養老山脈　13
養老断層　255
横浜（市）　57, 90, 92, 119, 133, 144,
　156, 159, 209, 287, 292
横浜港　53, 90, 91, 210, 290
吉田　13, 41, 153, 161
四日市（市）　35, 41,45, 49, 59, 71, 85,
　104, 105, 119, 132, 134, 135, 140 ～ 142,
　161, 175, 212, 236, 237, 243, 250, 251, 280,
四日市港　53, 56, 71, 121

り

リニア中央新幹線　82, 134, 143, 144, 224,
　290, 292, 293

ろ

ロシア　103
論地ヶ原　62, 115

著者略歴

林　上（はやし・のぼる）

1947年　岐阜県生まれ

名古屋大学大学院文学研究科史学地理学専攻

博士課程修了　文学博士（名古屋大学）

名古屋大学名誉教授

現在　中部大学大学院国際人間学研究科

歴史学・地理学専攻　人文学部　教授

〈主著〉

『中心地理論研究』『都市の空間システムと立地』『都市地域構造の形成と変化』『経済発展と都市構造の再編』『カナダ経済の発展と地域』『近代都市の交通と地域発展』（以上、大明堂）

『都市経済地理学』『現代都市地域論』『現代カナダの都市地域構造』『都市サービス地域論』『都市交通地域論』『社会経済地域論』『現代経済地域論』『現代社会の経済地理学』『現代都市地理学』『都市と経済の地理学』『都市サービス空間の地理学』（以上、原書房）

〈編著〉

『東海地方の情報と社会』（共編・名古屋大学出版会），『高度情報化の進展と地域社会』（大明堂），『現代都市地域の構造再編』（原書房）

名古屋圏の都市地理学

2016年4月22日　第1刷発行

（定価はカバーに表示してあります）

著　者　林　　上

発行者　山口　章

発行所　名古屋市中区上前津 2-9-14　久野ビル
振替 00880-5-5616 電話 052-331-0008　**風媒社**
http://www.fubaisha.com/

乱丁本・落丁本はお取り替えいたします。　＊印刷・製本／モリモト印刷

ISBN978-4-8331-4127-7